OEUVRES COMPLÈTES

DE M. LE VICOMTE

DE CHATEAUBRIAND.

TOME XVII.

DE L'IMPRIMERIE DE CRAPELET,
RUE DE VAUGIRARD, N° 9.

ŒUVRES COMPLÈTES

DE M. LE VICOMTE

DE CHATEAUBRIAND,

MEMBRE DE L'ACADÉMIE FRANÇOISE.

TOME DIX-SEPTIÈME.

GÉNIE DU CHRISTIANISME.

TOME IV.

PARIS.

POURRAT FRÈRES, ÉDITEURS.

M. DCCC. XXXVI.

GÉNIE DU CHRISTIANISME.

LIVRE SIXIÈME.
SERVICES RENDUS A LA SOCIÉTÉ PAR LE CLERGÉ ET LA RELIGION CHRÉTIENNE EN GÉNÉRAL.

CHAPITRE PREMIER.
IMMENSITÉ DES BIENFAITS DU CHRISTIANISME.[1]

Ce ne seroit rien connoître que de connoître vaguement les bienfaits du christianisme : c'est le détail de ses bienfaits, c'est l'art avec lequel la religion a varié ses dons, répandu ses secours, distribué ses trésors, ses remèdes, ses lumières ; c'est ce détail, c'est cet art qu'il faut pénétrer. Jusqu'aux délicatesses des sentiments, jusqu'aux amours-propres, jusqu'aux foiblesses, la religion a tout ménagé en soulageant tout. Pour nous, qui depuis quelques années nous occupons de ces recherches, tant de traits de charité, tant de fondations admirables, tant d'inconcevables sacrifices, sont passés sous nos

---

[1] *Voyez*, pour toute cette partie, HÉLYOT, *Hist. des Ordres relig. et milit.*, 8 vol. in-4°; HERMANT, *Étab. des Ordres relig.*, BONNANI, *Catal. omn. Ord. relig.*; GIUSTINIANI, MENNEHIUS et SHOONBECK, dans leur *Hist. des Ordres milit.*; SAINT-FOIX, *Essais sur Paris*; *Vie de saint Vincent de Paul*; *Vie des Pères du Désert*; S. BASILE, *Oper.*; LJOBINEAU, *Hist. de Bretagne*.

yeux, que nous croyons qu'il y a dans ce seul mérite du christianisme de quoi expier tous les crimes des hommes : culte céleste, qui nous force d'aimer cette triste humanité qui le calomnie.

Ce que nous allons citer est bien peu de chose, et nous pourrions remplir plusieurs volumes de ce que nous rejetons ; nous ne sommes pas même sûr d'avoir choisi ce qu'il y a de plus frappant : mais, dans l'impossibilité de tout décrire, et de juger qui l'emporte en vertu par un si grand nombre d'œuvres charitables, nous recueillons presque au hasard ce que nous donnons ici.

Pour se faire d'abord une idée de l'immensité des bienfaits de la religion, il faut se représenter la chrétienté comme une vaste république, où tout ce que nous rapportons d'une partie se passe en même temps dans une autre. Ainsi, quand nous parlerons des hôpitaux, des missions, des colléges de la France, il faut aussi se figurer les hôpitaux, les missions, les colléges de l'Italie, de l'Espagne, de l'Allemagne, de la Russie, de l'Angleterre, de l'Amérique, de l'Afrique et de l'Asie; il faut voir deux cents millions d'hommes, au moins, chez qui se pratiquent les mêmes vertus et se font les mêmes sacrifices; il faut se ressouvenir qu'il y a dix-huit cents ans que ces vertus existent, et que les mêmes actes de charité se répètent : calculez maintenant, si votre esprit ne s'y perd, le nombre d'individus soulagés et éclairés par le christianisme, chez tant de nations, et pendant une aussi longue suite de siècles !

CHAPITRE II.

HOPITAUX.

La charité, vertu absolument chrétienne, et inconnue des anciens, a pris naissance dans Jésus-Christ ; c'est la vertu qui le distingua principalement du reste des mortels, et qui fut en lui le sceau de la rénovation de la nature humaine. Ce fut par la charité, à l'exemple de leur divin maître, que les apôtres gagnèrent si rapidement les cœurs, et séduisirent saintement les hommes.

Les premiers fidèles, instruits dans cette grande vertu, mettoient en commun quelques deniers pour secourir les nécessiteux, les malades et les voyageurs : ainsi commencèrent les hôpitaux. Devenue plus opulente, l'Église fonda pour nos maux des établissements dignes d'elle. Dès ce moment les œuvres de miséricorde n'eurent plus de retenue : il y eut comme un débordement de la charité sur les misérables, jusqu'alors abandonnés sans secours par les heureux du monde. On demandera peut-être comment faisoient les anciens, qui n'avoient point d'hôpitaux ? Ils avoient pour se défaire des pauvres et des infortunés deux moyens que les chrétiens n'ont pas : l'infanticide et l'esclavage.

Les *maladreries* ou *léproseries* de Saint-Lazare semblent avoir été en Orient les premières maisons de refuge. On y recevoit ces lépreux qui, renoncés de leurs proches, languissoient aux carrefours des cités, en horreur à tous les hommes. Ces hôpitaux étoient desservis par des religieux de l'ordre de Saint-Basile.

Nous avons dit un mot des *Trinitaires*, ou des pères de la *Rédemption des captifs*. Saint Pierre de Nolasque en Espagne imita saint Jean de Matha en France. On ne peut lire sans attendrissement les règles austères de ces ordres. Par leur première constitution, les trinitaires ne pouvoient manger que des légumes et du laitage. Et pourquoi cette vie rigoureuse? Parce que plus ces Pères se privoient des nécessités de la vie, plus il restoit de trésors à prodiguer aux Barbares; parce que, s'il falloit des victimes à la colère céleste, on espéroit que le Tout-Puissant recevroit les expiations de ces religieux en échange des maux dont ils délivroient les prisonniers.

L'ordre de *la Merci* donna plusieurs saints au monde. Saint Pierre Pascal, évêque de Jaën, après avoir employé ses revenus au rachat des captifs et au soulagement des pauvres, passa chez les Turcs, où il fut chargé de fers. Le clergé et le peuple de son église lui envoyèrent une somme d'argent pour sa rançon. « Le Saint, dit Hélyot, la reçut avec beaucoup de reconnoissance; mais, au lieu de l'employer à se procurer la liberté, il en racheta quantité de femmes et d'enfants, dont la foiblesse lui faisoit craindre qu'ils n'abandonnassent la religion chrétienne, et il demeura toujours entre les mains de ces Barbares, qui lui procurèrent la couronne du martyre en 1300. »

Il se forma aussi dans cet ordre une congrégation de femmes qui se dévouoient au soulagement des pauvres étrangères. Une des fondatrices de ce tiers-ordre étoit une grande dame de Barcelone, qui distribua son bien aux malheureux : son nom de famille s'est perdu; elle n'est plus connue aujourd'hui que par le nom de *Marie* DU SECOURS, que les pauvres lui avoient donné.

L'ordre des *religieuses pénitentes*, en Allemagne et en France, retiroit du vice de malheureuses filles exposées à périr dans la misère, après avoir vécu dans le désordre. C'étoit une chose tout-à-fait divine de voir la religion, surmontant ses dégoûts par un excès de charité, exiger jusqu'aux preuves du vice, de peur qu'on ne trompât ses institutions, et que l'innocence, sous la forme du repentir, n'usurpât une retraite qui n'étoit pas établie pour elle. « Vous savez, dit Jehan Simon, évêque de Paris, dans les constitutions de cet ordre, qu'aucunes sont venues à nous qui étoient vierges..., à la suggestion de leurs mères et parents, qui ne demandoient qu'à s'en défaire; ordonnons que, si aucune vouloit entrer en votre congrégation, elle soit interrogée, etc. »

Les noms les plus doux et les plus miséricordieux servoient à couvrir les erreurs passées de ces pécheresses. On les appeloit les *filles du Bon-Pasteur*, ou les *filles de la Madeleine*, pour désigner leur retour au bercail, et le pardon qui les attendoit. Elles ne prononçoient que des vœux simples; on tâchoit même de les marier quand elles le désiroient, et on leur assuroit une petite dot. Afin qu'elles n'eussent que des idées de pureté autour d'elles, elles étoient vêtues de blanc, d'où on les nommoit aussi *filles blanches*. Dans quelques villes on leur mettoit une couronne sur la tête, et l'on chantoit *Veni, sponsa Christi* : « Venez, épouse du Christ. » Ces contrastes étoient touchants, et cette délicatesse bien digne d'une religion qui sait secourir sans offenser, et ménager les foiblesses du cœur humain, tout en l'arrachant à ses vices. A l'hôpital du Saint-Esprit, à Rome, il est défendu de suivre les personnes qui déposent les orphelins à la porte du Père-Universel.

Il y a dans la société des malheureux qu'on n'aperçoit pas, parce que, descendus de parents honnêtes, mais indigents, ils sont obligés de garder les dehors de l'aisance dans les privations de la pauvreté : il n'y a guère de situation plus cruelle; le cœur est blessé de toutes parts, et pour peu qu'on ait l'âme élevée, la vie n'est qu'une longue souffrance. Que deviendront les malheureuses demoiselles nées dans de telles familles ? Iront-elles chez des parents riches et hautains se soumettre à toutes sortes de mépris, ou embrasseront-elles des métiers que les préjugés sociaux et leur délicatesse naturelle leur défendent? La religion a trouvé le remède. *Notre-Dame-de-Miséricorde* ouvre à ces femmes sensibles ses pieuses et respectables solitudes. Il y a quelques années que nous n'aurions osé parler de Saint-Cyr, car il étoit alors convenu que de pauvres filles nobles ne méritoient ni asile ni pitié.

Dieu a différentes voies pour appeler à lui ses serviteurs. Le capitaine Caraffa sollicitoit à Naples la récompense des services militaires qu'il avoit rendus à la couronne d'Espagne. Un jour, comme il se rendoit au palais, il entre par hasard dans l'église d'un monastère. Une jeune religieuse chantoit; il fut touché jusqu'aux larmes de la douceur de sa voix : il jugea que le service de Dieu doit être plein de délices, puisqu'il donne de tels accents à ceux qui lui ont consacré leurs jours. Il retourne à l'instant chez lui, jette au feu ses certificats de service, se coupe les cheveux, embrasse la vie monastique, et fonde l'ordre *des Ouvriers pieux,* qui s'occupe en général du soulagement des infirmités humaines. Cet ordre fit d'abord peu de progrès, parce que, dans une peste qui survint à Naples, les religieux moururent tous en assistant les pestiférés, à l'exception de deux prêtres et de trois clercs.

Pierre de Bétancourt, frère de l'ordre de Saint-François, étant à Guatimala, ville et province de l'Amérique espagnole, fut touché du sort des esclaves qui n'avoient aucun lieu de refuge pendant leurs maladies. Ayant obtenu par aumône le don d'une chétive maison, où il tenoit auparavant une école pour les pauvres, il bâtit lui-même une espèce d'infirmerie, qu'il recouvrit de paille, dans le dessein d'y retirer les esclaves qui manquoient d'abri. Il ne tarda pas à rencontrer une femme nègre, estropiée, abandonnée par son maître. Aussitôt le saint religieux charge l'esclave sur ses épaules, et, tout glorieux de son fardeau, il le porte à cette méchante cabane qu'il appeloit son hôpital. Il alloit courant toute la ville afin d'obtenir quelques secours pour sa négresse. Elle ne survécut pas long-temps à tant de charité; mais en répandant ses dernières larmes elle promit à son gardien des récompenses célestes, qu'il a sans doute obtenues.

Plusieurs riches, attendris par ses vertus, donnèrent des fonds à Bétancourt, qui vit la chaumière de la femme nègre se changer en un hôpital magnifique. Ce religieux mourut jeune; l'amour de l'humanité avoit consumé son cœur. Aussitôt que le bruit de son trépas se fut répandu, les pauvres et les esclaves se précipitèrent à l'hôpital pour voir encore une fois leur bienfaiteur. Ils baisoient ses pieds, ils coupoient des morceaux de ses habits; ils l'eussent déchiré pour en emporter quelques reliques si l'on n'eût mis des gardes à son cercueil : on eût cru que c'étoit le corps d'un tyran qu'on défendoit contre la haine des peuples, et c'étoit un pauvre moine qu'on déroboit à leur amour.

L'ordre du frère Bétancourt se répandit après lui; l'Amérique entière se couvrit de ses hôpitaux, desservis par des religieux qui prirent le nom de *Bethléémites*. Telle étoit la formule de leurs vœux : « Moi, frère..., je fais vœu de pauvreté, de chasteté et d'hospitalité, et m'oblige de servir les pauvres convalescents, *encore bien qu'ils soient infidèles et attaqués de maladies contagieuses*[1]. »

Si la religion nous a attendus sur le sommet des

---

[1] HÉLYOT, tom. III, pag. 366.

montagnes, elle est aussi descendue dans les entrailles de la terre, loin de la lumière du jour, afin d'y chercher des infortunés. Les frères Bethléémites ont des espèces d'hôpitaux jusqu'au fond des mines du Pérou et du Mexique. Le christianisme s'est efforcé de réparer au Nouveau-Monde les maux que les hommes y ont faits, et dont on l'a si injustement accusé d'être l'auteur. Le docteur Robertson, Anglois, protestant, et même ministre presbytérien, a pleinement justifié sur ce point l'Église romaine : « C'est avec plus d'injustice encore, dit-il, que beaucoup d'écrivains ont attribué à l'esprit d'intolérance de la religion romaine la destruction des Américains, et ont accusé les ecclésiastiques espagnols d'avoir excité leurs compatriotes à massacrer ces peuples innocents comme des idolâtres et des ennemis de Dieu. Les premiers missionnaires, quoique simples et sans lettres, étoient des hommes pieux ; ils épousèrent de bonne heure la cause des Indiens, et défendirent ce peuple contre les calomnies dont s'efforcèrent de le noircir les conquérants, qui le représentoient comme incapable de se former jamais à la vie sociale, et de comprendre les principes de la religion, et comme une espèce imparfaite d'hommes que la nature avoit marquée du sceau de la servitude. Ce que j'ai dit du zèle constant des missionnaires espagnols pour la défense et la protection du troupeau commis à leurs soins, les montre sous un point de vue digne de leurs fonctions ; ils furent des ministres de paix pour les Indiens, et s'efforcèrent toujours d'arracher la verge de fer des mains de leurs oppresseurs. C'est à leur puissante médiation que les Américains durent tous les règlements qui tendoient à adoucir la rigueur de leur sort. Les Indiens regardent encore les ecclésiastiques, tant séculiers que réguliers, dans les établissements espagnols, comme leurs défenseurs naturels, et c'est à eux qu'ils ont recours pour repousser les exactions et les violences auxquelles ils sont encore exposés [1]. »

Le passage est formel, et d'autant plus décisif, qu'avant d'en venir à cette conclusion, le ministre protestant fournit les preuves qui ont déterminé son opinion. Il cite les plaidoyers des Dominicains pour les Caraïbes, car ce n'étoit pas Las Casas seul qui prenoit leur défense; c'étoit son ordre entier, et le reste des ecclésiastiques espagnols. Le docteur anglois joint à cela les bulles des papes, les ordonnances des rois, accordées à la sollicitation du clergé, pour adoucir le sort des Américains, et mettre un frein à la cruauté des colons.

Au reste, le silence que la philosophie a gardé sur ce passage de Robertson est bien remarquable. On cite tout de cet auteur, hors le fait qui présente sous un jour nouveau la conquête de l'Amérique, et qui détruit une des plus atroces calomnies dont l'histoire se soit rendue coupable. Les sophistes ont voulu rejeter sur la religion un crime que non-seulement la religion n'a pas commis, mais dont elle a

---

[1] *Hist. de l'Amérique*, tom. IV, liv. VIII, pag. 142-3, trad. franç., édit. in-8°, 1780.

eu horreur : c'est ainsi que les tyrans ont souvent accusé leur victime [1].

CHAPITRE III.

HOTEL-DIEU, SŒURS-GRISES.

Nous venons à ce moment où la religion a voulu, comme d'un seul coup et sous un seul point de vue, montrer qu'il n'y a pas de souffrances humaines qu'elle n'ose envisager, ni de misère au-dessus de son amour.

La fondation de l'Hôtel-Dieu remonte à saint Landry, huitième évêque de Paris. Les bâtiments en furent successivement augmentés par le chapitre de Notre-Dame, propriétaire de l'hôpital, par saint Louis, par le chancelier Duprat et par Henri IV; en sorte qu'on peut dire que cette retraite de tous

---

[1] Voyez la note A, page 97.
On trouvera le morceau de Robertson tout entier à la fin de ce volume, ainsi qu'une explication sur le massacre d'Irlande et sur la Saint-Barthélemy; le passage de l'écrivain anglois étoit trop long pour être inséré ici. Il ne laisse rien à désirer; et il fait tomber les bras d'étonnement à ceux qui n'ont pas été accoutumés aux déclamations des philosophes sur les massacres du Nouveau-Monde. Il ne s'agit pas de savoir si des monstres ont fait brûler des hommes en l'honneur des douze apôtres, mais si c'est la *religion* qui a *provoqué* ces horreurs, ou si c'est elle qui les a *dénoncées* à l'exécration de la postérité. Un seul prêtre osa justifier les Espagnols; il faut voir, dans ROBERTSON, comme il fut traité par le clergé, et quels cris d'indignation il excita.

les maux s'élargissoit à mesure que les maux se multiplioient et que la charité croissoit à l'égal des douleurs.

L'hôpital étoit desservi dans le principe par des religieux et des religieuses sous la règle de saint Augustin; mais depuis long-temps les religieuses seules y sont restées. « Le cardinal de Vitry, dit Hélyot, a voulu sans doute parler des religieuses de l'Hôtel-Dieu, lorsqu'il dit qu'il y en avoit qui, se faisant violence, souffroient avec joie et sans répugnance l'aspect hideux de toutes les misères humaines, et qu'il lui sembloit qu'aucun genre de pénitence ne pouvoit être comparé à cette espèce de martyre.

« Il n'y a personne, continue l'auteur que nous citons, qui, en voyant les religieuses de l'Hôtel-Dieu non-seulement panser, nettoyer les malades, faire leurs lits, mais encore, au plus fort de l'hiver, casser la glace de la rivière qui passe au milieu de cet hôpital, et y entrer jusqu'à la moitié du corps pour laver leurs linges pleins d'ordures et de vilenies, ne les regarde comme autant de saintes victimes qui, par un excès d'amour et de charité pour secourir leur prochain, courent volontiers à la mort qu'elles affrontent, pour ainsi dire, au milieu de tant de puanteur et d'infection causées par le grand nombre des malades. »

Nous ne doutons point des vertus qu'inspire la philosophie ; mais elles seront encore bien plus frappantes pour le vulgaire, ces vertus, quand la philosophie nous aura montré de pareils dévouements. Et cependant la naïveté de la peinture d'Hélyot est loin de donner une idée complète des sacrifices de ces femmes chrétiennes : cet historien ne parle ni de l'abandon des plaisirs de la vie, ni de la perte de la jeunesse et de la beauté, ni du renoncement à une famille, à un époux, à l'espoir d'une postérité; il ne parle point de tous les sacrifices du cœur, des plus doux sentiments de l'âme étouffés, hors la pitié qui, au milieu de tant de douleurs, devient un tourment de plus.

Eh bien! nous avons vu les malades, les mourants près de passer, se soulever sur leurs couches, et, faisant un dernier effort, accabler d'injures les femmes angéliques qui les servoient. Et pourquoi? parce qu'elles étoient chrétiennes! Eh, malheureux! qui vous serviroit si ce n'étoit des chrétiennes? D'autres filles, semblables à celles-ci, et qui méritoient des autels, ont été publiquement *fouettées*, nous ne déguiserons point le mot. Après un pareil retour pour tant de bienfaits, qui eût voulu encore retourner auprès des misérables? Qui? elles! ces femmes! elles-mêmes! Elles ont volé au premier signal, ou plutôt elles n'ont jamais quitté leur poste. Voyez ici réunies la nature humaine religieuse et la nature humaine impie, et jugez-les.

La sœur-grise ne renfermoit pas toujours ses vertus, ainsi que les filles de l'Hôtel-Dieu, dans l'intérieur d'un lieu pestiféré, elle les répandoit au dehors comme un parfum dans les campagnes; elle alloit chercher le cultivateur infirme dans sa chaumière. Qu'il étoit touchant de voir une femme, jeune, belle et compatissante, exercer au nom de Dieu, près de l'homme rustique, la profession de médecin! On nous montroit dernièrement, près d'un moulin, sous des saules, dans une prairie, une petite maison qu'avoient occupée trois sœurs-grises. C'étoit de cet asile champêtre qu'elles partoient à toutes les heures de la nuit et du jour, pour secourir les laboureurs. On remarquoit en elles, comme dans toutes leurs sœurs, cet air de propreté et de contentement qui annonce que le corps et l'âme sont également exempts de souillures; elles étoient pleines de douceur, mais toutefois sans manquer de fermeté pour soutenir la vue des maux, et pour se faire obéir des malades. Elles excelloient à rétablir les membres brisés par des chutes ou par ces accidents si communs chez les paysans. Mais ce qui étoit d'un prix inestimable, c'est que la sœur-grise ne manquoit pas de dire un mot de Dieu à l'oreille du nourricier de la patrie, et que jamais la morale ne trouva de formes plus divines pour se glisser dans le cœur humain.

Tandis que ces filles hospitalières étonnoient par leur charité ceux même qui étoient accoutumés à ces actes sublimes, il se passoit dans Paris d'autres merveilles : de grandes dames s'exiloient de la ville et de la cour, et partoient pour le Canada. Elles alloient sans doute acquérir des habitations, réparer une fortune délabrée, et jeter les fondements d'une vaste propriété? Ce n'étoit pas là leur but : elles alloient, au milieu des forêts et des guerres sanglantes, fonder des hôpitaux pour des Sauvages ennemis.

En Europe, nous tirons le canon en signe d'allégresse pour annoncer la destruction de plusieurs milliers d'hommes; mais dans les établissements nouveaux et lointains, où l'on est plus près du malheur et de la nature, on ne se réjouit que de ce qui mérite en effet des bénédictions, c'est-à-dire des actes de bienfaisance et d'humanité. Trois pauvres hospitalières, conduites par madame de la Peltrie, descendent sur les rives canadiennes, et voilà toute la colonie troublée de joie. « Le jour de l'arrivée de personnes si ardemment désirées, dit Charlevoix, fut pour toute la ville un jour de fête; tous les travaux cessèrent, et les boutiques furent fermées. Le gouverneur reçut les héroïnes sur le rivage à la tête de ses troupes, qui étoient sous les armes, et au bruit du canon; après les premiers compliments, il les mena, au milieu des acclamations du peuple, à l'église, où le *Te Deum* fut chanté...

« Ces saintes filles, de leur côté, et leur généreuse conductrice, voulurent, dans le premier transport de leur joie, baiser une terre après laquelle elles avoient si long-temps soupiré, qu'elles se promettoient bien d'arroser de leurs sueurs, et qu'elles ne désespéroient pas même de teindre de leur sang. Les François mêlés avec les Sauvages, les infidèles même confondus avec les chrétiens, ne se lassoient point, et continuèrent plusieurs jours à faire retentir tout de leurs cris d'allégresse, et donnèrent mille bénédictions à celui qui seul peut inspirer tant de force et de courage aux personnes les plus foibles. A la vue des cabanes sauvages où l'on mena les religieuses le lendemain de leur arrivée, elles se trouvèrent saisies d'un nouveau transport de joie : la pauvreté et la malpropreté qui y régnoient ne les rebutèrent point, et des objets si capables de ralentir leur zèle ne le rendirent que plus vif : elles témoignèrent une grande impatience d'entrer dans l'exercice de leurs fonctions.

« Madame de la Peltrie, qui n'avoit jamais désiré d'être riche, et qui s'étoit faite pauvre d'un si bon cœur pour Jésus-Christ, ne s'épargnoit en rien pour le salut des âmes. Son zèle la porta même à cultiver la terre de ses propres mains pour avoir de quoi soulager les pauvres néophytes. Elle se dépouilla en peu de jours de ce qu'elle avoit réservé pour son usage, jusqu'à se réduire à manquer du nécessaire, pour vêtir les enfants qu'on lui présentoit presque nus ; et toute sa vie, qui fut assez longue, ne fut qu'un tissu d'actions les plus héroïques de la charité [1]. »

Trouve-t-on dans l'histoire ancienne rien qui soit aussi touchant, rien qui fasse couler des larmes d'attendrissement aussi douces, aussi pures ?

---

[1] *Hist. de la Nouv.-France*, liv. v, pag. 207, tom. 1, in-4°.

CHAPITRE IV.

ENFANTS-TROUVÉS, DAMES DE LA CHARITÉ, TRAITS DE BIENFAISANCE.

Il faut maintenant écouter un moment saint Justin le philosophe. Dans sa première Apologie adressée à l'empereur, il parle ainsi :

« On expose les enfants sous votre empire. Des personnes élèvent ensuite ces enfants pour les prostituer. On ne rencontre par toutes les nations que des enfants destinés aux plus exécrables usages et qu'on nourrit comme des troupeaux de bêtes ; vous levez un tribut sur ces enfants..., et toutefois ceux qui abusent de ces petits innocents, outre le crime qu'ils commettent envers Dieu, peuvent par hasard abuser de leurs propres enfants... Pour nous autres chrétiens, détestant ces horreurs, nous ne nous marions que pour élever notre famille, ou nous renonçons au mariage pour vivre dans la chasteté [1]. »

Voilà donc les hôpitaux que le polythéisme élevoit aux orphelins. O vénérable Vincent de Paul! où étois-tu? où étois-tu, pour dire aux dames de Rome, comme à ces pieuses Françoises qui t'assistoient dans tes œuvres : « Or sus, mesdames, voyez si vous voulez délaisser à votre tour ces petits in-

---

[1] S. Justini *Oper.* 1742, pag. 60 et 61.

nocents, dont vous êtes devenues les mères selon la grâce, après qu'ils ont été abandonnés par leur mère selon la nature. » Mais c'est en vain que nous demandons l'*homme de miséricorde* à des cultes idolâtres.

Le siècle a pardonné le christianisme à saint Vincent de Paul; on a vu la philosophie pleurer à son histoire. On sait que, gardien de troupeaux, puis esclave à Tunis, il devint un prêtre illustre par sa science et par ses œuvres; on sait qu'il est le fondateur de l'hôpital des Enfants-Trouvés, de celui des Pauvres-Vieillards, de l'hôpital des Galériens de Marseille, du collége des prêtres de la Mission, des Confréries de Charité dans les paroisses, des Compagnies de Dames pour le service de l'Hôtel-Dieu, des Filles de la Charité, servantes des malades, et enfin des retraites pour ceux qui désirent choisir un état de vie, et qui ne sont pas encore déterminés. Où la charité va-t-elle prendre toutes ses institutions, toute sa prévoyance!

Saint Vincent de Paul fut puissamment secondé par Mlle Legras, qui, de concert avec lui, établit les Sœurs de la Charité. Elle eut aussi la direction de l'hôpital du Nom de Jésus, qui, d'abord fondé pour quarante pauvres, a été l'origine de l'hôpital général de Paris. Pour emblème et pour récompense d'une vie consumée dans les travaux les plus pénibles, Mlle Legras demanda qu'on mît sur son tombeau une petite croix avec ces mots : *Spes mea*. Sa volonté fut faite.

Ainsi de pieuses familles se disputoient, au nom

du Christ, le plaisir de faire du bien aux hommes. La femme du chancelier de France et Mme Fouquet étoient de la congrégation des Dames de la Charité. Elles avoient chacune leur jour pour aller instruire et exhorter les malades, leur parler des choses nécessaires au salut d'une manière touchante et familière. D'autres dames recevoient les aumônes, d'autres avoient soin du linge, des meubles, des pauvres, etc. Un auteur dit que plus de sept cents calvinistes rentrèrent dans le sein de l'Église romaine, parce qu'ils reconnurent la vérité de sa doctrine dans *les productions d'une charité si ardente et si étendue.* Saintes dames de Miramion, de Chantal, de la Peltrie, de Lamoignon, vos œuvres ont été pacifiques! Les pauvres ont accompagné vos cercueils; ils les ont arrachés à ceux qui les portoient pour les porter eux-mêmes; vos funérailles retentissoient de leurs gémissements, et l'on eût cru que tous les cœurs bienfaisants étoient passés sur la terre parce que vous veniez de mourir.

Terminons par une remarque essentielle cet article des institutions du christianisme en faveur de l'humanité souffrante[1]. On dit que sur le mont Saint-Bernard, un air trop vif use les ressorts de la respiration, et qu'on y vit rarement plus de dix ans: ainsi, le moine qui s'enferme dans l'hospice peut calculer à peu près le nombre de jours qu'il restera sur la terre; tout ce qu'il gagne au service ingrat des hommes, c'est de connoître le moment

[1] Voyez la note T, page 123.

de la mort, qui est caché au reste des humains. On assure que presque toutes les filles de l'Hôtel-Dieu ont habituellement une petite fièvre qui les consume et qui provient de l'atmosphère corrompue où elles vivent : les religieux qui habitent les mines du Nouveau-Monde, au fond desquelles ils ont établi des hospices dans une nuit éternelle, pour les infortunés Indiens, ces religieux abrégent aussi leur existence; ils sont empoisonnés par la vapeur métallique : enfin, les Pères qui s'enferment dans les bagnes pestiférés de Constantinople se dévouent au martyre le plus prompt.

Le lecteur nous le pardonnera si nous supprimons ici les réflexions, nous avouons notre incapacité à trouver des louanges dignes de telles œuvres : des pleurs et de l'admiration sont tout ce qui nous reste. Qu'ils sont à plaindre ceux qui veulent détruire la religion, et qui ne goûtent pas la douceur des fruits de l'Évangile ! « Le stoïcisme ne nous a donné qu'un Épictète, dit Voltaire, et la philosophie chrétienne forme des milliers d'Épictètes qui ne savent pas qu'ils le sont, et dont la vertu est poussée jusqu'à ignorer leur vertu même [1]. »

---

[1] *Corresp. gén.*, tom. III, pag. 222.

CHAPITRE V.

ÉDUCATION.

ÉCOLES, COLLÉGES, UNIVERSITÉS, BÉNÉDICTINS ET JÉSUITES.

Consacrer sa vie à soulager nos douleurs est le premier des bienfaits; le second est de nous éclairer. Ce sont encore des prêtres *superstitieux* qui nous ont guéris de notre ignorance, et qui, depuis dix siècles, se sont ensevelis dans la poussière des écoles pour nous tirer de la barbarie. Ils ne craignoient pas la lumière, puisqu'ils nous en ouvroient les sources; ils ne songeoient qu'à nous faire partager ces clartés, qu'ils avoient recueillies au péril de leurs jours, dans les débris de Rome et de la Grèce.

Le Bénédictin qui savoit tout, le Jésuite qui connoissoit la science et le monde, l'Oratorien, le docteur de l'Université, méritent peut-être moins notre reconnoissance que ces humbles Frères qui s'étoient consacrés à l'enseignement gratuit des pauvres. « *Les clercs réguliers des écoles pieuses s'obligeoient* à montrer, par charité, *à lire, à écrire au petit peuple, en commençant par l'*a, b, c, *à compter, à calculer, et même à tenir les livres chez les marchands et dans les bureaux.* Ils enseignent encore, non-seulement la rhétorique et les langues latine et grecque; mais, dans les villes, ils tiennent aussi des écoles de philosophie et de théologie scolastique et morale, de mathématiques, de fortifications et de géométrie.... Lorsque les écoliers sortent de classe, ils vont par bandes chez leurs parents, où ils sont conduits par un religieux, de peur qu'ils ne s'amusent par les rues à jouer et à perdre leur temps [1]. »

La naïveté du style fait toujours grand plaisir; mais quand elle s'unit, pour ainsi dire, à la naïveté des bienfaits, elle devient aussi admirable qu'attendrissante.

Après ces premières écoles, fondées par la charité chrétienne, nous trouvons les congrégations savantes vouées aux lettres et à l'éducation de la jeunesse par des articles exprès de leur institut. Tels sont les religieux de Saint-Basile, en Espagne, qui n'ont pas moins de quatre colléges par province. Ils en possédoient un à Soissons, en France, et un autre à Paris : c'étoit le collége de Beauvais, fondé par le cardinal Jean de Dorman. Dès le neuvième siècle, Tours, Corbeil, Fontenelle, Fuldes, Saint-Gall, Saint-Denis, Saint-Germain d'Auxerre, Ferrière, Aniane, et en Italie, le Mont-Cassin, étoient des écoles fameuses [2]. Les *clercs de la vie commune*, aux Pays-Bas, s'occupoient de la collation des originaux dans les bibliothèques, et du rétablissement du texte des manuscrits.

Toutes les universités de l'Europe ont été établies ou par des princes religieux, ou par des

[1] Hélyot, tom. iv, pag. 307.
[2] Fleury, *Hist. eccl.*, tom. x, liv. xlvi, pag. 34.

évêques, ou par des prêtres, et toutes ont été dirigées par des ordres chrétiens. Cette fameuse Université de Paris, d'où la lumière s'est répandue sur l'Europe moderne, étoit composée de quatre facultés. Son origine remontoit jusqu'à Charlemagne, jusqu'à ces temps où, luttant seul contre la barbarie, le moine Alcuin vouloit faire de la France une *Athènes chrétienne* [1]. C'est là qu'avoient enseigné Budé, Casaubon, Grenan, Rollin, Coffin, Lebeau; c'est là que s'étoient formés Abailard, Amyot, De Thou, Boileau. En Angleterre, Cambridge a vu Newton sortir de son sein, et Oxford présente, avec les noms de Bacon et de Thomas Morus, sa bibliothèque persane, ses manuscrits d'Homère, ses marbres d'Arundel et ses éditions des classiques; Glascow et Édimbourg, en Écosse; Leipsick, Jena, Tubingue, en Allemagne; Leyde, Utrecht et Louvain, aux Pays-Bas; Gandie, Alcala, et Salamanque, en Espagne : tous ces foyers des lumières attestent les immenses travaux du christianisme. Mais deux ordres ont particulièrement cultivé les lettres, les Bénédictins et les Jésuites.

L'an 540 de notre ère, saint Benoît jeta au Mont-Cassin, en Italie, les fondements de l'ordre célèbre qui devoit, par une triple gloire, convertir l'Europe, défricher ses déserts, et rallumer dans son sein le flambeau des sciences [2].

---

[1] FLEURY, *Hist. eccl.*, tom. x, liv. xlv, pag. 32.
[2] L'Angleterre, la Frise et l'Allemagne reconnoissent pour leurs apôtres S. Augustin de Cantorbéry, S. Willibord et S. Boniface, tous trois sortis de l'institut de Saint-Benoît.

Les Bénédictins, et surtout ceux de la congrégation de Saint-Maur, établie en France vers l'an 543, nous ont donné ces hommes dont le savoir est devenu proverbial, et qui ont retrouvé, avec des peines infinies, les manuscrits antiques ensevelis dans la poudre des monastères. Leur entreprise littéraire, la plus effrayante (car l'on peut parler ainsi), c'est l'édition complète des Pères de l'Église. S'il est difficile de faire imprimer un seul volume correctement dans sa propre langue, qu'on juge ce que c'est qu'une révision entière des Pères grecs et latins qui forment plus de cent cinquante volumes *in-folio* : l'imagination peut à peine embrasser ces travaux énormes. Rappeler Ruinart, Lobineau, Calmet, Tassin, Lami, d'Acheri, Martène, Mabillon, Montfaucon, c'est rappeler des prodiges de sciences.

On ne peut s'empêcher de regretter ces corps enseignants, uniquement occupés de recherches littéraires et de l'éducation de la jeunesse. Après une révolution qui a relâché les liens de la morale et interrompu le cours des études, une société, à la fois religieuse et savante, porteroit un remède assuré à la source de nos maux. Dans les autres formes d'institut, il ne peut y avoir ce travail régulier, cette laborieuse application au même sujet, qui règnent parmi des solitaires, et qui, continués sans interruption pendant plusieurs siècles, finissent par enfanter des miracles.

Les Bénédictins étoient des savants, et les Jésuites des gens de lettres : les uns et les autres furent à la société religieuse ce qu'étoient au monde deux illustres académies.

L'ordre des Jésuites étoit divisé en trois degrés, *écoliers approuvés, coadjuteurs formés*, et *profès*. Le postulant étoit d'abord éprouvé par dix ans de noviciat, pendant lesquels on exerçoit sa mémoire, sans lui permettre de s'attacher à aucune étude particulière : c'étoit pour connoître où le portoit son génie. Au bout de ce temps, il servoit les malades pendant un mois dans un hôpital, et faisoit un pélerinage à pied, en demandant l'aumône : par-là on prétendoit l'accoutumer au spectacle des douleurs humaines, et le préparer aux fatigues des missions.

Il achevoit alors de fortes ou de brillantes études. N'avoit-il que les grâces de la société, et cette vie élégante qui plaît au monde, on le mettoit en vue dans la capitale, on le poussoit à la cour et chez les grands. Possédoit-il le génie de la solitude, on le retenoit dans les bibliothèques et dans l'intérieur de la compagnie. S'il s'annonçoit comme orateur, la chaire s'ouvroit à son éloquence; s'il avoit l'esprit clair, juste et patient, il devenoit professeur dans les colléges; s'il étoit ardent, intrépide, plein de zèle et de foi, il alloit mourir sous le fer du Mahométan ou du Sauvage; enfin s'il montroit des talents propres à gouverner les hommes, le Paraguay l'appeloit dans ses forêts, ou l'Ordre à la tête de ses maisons.

Le général de la compagnie résidoit à Rome. Les Pères provinciaux, en Europe, étoient obligés de correspondre avec lui une fois par mois. Les chefs des missions étrangères lui écrivoient toutes les fois que les vaisseaux ou les caravanes traversoient les solitudes du monde. Il y avoit en outre, pour les cas pressants, des missionnaires qui se rendoient de Pékin à Rome, de Rome en Perse, en Turquie, en Éthiopie, au Paraguay ou dans quelque autre partie de la terre.

L'Europe savante a fait une perte irréparable dans les Jésuites. L'éducation ne s'est jamais bien relevée depuis leur chute. Ils étoient singulièrement agréables à la jeunesse; leurs manières polies ôtoient à leurs leçons ce ton pédantesque qui rebute l'enfance. Comme la plupart de leurs professeurs étoient des hommes de lettres recherchés dans le monde, les jeunes gens ne se croyoient avec eux que dans une illustre académie. Ils avoient su établir entre leurs écoliers de différentes fortunes une sorte de patronage qui tournoit au profit des sciences. Ces liens, formés dans l'âge où le cœur s'ouvre aux sentiments généreux, ne se brisoient plus dans la suite, et établissoient, entre le prince et l'homme de lettres, ces antiques et nobles amitiés qui existoient entre les Scipions et les Lélius.

Ils ménageoient encore ces vénérables relations de disciples et de maître, si chères aux écoles de Platon et de Pythagore. Ils s'enorgueillissoient du grand homme dont ils avoient préparé le génie, et réclamoient une partie de sa gloire. Voltaire, dédiant sa *Mérope* au père Porée, et l'appelant son *cher maître*, est une de ces choses aimables que l'éducation moderne ne présente plus. Naturalistes, chimistes, botanistes, mathématiciens, mécaniciens, astronomes, poëtes, historiens, traducteurs, antiquaires, journalistes, il n'y a pas une branche des sciences que les Jésuites n'aient cultivée avec éclat. Bourdaloue rappeloit l'éloquence romaine, Brumoy introduisoit la France au théâtre des Grecs, Gresset marchoit sur les traces de Molière; Lecomte, Parennin, Charlevoix, Ducerceau, Sanadon, Duhalde, Noël, Bouhours, Daniel, Tournemine, Maimbourg, Larue, Jouvency, Rapin, Vanière, Commire, Sirmond, Bougeant, Petau, ont laissé des noms qui ne sont pas sans honneur. Que peut-on reprocher aux Jésuites? un peu d'ambition si naturelle au génie. « Il sera toujours beau, dit Montesquieu en parlant de ces Pères, de gouverner les hommes en les rendant heureux. » Pesez la masse du bien que les Jésuites ont fait; souvenez-vous des écrivains célèbres que leur corps a donnés à la France, ou de ceux qui se sont formés dans leurs écoles; rappelez-vous les royaumes entiers qu'ils ont conquis à notre commerce par leur habileté, leurs sueurs et leur sang; repassez dans votre mémoire les miracles de leurs missions au Canada, au Paraguay, à la Chine, et vous verrez que le peu de mal dont on les accuse ne balance pas un moment les services qu'ils ont rendus à la société.

CHAPITRE VI.

PAPES ET COUR DE ROME, DÉCOUVERTES MODERNES, ETC.

Avant de passer aux services que l'Église a rendus à l'agriculture, rappelons ce que les papes ont fait pour les sciences et les beaux arts. Tandis que les ordres supérieurs travailloient dans toute l'Europe à l'éducation de la jeunesse, à la découverte des manuscrits, à l'explication de l'antiquité, les pontifes romains, prodiguant aux savants les récompenses et jusqu'aux honneurs du sacerdoce, étoient le principe de ce mouvement général vers les lumières. Certes, c'est une grande gloire pour l'Église qu'un pape ait donné son nom au siècle qui commence l'ère de l'Europe civilisée, et qui s'élevant du milieu des ruines de la Grèce, emprunta ses clartés du siècle d'Alexandre, pour les réfléchir sur le siècle de Louis.

Ceux qui représentent le christianisme comme arrêtant le progrès des lumières contredisent manifestement les témoignages historiques. Partout la civilisation a marché sur les pas de l'Évangile, au contraire des religions de Mahomet, de Brama et de Confucius, qui ont borné les progrès de la société, et forcé l'homme à vieillir dans son enfance.

Rome chrétienne étoit comme un grand port, qui recueilloit tous les débris des naufrages des arts. Constantinople tombe sous le joug des Turcs;

aussitôt l'Eglise ouvre mille retraites honorables aux illustres fugitifs de Byzance et d'Athènes. L'imprimerie, proscrite en France, trouve une retraite en Italie. Des cardinaux épuisent leurs fortunes à fouiller les ruines de la Grèce et à acquérir des manuscrits. Le siècle de Léon X avoit paru si beau au savant abbé Barthélemi, qu'il l'avoit d'abord préféré à celui de Périclès pour sujet de son grand ouvrage : c'étoit dans l'Italie chrétienne qu'il prétendoit conduire un moderne Anacharsis.

« A Rome, dit-il, mon voyageur voit Michel-Ange élevant la coupole de Saint-Pierre ; Raphaël peignant les galeries du Vatican ; Sadolet et Bembe, depuis cardinaux, remplissant alors auprès de Léon X la place de secrétaires ; Le Trissin donnant la première représentation de *Sophonisbe*, première tragédie composée par un moderne ; Béroald, bibliothécaire du Vatican, s'occupant à publier les *Annales* de Tacite, qu'on venoit de découvrir en Westphalie, et que Léon X avoit acquises pour la somme de cinq cents ducats d'or ; le même pape proposant des places aux savants de toutes les nations qui viendroient résider dans ses États, et des récompenses distinguées à ceux qui lui apporteroient des manuscrits inconnus... Partout s'organisoient des universités, des colléges, des imprimeries pour toutes sortes de langues et de sciences, des bibliothèques sans cesse enrichies des ouvrages qu'on y publioit, et des manuscrits nouvellement apportés des pays où l'ignorance avoit conservé son empire. Les académies se multiplioient tellement, qu'à Ferrare on en comptoit dix à douze; à Bologne, environ quatorze; à Sienne, seize. Elles avoient pour objet les sciences, les belles lettres, les langues, l'histoire, les arts. Dans deux de ces académies, dont l'une étoit simplement dévouée à Platon, et l'autre à son disciple Aristote, étoient discutées les opinions de l'ancienne philosophie, et pressenties celles de la philosophie moderne. A Bologne, ainsi qu'à Venise, une de ces sociétés veilloit sur l'imprimerie, sur la beauté du papier, la fonte des caractères, la correction des épreuves, et sur tout ce qui pouvoit contribuer à la perfection des éditions nouvelles... Dans chaque état, les capitales, et même des villes moins considérables, étoient extrêmement avides d'instruction et de gloire : elles offroient presque toutes aux astronomes des observatoires, aux anatomistes des amphithéâtres, aux naturalistes des jardins de plantes, à tous les gens de lettres des collections de livres, de médailles et de monuments antiques; à tous les genres de connoissances des marques éclatantes de considération, de reconnoissance et de respect... Les progrès des arts favorisoient le goût des spectacles et de la magnificence. L'étude de l'histoire et des monuments des Grecs et des Romains inspiroit des idées de décence, d'ensemble et de perfection qu'on n'avoit point eues jusqu'alors. Julien de Médicis, frère de Léon X, ayant été proclamé citoyen romain, cette proclamation fut accompagnée de jeux publics; et, sur un vaste théâtre, construit exprès dans la place du Capitole, on représenta pendant deux jours une comédie de Plaute, dont la musique et l'appareil extraordinaire excitèrent une admiration générale. »

Les successeurs de Léon X ne laissèrent point s'éteindre cette noble ardeur pour les travaux du génie. Les évêques pacifiques de Rome rassembloient dans leurs *villa* les précieux débris des âges. Dans les palais des Borghèse et des Farnèse le voyageur admiroit les chefs-d'œuvre de Praxitèle et de Phidias; c'étoit des papes qui achetoient au poids de l'or les statues de l'Hercule et de l'Apollon; c'étoit des papes qui, pour conserver les ruines trop insultées de l'antiquité, les couvroient du manteau de la religion. Qui n'admirera la pieuse industrie de ce pontife qui plaça des images chrétiennes sur les beaux débris des Thermes de Dioclétien? Le Panthéon n'existeroit plus s'il n'eût été consacré par le culte des apôtres, et la colonne Trajane ne seroit pas debout si la statue de saint Pierre ne l'eût couronnée.

Cet esprit conservateur se faisoit remarquer dans tous les ordres de l'Église. Tandis que les dépouilles qui ornoient le Vatican surpassoient les richesses des anciens temples, de pauvres religieux protégeoient dans l'enceinte de leurs monastères les ruines des maisons de Tibur et de Tusculum, et promenoient l'étranger dans les jardins de Cicéron et d'Horace. Un Chartreux vous montroit le laurier qui croît sur la tombe de Virgile, et un pape couronnoit le Tasse au Capitole.

Ainsi depuis quinze cents ans l'Église protégeoit

les sciences et les arts ; son zèle ne s'étoit ralenti à aucune époque. Si dans le huitième siècle le moine Alcuin enseigne la grammaire à Charlemagne, dans le dix-huitième *un autre moine industrieux et patient*[1] trouve un moyen de dérouler les manuscrits d'Herculanum : si en 740 Grégoire de Tours décrit les antiquités des Gaules, en 1754 le chanoine Mozzochi explique les tables législatives d'Héraclée. La plupart des découvertes qui ont changé le système du monde civilisé ont été faites par des membres de l'Église. L'invention de la poudre à canon, et peut-être celle du télescope, sont dues au moine Roger Bacon; d'autres attribuent la découverte de la poudre au moine allemand Berthold Schwartz; les bombes ont été inventées par Galen, évêque de Munster; le diacre Flavio de Gioia, Napolitain, a trouvé la boussole; le moine Despina les lunettes; et Pacificus, archidiacre de Vérone, ou le pape Silvestre II, l'horloge à roues. Que de savants, dont nous avons déjà nommé un grand nombre dans le cours de cet ouvrage, ont illustré les cloîtres, ou ajouté de la considération aux chaires éminentes de l'Église! Que d'écrivains célèbres! que d'hommes de lettres distingués! que d'illustres voyageurs! que de mathématiciens, de naturalistes, de chimistes, d'astronomes, d'antiquaires! que d'orateurs fameux! que d'hommes d'État renommés! Parler de Suger, de Ximenès, d'Alberoni, de Richelieu, de Mazarin, de

---

[1] BARTHÉLEMI, *Voyage en Italie.*

Fleury, n'est-ce pas rappeler à la fois les plus grands ministres et les plus grandes choses de l'Europe moderne?

Au moment même où nous traçons ce rapide tableau des bienfaits de l'Église, l'Italie en deuil rend un témoignage touchant d'amour et de reconnoissance à la dépouille mortelle de Pie VI [1]. La capitale du monde chrétien attend le cercueil du pontife infortuné qui, par des travaux dignes d'Auguste et de Marc-Aurèle, a desséché des marais infects, retrouvé le chemin des consuls romains, et réparé les aquéducs des premiers monarques de Rome. Pour dernier trait de cet amour des arts, si naturel aux chefs de l'Église, le successeur de Pie VI, en même temps qu'il rend la paix aux fidèles, trouve encore, dans sa noble indigence, des moyens de remplacer par de nouvelles statues les chefs-d'œuvre que Rome, tutrice des beaux arts, a cédés à l'héritière d'Athènes.

Après tout, les progrès des lettres étoient inséparables des progrès de la religion, puisque c'étoit dans la langue d'Homère et de Virgile que les Pères expliquoient les principes de la foi : le sang des martyrs, qui fut la semence des chrétiens, fit croître aussi le laurier de l'orateur et du poëte.

Rome chrétienne a été pour le monde moderne ce que Rome païenne fut pour le monde antique, le lien universel; cette capitale des nations remplit toutes les conditions de sa destinée, et semble

[1] En l'année 1800.

véritablement la *Ville éternelle*. Il viendra peut-être un temps où l'on trouvera que c'étoit pourtant une grande idée, une magnifique institution que celle du trône pontifical. Le père spirituel, placé au milieu des peuples, unissoit ensemble les diverses parties de la chrétienté. Quel beau rôle que celui d'un pape, vraiment animé de l'esprit apostolique ! Pasteur général du troupeau, il peut ou contenir les fidèles dans les devoirs, ou les défendre de l'oppression. Ses États, assez grands pour lui donner l'indépendance, trop petits pour qu'on ait rien à craindre de ses efforts, ne lui laissent que la puissance de l'opinion ; puissance admirable quand elle n'embrasse dans son empire que des œuvres de paix, de bienfaisance et de charité.

Le mal passager que quelques mauvais papes ont fait a disparu avec eux ; mais nous ressentons encore tous les jours l'influence des biens immenses et inestimables que le monde entier doit à la cour de Rome. Cette cour s'est presque toujours montrée supérieure à son siècle. Elle avoit des idées de législation, de droit public ; elle connoissoit les beaux arts, les sciences, la politesse, lorsque tout étoit plongé dans les ténèbres des institutions gothiques : elle ne se réservoit pas exclusivement la lumière, elle la répandoit sur tous ; elle faisoit tomber les barrières que les préjugés élèvent entre les nations : elle cherchoit à adoucir nos mœurs, à nous tirer de notre ignorance, à nous arracher à nos coutumes grossières ou féroces. Les papes parmi nos ancêtres furent des missionnaires des arts envoyés à des barbares, des législateurs chez des Sauvages. « Le règne seul de Charlemagne, dit Voltaire, eut une lueur de politesse, qui fut probablement le fruit du voyage de Rome. »

C'est donc une chose assez généralement reconnue, que l'Europe doit au Saint-Siége sa civilisation, une partie de ses meilleures lois, et presque toutes ses sciences et ses arts. Les souverains pontifes vont maintenant chercher d'autres moyens d'être utiles aux hommes : une nouvelle carrière les attend, et nous avons des présages qu'ils la rempliront avec gloire. Rome est remontée à cette pauvreté évangélique qui faisoit tout son trésor dans les anciens jours. Par une conformité remarquable, il y a des Gentils à convertir, des peuples à rappeler à l'unité, des haines à éteindre, des larmes à essuyer, des plaies à fermer, et qui demandent tous les baumes de la religion. Si Rome comprend bien sa position, jamais elle n'a eu devant elle de plus grandes espérances et de plus brillantes destinées. Nous disons des espérances, car nous comptons les tribulations au nombre des désirs de l'Église de Jésus-Christ. Le monde dégénéré appelle une seconde publication de l'Évangile ; le christianisme se renouvelle, et sort victorieux du plus terrible des assauts que l'enfer lui ait encore livrés. Qui sait si ce que nous avons pris pour la chute de l'Église n'est pas sa réédification ! Elle périssoit dans la richesse et dans le repos ; elle ne se souvenoit plus de la croix : la croix a reparu, elle sera sauvée.

3.

CHAPITRE VII.

AGRICULTURE.

C'est au clergé séculier et régulier que nous devons encore le renouvellement de l'agriculture en Europe, comme nous lui devons la fondation des colléges et des hôpitaux. Défrichements des terres, ouverture des chemins, agrandissements des hameaux et des villes, établissements des messageries et des auberges, arts et métiers, manufactures, commerce intérieur et extérieur; lois civiles et politiques; tout enfin nous vient originairement de l'Église. Nos pères étoient des barbares à qui le christianisme étoit obligé d'enseigner jusqu'à l'art de se nourrir.

La plupart des concessions faites aux monastères dans les premiers siècles de l'Église, étoient des terres vagues, que les moines cultivoient de leurs propres mains. Des forêts sauvages, des marais impraticables, de vastes landes furent la source de ces richesses que nous avons tant reprochées au clergé.

Tandis que les chanoines Prémontrés labouroient les solitudes de la Pologne et une portion de la forêt de Coucy en France, les Bénédictins fertilisoient nos bruyères. Molesme, Colan et Cîteaux, qui se couvrent aujourd'hui de vignes et de moissons, étoient des lieux semés de ronces et d'épines, où les premiers religieux habitoient sous des huttes de feuillages, comme les Américains au milieu de leurs défrichements.

Saint Bernard et ses disciples fécondèrent les vallées stériles que leur abandonna Thibaut, comte de Champagne. Fontevrault fut une véritable colonie, établie par Robert d'Arbrissel, dans un pays désert, sur les confins de l'Anjou et de la Bretagne. Des familles entières cherchèrent un asile sous la direction de ces Bénédictins : il s'y forma des monastères de veuves, de filles, de laïques, d'infirmes et de vieux soldats. Tous devinrent cultivateurs, à l'exemple des Pères, qui abattoient eux-mêmes les arbres, guidoient la charrue, semoient les grains, et couronnoient cette partie de la France de ces belles moissons qu'elle n'avoit point encore portées.

La colonie fut bientôt obligée de verser au dehors une partie de ses habitants, et de céder à d'autres solitudes le superflu de ses mains laborieuses. Raoul de la Futaye, compagnon de Robert, s'établit dans la forêt du Nid-du-Merle, et Vital, autre bénédictin, dans les bois de Savigny. La forêt de l'Orges, dans le diocèse d'Angers, Chaufournois, aujourd'hui Chantenois, en Touraine; Bellay, dans la même province; la Puie, en Poitou; l'Encloître, dans la forêt de Gironde; Gaisne, à quelques lieues de Loudun; Luçon, dans les bois du même nom; la Lande, dans les landes de Garnache; la Madeleine, sur la Loire; Bourbon, en Limousin; Cadouin, en Périgord; enfin, Haute-Bruyère, près de Paris, furent autant de colonies de Fontevrault, et qui, pour la plupart, d'incultes qu'elles étoient, se changèrent en opulentes campagnes.

Nous fatiguerions le lecteur si nous entreprenions de nommer tous les sillons que la charrue des Bénédictins a tracés dans les Gaules sauvages. Maurecourt, Longpré, Fontaine, le Charme, Colinance, Foici, Bellomer, Cousanie, Sauvement, les Épines, Eube, Vanassel, Pons, Charles, Vairville, et cent autres lieux dans la Bretagne, l'Anjou, le Berry, l'Auvergne, la Gascogne, le Languedoc, la Guyenne, attestent leurs immenses travaux. Saint Colomban fit fleurir le désert de Vauge ; des filles bénédictines même, à l'exemple des Pères de leur ordre, se consacrèrent à la culture ; celles de Montreuil-les-Dames « s'occupoient, dit Hermann, à coudre, à filer, et à défricher les épines de la forêt, à l'imitation de Laon et de tous les religieux de Clairvaux [1]. »

En Espagne, les Bénédictins déployèrent la même activité. Ils achetèrent des terres en friche au bord du Tage, près de Tolède, et ils fondèrent le couvent de Venghalia, après avoir planté en vignes et en orangers tout le pays d'alentour.

Le Mont-Cassin, en Italie, n'étoit qu'une profonde solitude : lorsque saint Benoît s'y retira, le pays changea de face en peu de temps, et l'abbaye nouvelle devint si opulente par ses travaux, qu'elle fut en état de se défendre, en 1057, contre les Normands, qui lui firent la guerre.

---

[1] *De Miracul.*, lib. III, cap. XVII.

Saint Boniface, avec les religieux de son ordre, commença toutes les cultures dans les quatre évêchés de Bavière. Les Bénédictins de Fulde défrichèrent, entre la Hesse, la Franconie et la Thuringe, un terrain du diamètre de huit mille pas géométriques, ce qui donnoit vingt-quatre mille pas, ou seize lieues de circonférence ; ils comptèrent bientôt jusqu'à dix-huit mille métairies, tant en Bavière qu'en Souabe. Les moines de Saint-Benoît-Polironne, près de Mantoue, employèrent au labourage plus de trois mille bœufs.

Remarquons, en outre, que la règle, presque générale, qui interdisoit l'usage de la viande aux ordres monastiques vint sans doute, en premier lieu, d'un principe d'économie rurale. Les sociétés religieuses étant alors fort multipliées, tant d'hommes qui ne vivoient que de poissons, d'œufs, de lait et de légumes, durent favoriser singulièrement la propagation des races de bestiaux. Ainsi nos campagnes, aujourd'hui si florissantes, sont en partie redevables de leurs moissons et de leurs troupeaux au travail des moines et à leur frugalité.

De plus, l'exemple, qui est souvent peu de chose en morale, parce que les passions en détruisent les bons effets, exerce une grande puissance sur le côté matériel de la vie. Le spectacle de plusieurs milliers de religieux cultivant la terre, mina peu à peu ces préjugés barbares, qui attachoient le mépris à l'art qui nourrit les hommes. Le paysan apprit, dans les monastères, à retourner la glèbe et à fertiliser le sillon. Le baron commença à chercher dans son champ des trésors plus certains que ceux qu'il se procuroit par les armes. Les moines furent donc réellement les pères de l'agriculture, et comme laboureurs eux-mêmes, et comme les premiers maîtres de nos laboureurs.

Ils n'avoient point perdu, de nos jours, ce génie utile. Les plus belles cultures, les paysans les plus riches, les mieux nourris et les moins vexés, les équipages champêtres les plus parfaits, les troupeaux les plus gras, les fermes les mieux entretenues se trouvoient dans les abbayes. Ce n'étoit pas là, ce nous semble, un sujet de reproches à faire au clergé.

CHAPITRE VIII.

VILLES ET VILLAGES, PONTS, GRANDS CHEMINS, ETC.

Mais si le clergé a défriché l'Europe sauvage, il a aussi multiplié nos hameaux, accru et embelli nos villes. Divers quartiers de Paris, tels que ceux de Sainte-Geneviève et de Saint-Germain-l'Auxerrois, se sont élevés, en partie, aux frais des abbayes du même nom [1]. En général, partout où il se trouvoit un monastère, là se formoit un village : la *Chaise-Dieu*, *Abbeville*, et plusieurs autres lieux, portent encore dans leurs noms la marque de leur origine.

---

[1] *Histoire de la ville de Paris.*

La ville de Saint-Sauveur, au pied du Mont-Cassin, en Italie, et les bourgs environnants, sont l'ouvrage des religieux de Saint-Benoît. A Fulde, à Mayence, dans tous les cercles ecclésiastiques de l'Allemagne, en Prusse, en Pologne, en Suisse, en Espagne, en Angleterre, une foule de cités ont eu pour fondateurs des ordres monastiques ou militaires. Les villes qui sont sorties le plus tôt de la barbarie sont celles même qui ont été soumises à des princes ecclésiastiques. L'Europe doit la moitié de ses monuments et de ses fondations utiles à la munificence des cardinaux, des abbés et des évêques.

Mais on dira peut-être que ces travaux n'attestent que la richesse immense de l'Église.

Nous savons qu'on cherche toujours à atténuer les services : l'homme hait la reconnoissance. Le clergé a trouvé des terres incultes; il y a fait croître des moissons. Devenu opulent par son propre travail, il a appliqué ses revenus à des monuments publics. Quand vous lui reprochez des biens si nobles, et dans leur emploi et dans leur source, vous l'accusez à la fois du crime de deux bienfaits.

L'Europe entière n'avoit ni chemins ni auberges; ses forêts étoient remplies de voleurs et d'assassins : ses lois étoient impuissantes, ou plutôt il n'y avoit point de lois; la religion seule, comme une grande colonne élevée au milieu des ruines gothiques, offroit des abris, et un point de communication aux hommes.

Sous la seconde race de nos rois, la France étant tombée dans l'anarchie la plus profonde, les voyageurs étoient surtout arrêtés, dépouillés et massacrés aux passages des rivières. Des moines habiles et courageux entreprirent de remédier à ces maux. Ils formèrent entre eux une compagnie, sous le nom d'*Hospitaliers pontifes* ou *faiseurs de ponts*. Ils s'obligeoient, par leur institut, à prêter main-forte aux voyageurs, à réparer les chemins publics, à construire des ponts, et à loger des étrangers dans des hospices qu'ils élevèrent au bord des rivières. Ils se fixèrent d'abord sur la Durance, dans un endroit dangereux, appelé *Maupas* ou *Mauvais-pas*, et qui, grâce à ces généreux moines, prit bientôt le nom de *Bon-pas*, qu'il porte encore aujourd'hui. C'est cet ordre qui a bâti le pont du Rhône à Avignon. On sait que les messageries et les postes, perfectionnées par Louis XI, furent d'abord établies par l'Université de Paris.

Sur une rude et haute montagne du Rouergue, couverte de neige et de brouillards pendant huit mois de l'année, on aperçoit un monastère, bâti vers l'an 1120, par Alard, vicomte de Flandre. Ce seigneur, revenant d'un pèlerinage, fut attaqué dans ce lieu par des voleurs; il fit vœu, s'il se sauvoit de leurs mains, de fonder dans ce désert un hôpital pour les voyageurs, et de chasser les brigands de la montagne. Étant échappé au péril, il fut fidèle à ses engagements, et l'hôpital d'Abrac ou d'Aubrac s'éleva *in loco horroris et vastæ solitudinis*, comme le porte l'acte de fondation. Alard y établit des prêtres pour le service de l'église, des chevaliers hospitaliers pour escorter les voyageurs, et des dames de qualité pour laver les pieds des pèlerins, faire leurs lits et prendre soin de leurs vêtements.

Dans les siècles de barbarie, les pèlerinages étoient fort utiles; ce principe religieux, qui attiroit les hommes hors de leurs foyers, servoit puissamment au progrès de la civilisation et des lumières. Dans l'année du grand jubilé[1], on ne reçut pas moins de quatre cent quarante mille cinq cents étrangers à l'hôpital de Saint-Philippe-de-Néri, à Rome; chacun d'eux fut nourri, logé et défrayé entièrement pendant trois jours.

Il n'y avoit point de pèlerin qui ne revînt dans son village avec quelque préjugé de moins et quelque idée de plus. Tout se balance dans les siècles : certaines classes riches de la société voyagent peut-être à présent plus qu'autrefois; mais, d'une autre part, le paysan est plus sédentaire. La guerre l'appeloit sous la bannière de son seigneur, et la religion dans les pays lointains. Si nous pouvions revoir un de ces anciens vassaux que nous nous représentons comme une espèce d'esclave stupide, peut-être serions-nous surpris de lui trouver plus de bon sens et d'instruction qu'au paysan libre d'aujourd'hui.

Avant de partir pour les royaumes étrangers, le voyageur s'adressoit à son évêque, qui lui donnoit une lettre apostolique avec laquelle il passoit en sûreté dans toute la chrétienté. La forme de ces lettres varioit selon le rang et la profession du porteur, d'où on les appeloit *formatæ*. Ainsi, la

---

[1] En 1600.

religion n'étoit occupée qu'à renouer les fils sociaux que la barbarie rompoit sans cesse.

En général, les monastères étoient des hôtelleries où les étrangers trouvoient en passant le vivre et le couvert. Cette hospitalité, qu'on admire chez les anciens, et dont on voit encore les restes en Orient, étoit en honneur chez nos religieux : plusieurs d'entre eux, sous le nom d'*hospitaliers*, se consacrèrent particulièrement à cette vertu touchante. Elle se manifestoit, comme aux jours d'Abraham, dans toute sa beauté antique, par le lavement des pieds, la flamme du foyer et les douceurs du repas et de la couche. Si le voyageur étoit pauvre, on lui donnoit des habits, des vivres, et quelque argent pour se rendre à un autre monastère, où il recevoit les mêmes secours. Les dames, montées sur leur palefroi; les preux, cherchant aventures; les rois, égarés à la chasse, frappoient, au milieu de la nuit, à la porte des vieilles abbayes, et venoient partager l'hospitalité qu'on donnoit à l'obscur pèlerin. Quelquefois deux chevaliers ennemis s'y rencontroient ensemble, et se faisoient joyeuse réception jusqu'au lever du soleil, où, le fer à la main, ils maintenoient l'un contre l'autre la supériorité de leurs dames et de leurs patries. Boucicault, au retour de la croisade de Prusse, logeant dans un monastère avec plusieurs chevaliers anglois, soutint seul contre tous qu'un chevalier écossois, attaqué par eux dans les bois, avoit été traîtreusement mis à mort.

Dans ces hôtelleries de la religion, on croyoit

faire beaucoup d'honneur à un prince quand on lui proposoit de rendre quelques soins aux pauvres qui s'y trouvoient par hasard avec lui. Le cardinal de Bourbon, revenant de conduire l'infortunée Élisabeth en Espagne, s'arrêta à l'hôpital de Roncevaux dans les Pyrénées; il servit à table trois cents pèlerins, et donna à chacun d'eux trois réaux pour continuer leur voyage. Le Poussin est un des derniers voyageurs qui aient profité de cette coutume chrétienne; il alloit à Rome, de monastère en monastère, peignant des tableaux d'autel pour prix de l'hospitalité qu'il recevoit, et renouvelant ainsi chez les peintres l'aventure d'Homère.

CHAPITRE IX.

ARTS ET MÉTIERS, COMMERCE.

Rien n'est plus contraire à la vérité historique que de se représenter les premiers moines comme des hommes oisifs, qui vivoient dans l'abondance aux dépens des superstitions humaines. D'abord cette abondance n'étoit rien moins que réelle. L'ordre, par ses travaux, pouvoit être devenu riche, mais il est certain que le religieux vivoit très durement. Toutes ces délicatesses du cloître, si exagérées, se réduisoient, même de nos jours, à une étroite cellule, des pratiques désagréables, et une table fort simple, pour ne rien dire de plus. Ensuite, il est très faux que les moines ne fussent que de pieux fainéants; quand leurs nombreux hospices, leurs colléges, leurs bibliothèques, leurs cultures, et tous les autres services dont nous avons parlé, n'auroient pas suffi pour occuper leurs loisirs, ils avoient encore trouvé bien d'autres manières d'être utiles; ils se consacroient aux arts mécaniques, et étendoient le commerce au dehors et au dedans de l'Europe.

La congrégation du tiers-ordre de Saint-François, appelée des *Bons-Fieux*, faisoit des draps et des galons, en même temps qu'elle montroit à lire aux enfants des pauvres, et qu'elle prenoit soin des malades. La compagnie des *Pauvres Frères cordonniers et tailleurs* étoit instituée dans le même esprit. Le couvent des Hiéronymites, en Espagne, avoit dans son sein plusieurs manufactures. La plupart des premiers religieux étoient maçons aussi bien que laboureurs. Les Bénédictins bâtissoient leurs maisons de leurs propres mains, comme on le voit par l'histoire des couvents du Mont-Cassin, de ceux de Fontevrault et de plusieurs autres.

Quant au commerce intérieur, beaucoup de foires et de marchés appartenoient aux abbayes, et avoient été établis par elles. La célèbre foire du *Landyt*, à Saint-Denis, devoit sa naissance à l'Université de Paris. Les religieuses filoient une grande partie des toiles de l'Europe. Les bières de Flandre, et la plupart des vins fins de l'Archipel, de la Hongrie, de l'Italie, de la France et de l'Espagne, étoient faits par les congrégations religieuses; l'exportation et l'importation des grains, soit pour l'étranger, soit pour les armées, dépendoient encore en partie des grands propriétaires ecclésiastiques. Les églises faisoient valoir le parchemin, la cire, le lin, la soie, les marbres, l'orfévrerie, les manufactures en laine, les tapisseries et les matières premières d'or et d'argent; elles seules, dans les temps barbares, procuroient quelque travail aux artistes, qu'elles faisoient venir exprès de l'Italie et jusque du fond de la Grèce. Les religieux eux-mêmes cultivoient les beaux arts, et étoient les peintres, les sculpteurs et les architectes de l'âge gothique. Si leurs ouvrages nous paroissent grossiers aujourd'hui, n'oublions pas qu'ils forment l'anneau où les siècles antiques viennent se rattacher aux siècles modernes; que, sans eux, la chaîne de la tradition des lettres et des arts eût été totalement interrompue : il ne faut pas que la délicatesse de notre goût nous mène à l'ingratitude.

A l'exception de cette petite partie du nord comprise dans la ligne des villes anséatiques, le commerce extérieur se faisoit autrefois par la Méditerranée. Les Grecs et les Arabes nous apportoient les marchandises de l'Orient qu'ils chargeoient à Alexandrie. Mais les croisades firent passer entre les mains des Francs cette source de richesse. « Les conquêtes des Croisés, dit l'abbé Fleury, leur assurèrent la liberté du commerce pour les marchandises de la Grèce, de Syrie et d'Égypte, et par conséquent pour celles des Indes, qui ne venoient point encore en Europe par d'autres routes [1]. »

[1] *Hist. ecclés.*, tom. XVIII, sixième disc., pag. 20.

Le docteur Robertson, dans son excellent ouvrage sur le commerce des anciens et des modernes aux Indes orientales, confirme, par les détails les plus curieux, ce qu'avance ici l'abbé Fleury. Gênes, Venise, Pise, Florence et Marseille durent leurs richesses et leur puissance à ces entreprises d'un zèle exagéré, que le véritable esprit du christianisme a condamnées depuis long-temps[1]. Mais enfin on ne peut se dissimuler que la marine et le commerce moderne ne soient nés de ces fameuses expéditions. Ce qu'il y eut de bon en elles appartient à la religion, le reste aux passions humaines. D'ailleurs, si les Croisés ont eu tort de vouloir arracher l'Égypte et la Syrie aux Sarrasins, ne gémissons donc plus quand nous voyons ces belles contrées en proie à ces Turcs, qui semblent arrêter la peste et la barbarie sur la patrie de Phidias et d'Euripide. Quel mal y auroit-il si l'Égypte étoit depuis saint Louis une colonie de la France, et si les descendants des chevaliers françois régnoient à Constantinople, à Athènes, à Damas, à Tripoli, à Carthage, à Tyr, à Jérusalem?

Au reste, quand le christianisme a marché *seul* aux expéditions lointaines, on a pu juger que les désordres des croisades n'étoient pas venus de lui, mais de l'emportement des hommes. Nos missionnaires nous ont ouvert des sources de commerce pour lesquelles ils n'ont versé de sang que le leur, dont, à la vérité, ils ont été prodigues. Nous ren-

---

[1] *Vid.* Fleury, *loc. cit.*

voyons le lecteur à ce que nous avons dit sur ce sujet au livre des Missions.

CHAPITRE X.

DES LOIS CIVILES ET CRIMINELLES.

Rechercher quelle a été l'influence du christianisme sur les lois et sur les gouvernements, comme nous l'avons fait pour la morale et pour la poésie, seroit le sujet d'un fort bel ouvrage. Nous indiquerons seulement la route, et nous offrirons quelques résultats, afin d'additionner la somme des bienfaits de la religion.

Il suffit d'ouvrir au hasard les conciles, le droit canonique, les bulles et les rescrits de la cour de Rome, pour se convaincre que nos anciennes lois recueillies dans les capitulaires de Charlemagne, dans les formules de Marculfe, dans les ordonnances des rois de France, ont emprunté une foule de règlements à l'Église, ou plutôt qu'elles ont été rédigées en partie par de savants prêtres, ou des assemblées d'ecclésiastiques.

De temps immémorial les évêques et les métropolitains ont eu des droits assez considérables en matière civile. Ils étoient chargés de la promulgation des ordonnances impériales relatives à la tranquillité publique ; on les prenoit pour arbitres dans les procès : c'étoit des espèces de juges de paix naturels que la religion avoit donnés aux hommes.

Les empereurs chrétiens, trouvant cette coutume établie, la jugèrent si salutaire[1], qu'ils la confirmèrent par des articles de leurs codes. Chaque gradué, depuis le sous-diacre jusqu'au souverain pontife, exerçoit une petite juridiction, de sorte que l'esprit religieux agissoit par mille points et de mille manières sur les lois. Mais cette influence étoit-elle favorable ou dangereuse aux citoyens? Nous croyons qu'elle étoit favorable.

D'abord, dans tout ce qui s'appelle *administration*, la sagesse du clergé a constamment été reconnue, même des écrivains les plus opposés au christianisme[2]. Lorsqu'un Etat est tranquille, les hommes ne font pas le mal pour le seul plaisir de le faire. Quel intérêt un concile pouvoit-il avoir à porter une loi inique touchant l'ordre des successions ou les conditions d'un mariage? ou pourquoi un official, ou un simple prêtre, admis à prononcer sur un point de droit, auroit-il prévariqué? S'il est vrai que l'éducation et les principes qui nous sont inculqués dans la jeunesse influent sur notre caractère, des ministres de l'Évangile devoient être, en général, guidés par un conseil de douceur et d'impartialité; mettons, si l'on veut, une restriction, et disons dans tout ce qui ne regardoit pas ou leur ordre ou leurs personnes. D'ailleurs l'esprit de corps, qui peut être mauvais dans l'en-

---

[1] Eus., *de Vit. Const.*, lib. xv, cap. xvii; Sozom., lib. i, cap. ix, *Cod. Justin.*, lib. i, tit. iv, leg. 7.

[2] Voyez Voltaire, dans l'*Essai sur les Mœurs*.

semble, est toujours bon dans la partie. Il est à présumer qu'un membre d'une grande société religieuse se distinguera plutôt par sa droiture dans une place civile que par ses prévarications, ne fût-ce que pour la gloire de son ordre et le joug que cet ordre lui impose.

De plus, les conciles étoient composés de prélats de tous les pays, et partant, ils avoient l'immense avantage d'être comme étrangers aux peuples pour lesquels ils faisoient des lois. Ces haines, ces amours, ces préjugés feudataires qui accompagnent ordinairement le législateur, étoient inconnus aux Pères des conciles. Un évêque françois avoit assez de lumières touchant sa patrie pour combattre un canon qui en blessoit les mœurs; mais il n'avoit pas assez de pouvoir sur des prélats italiens, espagnols, anglois, pour leur faire adopter un règlement injuste; libre dans le bien, sa position le bornoit dans le mal. C'est Machiavel, ce nous semble, qui propose de faire rédiger la constitution d'un État par un étranger. Mais cet étranger pourroit être, ou gagné par intérêt, ou ignorant du génie de la nation dont il fixeroit le gouvernement; deux grands inconvénients que le concile n'avoit pas, puisqu'il étoit à la fois au-dessus de la corruption par ses richesses, et instruit des inclinations particulières des royaumes par les divers membres qui le composoient.

L'Église, prenant toujours la morale pour base, de préférence à la politique (comme on le voit par les questions de rapt, de divorce, d'adultère), ses ordonnances doivent avoir un fonds naturel de rectitude et d'universalité. En effet, la plupart des canons ne sont point relatifs à telle ou telle contrée; ils comprennent toute la chrétienté. La charité, le pardon des offenses formant tout le christianisme, et étant spécialement recommandés dans le sacerdoce, l'action de ce caractère sacré sur les mœurs doit participer de ces vertus. L'histoire nous offre sans cesse le prêtre priant pour le malheureux, demandant grâce pour le coupable ou intercédant pour l'innocent. Le droit d'asile dans les églises, tout abusif qu'il pouvoit être, est néanmoins une grande preuve de la tolérance que l'esprit religieux avoit introduite dans la justice criminelle. Les Dominicains furent animés par cette pitié évangélique lorsqu'ils dénoncèrent avec tant de force les cruautés des Espagnols dans le Nouveau-Monde. Enfin, comme notre code a été formé dans des temps de barbarie, le prêtre étant le seul homme qui eût alors quelques lettres, il ne pouvoit porter dans les lois qu'une influence heureuse et des lumières qui manquoient au reste des citoyens.

On trouve un bel exemple de l'esprit de justice que le christianisme tendoit à introduire dans nos tribunaux. Saint Ambroise observe que si, en matière criminelle, les évêques sont obligés par leur caractère d'implorer la clémence du magistrat, ils ne doivent jamais intervenir dans les causes civiles qui ne sont pas portées à leur propre juridiction : « Car, dit-il, vous ne pouvez solliciter pour une des parties sans nuire à l'autre, et vous rendre peut-être coupable d'une grande injustice[1]. »

Admirable esprit de la religion !

La modération de saint Chrysostome n'est pas moins remarquable : « Dieu, dit ce grand saint, a permis à un homme de renvoyer sa femme pour cause d'adultère, mais non pas pour cause d'*idolâtrie*[2]. » Selon le droit romain, les infâmes ne pouvoient être juges. Saint Ambroise et saint Grégoire poussent encore plus loin cette belle loi, *car ils ne veulent pas que ceux qui ont commis* de grandes fautes *demeurent juges, de peur qu'ils ne se condamnent eux-mêmes en condamnant les autres*[3].

En matière criminelle, le prélat se récusoit, parce que la religion a horreur du sang. Saint Augustin obtint par ses prières la vie des Circumcellions, convaincus d'avoir assassiné des prêtres catholiques. Le concile de Sardique fait même une loi aux évêques d'interposer leur médiation dans les sentences d'exil et de bannissement[4]. Ainsi le malheureux devoit à cette charité chrétienne non-seulement la vie, mais, ce qui est bien plus précieux encore, la douceur de respirer son air natal.

Ces autres dispositions de notre jurisprudence criminelle sont tirées du droit canonique : « 1° On ne doit point condamner un absent, qui peut avoir des moyens légitimes de défense. 2° L'accusateur

---

[1] Ambros., *de Offic.*, lib. III, cap. III.
[2] *In cap.*, Isaï. 3.
[3] Héricourt, *Lois eccl.*, pag. 760, quest. VIII.
[4] *Conc. Sard.*, can. XVII.

et le juge ne peuvent servir de témoins. 3° Les grands criminels ne peuvent être accusateurs [1]. 4° En quelque dignité qu'une personne soit constituée, sa seule déposition ne peut suffire pour condamner un accusé [2]. »

On peut voir dans Héricourt la suite de ces lois qui confirment ce que nous avons avancé, savoir, que nous devons les meilleures dispositions de notre code civil et criminel au droit canonique. Ce droit est en général beaucoup plus doux que nos lois, et nous avons repoussé sur plusieurs points son indulgence chrétienne. Par exemple, le septième concile de Carthage décide que quand il y a plusieurs chefs d'accusation, si l'accusateur ne peut prouver le premier chef, il ne doit point être admis à la preuve des autres; nos coutumes en ont ordonné autrement.

Cette grande obligation que notre système civil doit aux règlements du christianisme est une chose très grave, très peu observée, et pourtant très digne de l'être [3].

Enfin les juridictions seigneuriales, sous la féodalité, furent de nécessité moins vexatoires dans la dépendance des abbayes et des prélatures que sous le ressort d'un comte ou d'un baron. Le seigneur ecclésiastique étoit tenu à de certaines vertus que le guerrier ne se croyoit pas obligé de pratiquer. Les abbés cessèrent promptement de marcher à

---

[1] Cet admirable canon n'étoit pas suivi dans nos lois.
[2] Hér., *loc. cit. et seq.*
[3] Montesquieu et le docteur Robertson en ont dit quelques mots.

l'armée, et leurs vassaux devinrent de paisibles laboureurs. Saint Benoît d'Aniane, réformateur des Bénédictins en France, recevoit les terres qu'on lui offroit, mais il ne vouloit point accepter les *serfs;* il leur rendoit sur-le-champ la liberté[1] : cet exemple de magnanimité, au milieu du dixième siècle, est bien frappant; et c'est un *moine* qui l'a donné !

CHAPITRE XI.

POLITIQUE ET GOUVERNEMENT.

La coutume qui accordoit le premier rang au clergé dans les assemblées des nations modernes tenoit au grand principe religieux, que l'antiquité entière regardoit comme le fondement de l'existence politique. Je ne sais, dit Cicéron, si anéantir la piété envers les dieux, ce ne seroit point aussi anéantir la bonne foi, la société du genre humain, et la plus excellente des vertus, la justice[2] : « *Haud scio an, pietate adversus deos sublata, fides etiam, et societas humani generis, et una excellentissima virtus, justitia, tollatur.* »

Puisqu'on avoit cru jusqu'à nos jours que la religion est la base de la société civile, ne faisons pas un crime à nos pères d'avoir pensé comme Platon, Aristote, Cicéron, Plutarque, et d'avoir

---

[1] HÉLYOT.   [2] *De Nat. Deor.*, I, II.

mis l'autel et ses ministres au degré le plus éminent de l'ordre social.

Mais si personne ne nous conteste sur ce point l'influence de l'Église dans le corps politique, on soutiendra peut-être que cette influence a été funeste au bonheur public et à la liberté. Nous ne ferons qu'une réflexion sur ce vaste et profond sujet : remontons un instant aux principes généraux d'où il faut toujours partir quand on veut atteindre à quelque vérité.

La nature, au moral et au physique, semble n'employer qu'un seul moyen de création : c'est de mêler, pour produire, la force à la douceur. Son énergie paroît résider dans la loi générale des contrastes. Si elle joint la violence à la violence, ou la foiblesse à la foiblesse, loin de former quelque chose, elle détruit par excès ou par défaut. Toutes les législations de l'antiquité offrent ce système d'opposition qui enfante le corps politique.

Cette vérité une fois reconnue, il faut chercher les points d'opposition : il nous semble que les deux principaux résident, l'un dans les mœurs du peuple, l'autre dans les institutions à donner à ce peuple. S'il est d'un caractère timide et foible, que sa constitution soit hardie et robuste; s'il est fier, impétueux, inconstant, que son gouvernement soit doux, modéré, invariable. Ainsi la théocratie ne fut pas bonne aux Égyptiens; elle les asservit sans leur donner des vertus qui leur manquoient : c'étoit une nation pacifique; il lui falloit des institutions militaires.

L'influence sacerdotale, au contraire, produisit à Rome des effets admirables : cette reine du monde dut sa grandeur à Numa, qui sut placer la religion au premier rang chez un peuple de guerriers : qui ne craint pas les hommes doit craindre les dieux.

Ce que nous venons de dire du Romain s'applique au François; il n'a pas besoin d'être excité, mais d'être retenu. On parle du danger de la théocratie ; mais chez quelle nation belliqueuse un prêtre a-t-il conduit l'homme à la servitude ?

C'est donc de ce grand principe général qu'il faut partir pour considérer l'influence du clergé dans notre ancienne constitution, et non pas de quelques détails particuliers, locaux et accidentels. Toutes ces déclamations contre la richesse de l'Église, contre son ambition, sont de petites vues d'un sujet immense; c'est considérer à peine la surface des objets, et ne pas jeter un coup d'œil ferme dans leurs profondeurs. Le christianisme étoit dans notre corps politique, comme ces instruments religieux dont les Spartiates se servoient dans les batailles, moins pour animer le soldat que pour modérer son ardeur.

Si l'on consulte l'histoire de nos états-généraux, on verra que le clergé a toujours rempli ce beau rôle de modérateur. Il calmoit, il adoucissoit les esprits; il prévenoit les résolutions extrêmes. L'Église avoit seule de l'instruction et de l'expérience, quand des barons hautains et d'ignorantes communes ne connoissoient que les factions et une obéissance absolue; elle seule, par l'habitude des synodes et des conciles, savoit parler et délibérer ; elle seule avoit de la dignité, lorsque tout en manquoit autour d'elle. Nous la voyons tour à tour s'opposer aux excès du peuple, présenter de libres remontrances aux rois, et braver la colère des nobles. La supériorité de ses lumières, son génie conciliant, sa mission de paix, la nature même de ses intérêts, devoient lui donner en politique des idées généreuses qui manquoient aux deux autres ordres. Placée entre ceux-ci, elle avoit tout à craindre des grands, et rien des communes, dont elle devenoit par cette seule raison le défenseur naturel. Aussi la voit-on, dans les moments de troubles, voter de préférence avec les dernières. La chose la plus vénérable qu'offroient nos anciens états-généraux étoit ce banc de vieux évêques qui, la mitre en tête et la crosse à la main, plaidoient tour à tour la cause du peuple contre les grands, et celle du souverain contre des seigneurs factieux.

Ces prélats furent souvent la victime de leur dévouement. La haine des nobles contre le clergé fut si grande au commencement du treizième siècle, que saint Dominique se vit contraint de prêcher une espèce de croisade pour arracher les biens de l'Église aux barons qui les avoient envahis. Plusieurs évêques furent massacrés par les nobles, ou emprisonnés par la cour. Ils subissoient tour à tour les vengeances monarchiques, aristocratiques et populaires.

Si vous voulez considérer plus en grand l'influence du christianisme sur l'existence politique des peuples de l'Europe, vous verrez qu'il prévenoit les famines, et sauvoit nos ancêtres de leurs propres fureurs, en proclamant ces paix appelées *paix de Dieu*, pendant lesquelles on recueilloit les moissons et les vendanges. Dans les commotions publiques souvent les papes se montrèrent comme de très grands princes. Ce sont eux qui, en réveillant les rois, sonnant l'alarme et faisant des ligues, ont empêché l'Occident de devenir la proie des Turcs. Ce seul service rendu au monde par l'Église mériteroit des autels.

Des hommes indignes du nom de chrétiens égorgeoient les peuples du Nouveau-Monde, et la cour de Rome fulminoit des bulles pour prévenir ces atrocités [1]. L'esclavage étoit reconnu légitime, et l'Église ne reconnoissoit point d'esclaves [2] parmi ses enfants. Les excès mêmes de la cour de Rome ont servi à répandre les principes généraux du droit des peuples. Lorsque les papes mettoient les royaumes en interdit, lorsqu'ils forçoient les empereurs à venir rendre compte de leur conduite au Saint-Siége, ils s'arrogeoient sans doute un pouvoir qu'ils n'avoient pas; mais en blessant la majesté du trône ils faisoient peut-être du bien à l'humanité. Les rois devenoient plus circonspects; ils sentoient qu'ils avoient un frein, et le peuple une égide. Les rescrits des pontifes ne manquoient jamais de mêler la voix des nations et l'intérêt général des

---

[1] La fameuse bulle de Paul III.
[2] Le décret de Constantin, qui déclare libre tout esclave qui embrasse le christianisme.

hommes aux plaintes particulières. « *Il nous est venu des rapports que Philippe, Ferdinand, Henri opprimoit son peuple, etc.* » Tel étoit à peu près le début de tous ces arrêts de la cour de Rome.

S'il existoit au milieu de l'Europe un tribunal qui jugeât, au nom de Dieu, les nations et les monarques, et qui prévînt les guerres et les révolutions, ce tribunal seroit le chef-d'œuvre de la politique, et le dernier degré de la perfection sociale : les papes, par l'influence qu'ils exerçoient sur le monde chrétien, ont été au moment de réaliser ce beau songe.

Montesquieu a fort bien prouvé que le christianisme est opposé d'esprit et de conseil au pouvoir arbitraire, *et que ses principes font plus que l'honneur dans les monarchies, la vertu dans les républiques, et la crainte dans les États despotiques.* N'existe-t-il pas d'ailleurs des républiques chrétiennes qui paroissent même plus attachées à leur religion que les monarchies ? N'est-ce pas encore sous la loi évangélique que s'est formé ce gouvernement dont l'excellence paroissoit telle au plus grave des historiens [1], qu'il le croyoit impraticable pour les hommes ? « Dans toutes les nations, dit Tacite, c'est le peuple, ou les nobles, ou un seul qui gouverne; une forme de gouvernement qui se composeroit à la fois des trois autres est une brillante chimère, etc. [2]

---

[1] Il faut se souvenir que ceci étoit écrit sous Buonaparte. L'auteur semble annoncer ici la Charte de Louis XVIII. Ses opinions constitutionnelles, comme on le voit, datent de loin.

[2] Tac., *Ann.*, lib. iv, xxxiii.

Tacite ne pouvoit pas deviner que cette espèce de miracle s'accompliroit un jour chez des Sauvages dont il nous a laissé l'histoire [1]. Les passions, sous le polythéisme, auroient bientôt renversé un gouvernement qui ne se conserve que par la justesse des contre-poids. Le phénomène de son existence étoit réservé à une religion qui, en maintenant l'équilibre moral le plus parfait, permet d'établir la plus parfaite balance politique.

Montesquieu a vu le principe du gouvernement anglois dans les forêts de la Germanie : il étoit peut-être plus simple de le découvrir dans la division des trois ordres; division connue de toutes les grandes monarchies de l'Europe moderne. L'Angleterre a commencé, comme la France et l'Espagne, par ses états-généraux : l'Espagne passa à une monarchie absolue, la France à une monarchie tempérée, et l'Angleterre à une monarchie mixte. Ce qu'il y a de remarquable, c'est que les *cortès* de la première jouissoient de plusieurs priviléges que n'avoient pas les *états-généraux* de la seconde et les *parlements* de la troisième, et que le peuple le plus libre est tombé sous le gouvernement le plus absolu. D'une autre part, les Anglois, qui étoient presque réduits en servitude, se rapprochèrent de l'indépendance, et les François, qui n'étoient ni très libres ni très asservis, demeurèrent à peu près au même point.

Enfin ce fut une grande et féconde idée politique que cette division des trois ordres. Totale-

[1] *In Vit. Agric.*

ment ignorée des anciens, elle a produit chez les modernes le système représentatif, qu'on peut mettre au nombre de ces trois ou quatre découvertes qui ont créé un autre univers. Et qu'il soit encore dit à la gloire de notre religion, que le système représentatif découle en partie des institutions ecclésiastiques, d'abord parce que l'Église en offrit la première image dans ses conciles, composés du *souverain pontife*, des *prélats* et des *députés* du *bas-clergé*, et ensuite parce que les prêtres chrétiens ne s'étant pas séparés de l'État ont donné naissance à un nouvel ordre de citoyens, qui, par sa réunion aux deux autres, a entraîné la représentation du corps politique.

Nous ne devons pas négliger une remarque qui vient à l'appui des faits précédents, et qui prouve que le génie évangélique est éminemment favorable à la liberté. La religion chrétienne établit en dogme l'égalité morale, la seule qu'on puisse prêcher sans bouleverser le monde. Le polythéisme cherchoit-il à Rome à persuader au patricien qu'il n'étoit pas d'une poussière plus noble que le plébéien? Quel pontife eût osé faire retentir de telles paroles aux oreilles de Néron et de Tibère? On eût bientôt vu le corps du lévite imprudent exposé aux gémonies. C'est cependant de telles leçons que les potentats chrétiens reçoivent tous les jours dans cette chaire si justement appelée la chaire de vérité.

En général, le christianisme est surtout admirable pour avoir converti l'*homme physique* en l'*homme moral*. Tous les grands principes de Rome et de la

Grèce, l'égalité, la liberté, se trouvent dans notre religion, mais appliqués à l'âme et au génie, et considérés sous des rapports sublimes.

Les conseils de l'Évangile forment le véritable philosophe, et ses préceptes le véritable citoyen. Il n'y a pas un petit peuple chrétien chez lequel il ne soit plus doux de vivre que chez le peuple antique le plus fameux, excepté Athènes, qui fut charmante, mais horriblement injuste. Il y a une paix intérieure dans les nations modernes, un exercice continuel des plus tranquilles vertus, qu'on ne vit point régner au bord de l'Ilissus et du Tibre. Si la république de Brutus ou la monarchie d'Auguste sortoit tout à coup de la poudre, nous aurions horreur de la vie romaine. Il ne faut que se représenter les jeux de la déesse Flore, et cette boucherie continuelle de gladiateurs, pour sentir l'énorme différence que l'Évangile a mise entre nous et les païens ; le dernier des chrétiens, honnête homme, est plus *moral* que le premier des philosophes de l'antiquité.

« Enfin, dit Montesquieu, nous devons au christianisme, et dans le gouvernement un certain droit politique, et dans la guerre un certain droit des gens que la nature humaine ne sauroit assez reconnoître.

« C'est ce droit qui fait que parmi nous la victoire laisse aux peuples vaincus ces grandes choses, la vie, la liberté, les lois, les biens, et toujours la religion, quand on ne s'aveugle pas soi-même [1]. »

---

[1] *Esprit des Lois*, liv. XXIV, chap. III.

Ajoutons, pour couronner tant de bienfaits, un bienfait qui devroit être écrit en lettres d'or dans les annales de la philosophie :

L'ABOLITION DE L'ESCLAVAGE.

CHAPITRE XII.

RÉCAPITULATION GÉNÉRALE.

Ce n'est pas sans éprouver une sorte de crainte que nous touchons à la fin de notre ouvrage. Les graves idées qui nous l'ont fait entreprendre, la dangereuse ambition que nous avons eue de déterminer, autant qu'il dépendoit de nous, la question sur le christianisme, toutes ces considérations nous alarment. Il est difficile de découvrir jusqu'à quel point Dieu approuve que des hommes prennent dans leurs débiles mains la cause de son éternité, se fassent les avocats du Créateur au tribunal de la créature, et cherchent à justifier par des raisons humaines ces conseils qui ont donné naissance à l'univers. Ce n'est donc qu'avec une défiance extrême, trop motivée par l'insuffisance de nos talents, que nous offrons ici la récapitulation générale de cet ouvrage.

Toute religion a des mystères ; toute la nature est un secret.

Les mystères chrétiens sont les plus beaux possibles : ils sont l'archétype du système de l'homme et du monde.

Les sacrements sont une législation morale, et des tableaux pleins de poésie.

La foi est une force, la charité un amour, l'espérance toute une félicité, ou, comme parle la religion, toute une vertu.

Les lois de Dieu sont le code le plus parfait de la justice naturelle.

La chute de notre premier père est une tradition universelle.

On peut en trouver une preuve nouvelle dans la constitution de l'homme moral, qui contredit la constitution générale des êtres.

La défense de toucher au fruit de science est un commandement sublime, et le seul qui fût digne de Dieu.

Toutes les prétendues preuves de l'antiquité de la terre peuvent être combattues.

Dogme de l'existence de Dieu démontré par les merveilles de l'univers; dessein visible de la Providence dans les instincts des animaux; enchantement de la nature.

La seule morale prouve l'immortalité de l'âme. L'homme désire le bonheur, et il est le seul être qui ne puisse l'obtenir : il y a donc une félicité au-delà de la vie; car on ne désire point ce qui n'est pas.

Le système de l'athéisme n'est fondé que sur des exceptions : ce n'est point le corps qui agit sur l'âme, c'est l'âme qui agit sur le corps. L'homme ne suit point les règles générales de la matière; il diminue où l'animal augmente.

L'athéisme n'est bon à personne, ni à l'infortuné auquel il ravit l'espérance, ni à l'heureux dont il dessèche le bonheur, ni au soldat qu'il rend timide, ni à la femme dont il flétrit la beauté et la tendresse, ni à la mère qui peut perdre son fils, ni aux chefs des hommes qui n'ont pas de plus sûr garant de la fidélité des peuples que la religion.

Les châtiments et les récompenses que le christianisme dénonce ou promet dans une autre vie s'accordent avec la raison et la nature de l'âme.

En poésie, les caractères sont plus beaux, et les passions plus énergiques sous la religion chrétienne qu'ils ne l'étoient sous le polythéisme. Celui-ci ne présentoit point de partie dramatique, point de combats des penchants naturels et des vertus.

La mythologie rapetissoit la nature; et les anciens, par cette raison, n'avoient point de poésie descriptive. Le christianisme rend au désert et ses tableaux et ses solitudes.

Le *merveilleux* chrétien peut soutenir le parallèle avec le *merveilleux* de la fable. Les anciens fondent leur poésie sur Homère, et les chrétiens sur la Bible; et les beautés de la Bible surpassent les beautés d'Homère.

C'est au christianisme que les beaux arts doivent leur renaissance et leur perfection.

En philosophie, il ne s'oppose à aucune vérité naturelle. S'il a quelquefois combattu les sciences, il a suivi l'esprit de son siècle, et l'opinion des plus grands législateurs de l'antiquité.

En histoire, nous fussions demeurés inférieurs aux anciens sans le caractère nouveau d'images, de réflexions et de pensées qu'a fait naître la religion chrétienne : l'éloquence moderne fournit la même observation.

Restes des beaux arts, solitudes des monastères, charmes des ruines, gracieuses dévotions du peuple, harmonies du cœur, de la religion et des déserts, c'est ce qui conduit à l'examen du culte.

Partout, dans le culte chrétien, la pompe et la majesté sont unies aux intentions morales, aux prières touchantes ou sublimes. Le sépulcre vit et s'anime dans notre religion : depuis le laboureur qui repose au cimetière champêtre jusqu'au roi couché à Saint-Denis, tout dort dans une poussière poétique. Job et David, appuyés sur le tombeau du chrétien, chantent tour à tour la mort aux portes de l'éternité.

Nous venons de voir ce que les hommes doivent au clergé séculier et régulier, aux institutions, au génie du christianisme.

Si Shoonbeck, Bonnani, Giustiniani et Hélyot avoient mis plus d'ordre dans leurs laborieuses recherches, nous pourrions donner ici le catalogue complet des services rendus par la religion à l'humanité. Nous commencerions par faire la liste des calamités qui accablent l'âme ou le corps de l'homme, et nous placerions sous chaque douleur l'ordre chrétien qui se dévoue au soulagement de cette

5.

douleur. Ce n'est point une exagération : un homme peut penser telle misère qu'il voudra, et il y a mille à parier contre un que la religion a deviné sa pensée et préparé le remède. Voici ce que nous avons trouvé après un calcul aussi exact que nous l'avons pu faire.

On compte à peu près, sur la surface de l'Europe chrétienne, quatre mille trois cents villes et villages.

Sur ces quatre mille trois cents villes et villages, trois mille deux cent quatre-vingt-quatorze sont de la première, de la seconde, de la troisième et de la quatrième grandeur.

En accordant un hôpital à chacune de ces trois mille deux cent quatre-vingt-quatorze villes (calcul au-dessous de la vérité), vous aurez trois mille deux cent quatre-vingt-quatorze hôpitaux, presque tous institués par le génie du christianisme, dotés sur les biens de l'Église, et desservis par des ordres religieux.

Prenant une moyenne proportionnelle, et donnant seulement cent lits à chacun de ces hôpitaux, ou, si l'on veut, cinquante lits pour deux malades, vous verrez que la religion, indépendamment de la foule immense de pauvres qu'elle nourrit, soulage et entretient par jour, depuis plus de mille ans, environ trois cent vingt-neuf mille quatre cents hommes.

Sur un relevé des colléges et des universités, on trouve à peu près les mêmes calculs, et l'on peut admettre hardiment qu'elle enseigne au moins trois cent mille jeunes gens dans les divers États de la chrétienté[1].

Nous ne faisons point entrer ici en ligne de compte les hôpitaux et les colléges chrétiens dans les trois autres parties du monde, ni l'éducation des filles par les religieuses.

Maintenant il faut ajouter à ces résultats le dictionnaire des hommes célèbres sortis du sein de l'Église, et qui forment à peu près les deux tiers des grands hommes des siècles modernes : il faut dire, comme nous l'avons montré, que le renouvellement des sciences, des arts et des lettres, est dû à l'Église; que la plupart des grandes découvertes modernes, telles que la poudre à canon, l'horloge, les lunettes, la boussole, et en politique le système représentatif, lui appartiennent; que l'agriculture, le commerce, les lois et le gouvernement lui ont des obligations immenses; que ses missions ont porté les sciences et les arts chez des peuples civilisés, et les lois chez des peuples sauvages; que sa chevalerie a puissamment contribué à sauver l'Europe d'une invasion de nouveaux Barbares; que le genre humain lui doit :

Le culte d'un seul Dieu;

Le dogme plus fixe de l'existence de cet Être suprême;

La doctrine moins vague et plus certaine de

---

[1] On a mis sous les yeux du lecteur les bases de tous ces calculs, que l'on a laissés exprès infiniment au-dessous de la vérité.
Voyez la Note C, page 124.

l'immortalité de l'âme, ainsi que celle des peines et des récompenses dans une autre vie ;

Une plus grande humanité chez les hommes ;

Une vertu tout entière, et qui vaut seule toutes les autres, la charité ;

Un droit politique et un droit des gens, inconnus des peuples antiques ; et par-dessus tout cela, l'abolition de l'esclavage.

Qui ne seroit pas convaincu de la beauté et de la grandeur du christianisme ? Qui n'est écrasé par cette effrayante masse de bienfaits ?

CHAPITRE XIII ET DERNIER.

QUEL SEROIT AUJOURD'HUI L'ÉTAT DE LA SOCIÉTÉ SI LE CHRISTIANISME N'EUT POINT PARU SUR LA TERRE.

CONJECTURES. — CONCLUSION.

Nous terminerons cet ouvrage par l'examen de l'importante question qui fait le titre de ce dernier chapitre : en tâchant de découvrir ce que nous serions probablement aujourd'hui si le christianisme n'eût pas paru sur la terre, nous apprendrons à mieux apprécier ce que nous devons à cette religion divine.

Auguste parvint à l'empire par des crimes, et régna sous la forme des vertus. Il succédoit à un conquérant, et, pour se distinguer, il fut tranquille.

Né pouvant être un grand homme, il voulut être un prince heureux. Il donna beaucoup de repos à ses sujets : un immense foyer de corruption s'assoupit; ce calme fut appelé prospérité. Auguste eut le génie des circonstances : c'est celui qui recueille les fruits que le véritable génie a préparés; il le suit, et ne l'accompagne pas toujours.

Tibère méprisa trop les hommes, et surtout leur fit trop voir ce mépris. Le seul sentiment dans lequel il mit de la franchise étoit le seul où il eût dû dissimuler; mais c'étoit un cri de joie qu'il ne pouvoit s'empêcher de pousser, en trouvant le peuple et le sénat romain au-dessous même de la bassesse de son propre cœur.

Lorsqu'on vit ce peuple-roi se prosterner devant Claude, et adorer le fils d'Enobarbus, on put juger qu'on l'avoit honoré en gardant avec lui quelque mesure. Rome aima Néron. Long-temps après la mort de ce tyran, ses fantômes faisoient tressaillir l'empire de joie et d'espérance. C'est ici qu'il faut s'arrêter pour contempler les mœurs romaines. Ni Titus, ni Antonin, ni Marc-Aurèle, ne purent en changer le fond : un Dieu seul le pouvoit.

Le peuple romain fut toujours un peuple horrible : on ne tombe point dans les vices qu'il fit éclater sous ses maîtres, sans une certaine perversité naturelle et quelque défaut de naissance dans le cœur. Athènes corrompue ne fut jamais exécrable : dans les fers, elle ne songea qu'à jouir. Elle trouva que ses vainqueurs ne lui avoient pas tout ôté, puisqu'ils lui avoient laissé le temple des muses.

Quand Rome eut des vertus, ce furent des vertus contre nature. Le premier Brutus égorge ses fils, et le second assassine son père. Il y a des vertus de position qu'on prend trop facilement pour des vertus générales, et qui ne sont que des résultats locaux. Rome libre fut d'abord frugale, parce qu'elle étoit pauvre; courageuse, parce que ses institutions lui mettoient le fer à la main, et qu'elle sortoit d'une caverne de brigands. Elle étoit d'ailleurs féroce, injuste, avare, luxurieuse : elle n'eut de beau que son génie, son caractère fut odieux.

Les décemvirs la foulent aux pieds. Marius verse à volonté le sang des nobles, et Sylla celui du peuple : pour dernière insulte, celui-ci abjure publiquement la dictature. Les conjurés de Catilina s'engagent à massacrer leurs propres pères [1], et se font un jeu de renverser cette majesté romaine que Jugurtha se propose d'acheter [2]. Viennent les triumvirs et leurs proscriptions : Auguste ordonne au père et au fils de s'entre-tuer [3], et le père et le fils s'entre-tuent. Le sénat se montre trop vil, même pour Tibère [4]. Le dieu Néron a des temples. Sans parler de ces délateurs sortis des premières familles patriciennes; sans montrer les chefs d'une même conjuration, se dénonçant et s'égorgeant les uns les autres [5]; sans représenter des philosophes discourant sur la vertu, au milieu des débauches

---

[1] *Sed filii familiarum, quorum ex nobilitate maxuma pars erat, parentes interficerent.* (SALLUST., *in Catil.*, XLIV.)
[2] SALLUST., *in Bell. Jugurth.*
[3] SUET., *in Aug.* et AMM. ALEX.
[4] TACIT., *Ann.*   [5] *Id. ib.*, lib. xv, 56, 57.

de Néron, Sénèque excusant un parricide, Burrhus[1] le louant et pleurant à la fois ; sans rechercher sous Galba, Vitellius, Domitien, Commode, ces actes de lâcheté qu'on a lus cent fois, et qui étonnent toujours, un seul trait nous peindra l'infamie romaine : Plautien, ministre de Sévère, en mariant sa fille au fils aîné de l'empereur, fit mutiler cent Romains libres, dont quelques-uns étoient mariés et pères de famille, « afin, dit l'historien, que sa fille eût à sa suite des eunuques dignes d'une reine d'Orient[2]. »

A cette lâcheté de caractère joignez une épouvantable corruption de mœurs. Le grave Caton vient pour assister aux prostitutions des jeux de Flore. Sa femme Marcia étant enceinte, il la cède à Hortensius ; quelque temps après Hortensius meurt, et ayant laissé Marcia héritière de tous ses biens, Caton la reprend au préjudice du fils d'Hortensius. Cicéron se sépare de Térentia pour épouser Publilia sa pupille. Sénèque nous apprend qu'il y avoit des femmes qui ne comptoient plus leurs années par consuls, mais par le nombre de leurs maris[3] : Tibère invente les *scellarii* et les *spintriæ* ; Néron épouse publiquement l'affranchi Pythagore[4], et Héliogabale célèbre ses noces avec Hiéroclès[5].

---

[1] Tacit., *Ann.*, lib. xiv, 15. Papinien, jurisconsulte et préfet du prétoire, qui ne se piquoit pas de philosophie, répondit à Caracalla qui lui ordonnoit de justifier le meurtre de son frère Géta : « Il est plus aisé de commettre un parricide que de le justifier. » (*Hist. Aug.*)

[2] Dion., lib. lxxvi, pag. 1271.

[3] *De Benefic.*, iii, 16.   [4] Tacit., *Ann.* xv, 37.

[5] Dion., lib. xxix, pag. 1363 ; *Hist. Aug.*, 10.

Ce fut ce même Néron, déjà tant de fois cité, qui institua les fêtes Juvénales. Les chevaliers, les sénateurs et les femmes du premier rang étoient obligés de monter sur le théâtre, à l'exemple de l'empereur, et de chanter des chansons dissolues, en copiant les gestes des histrions [1]. Pour le repas de Tigellin, sur l'étang d'Agrippa, on avoit bâti des maisons au bord du lac, où les plus illustres Romaines étoient placées vis-à-vis de courtisanes toutes nues. A l'entrée de la nuit tout fut illuminé [2], afin que les débauches eussent un sens de plus et un voile de moins.

La mort faisoit une partie essentielle de ces divertissements antiques. Elle étoit là pour contraste et pour rehaussement des plaisirs de la vie. Afin d'égayer le repas, on faisoit venir des gladiateurs avec des courtisanes et des joueurs de flûte. En sortant des bras d'une infâme, on alloit voir une bête féroce boire du sang humain : de la vue d'une prostitution on passoit au spectacle des convulsions d'un homme expirant. Quel peuple que celui-là, qui avoit placé l'opprobre à la naissance et à la mort, et élevé sur un théâtre les deux grands mystères de la nature pour déshonorer d'un seul coup tout l'ouvrage de Dieu !

Les esclaves qui travailloient à la terre avoient constamment les fers aux pieds : pour toute nourriture on leur donnoit un peu de pain, d'eau et de

---

[1] Tacit., *Ann.*, xiv, 15.
[2] *Id. ib.*, xv, 37.

sel ; la nuit on les renfermoit dans des souterrains qui ne recevoient d'air que par une lucarne pratiquée à la voûte de ces cachots. Il y avoit une loi qui défendoit de tuer les lions d'Afrique, réservés pour les spectacles de Rome. Un paysan qui eût disputé sa vie contre un de ces animaux eût été sévèrement puni[1]. Quand un malheureux périssoit dans l'arène, déchiré par une panthère ou percé par les bois d'un cerf, certains malades couroient se baigner dans son sang et le recevoir sur leurs lèvres avides[2]. Caligula souhaitoit que le peuple romain n'eût qu'une seule tête, pour l'abattre d'un seul coup[3]. Ce même empereur, en attendant les jeux du Cirque, nourrissoit les lions de chair humaine, et Néron fut sur le point de faire manger des hommes tout vivants à un Égyptien connu par sa voracité[4]. Titus, pour célébrer la fête de son père Vespasien, donna trois mille Juifs à dévorer aux bêtes[5]. On conseilloit à Tibère de faire mourir un de ses anciens amis qui languissoit en prison : « Je ne me suis pas réconcilié avec lui, » répondit le tyran par un mot qui respire tout le génie de Rome.

C'étoit une chose assez ordinaire qu'on égorgeât cinq mille, six mille, dix mille, vingt mille personnes de tout rang, de tout sexe et de tout âge sur un soupçon de l'empereur[6] ; et les parents des

---

[1] *Cod. Theod.*, tom. VI, pag. 92.
[2] TERT., *Apologet.*   [3] SUET., *in Vit.*   [4] *Id., in Colig. et Ner.*
[5] JOSEPH.; *de Bell. Jud.*, lib. VII.
[6] TACIT., *Ann.*, lib. XV ; DION., lib. LXXVII, pag. 1290 ; HEROD., lib. IV, pag. 150.

victimes ornoient leurs maisons de feuillages, baisoient les mains du *dieu*, et assistoient à ses fêtes. La fille de Séjan, âgée de neuf ans, qui disoit qu'*elle ne le feroit plus*, et qui demandoit qu'*on lui donnât le fouet*[1] lorsqu'on la conduisoit en prison, fut violée par le bourreau avant d'être étranglée par lui : tant ces vertueux Romains avoient de respect pour les *lois !* On vit sous Claude (et Tacite le rapporte comme un beau spectacle[2]) dix-neuf mille hommes s'égorger sur le lac Fucin pour l'amusement de la populace romaine : avant d'en venir aux mains, les combattants saluèrent l'empereur : *Ave, imperator, morituri te salutant !* « César, ceux qui vont mourir te saluent ! » Mot aussi lâche qu'il est touchant.

C'est l'extinction absolue du sens moral qui donnoit aux Romains cette facilité de mourir qu'on a si follement admirée. Les suicides sont toujours communs chez les peuples corrompus. L'homme réduit à l'instinct de la brute meurt indifféremment comme elle. Nous ne parlerons point des autres vices des Romains, de l'infanticide autorisé par une loi de Romulus, et confirmé par celle des Douze Tables, de l'avarice sordide de ce peuple fameux. Scaptius avoit prêté quelques fonds au sénat de Salamine. Le sénat n'ayant pu le rembourser au terme fixé, Scaptius le tint si long-temps assiégé par des cavaliers, que plusieurs sénateurs moururent de faim. Le stoïque Brutus,

---

[1] Tacit., *Ann.*, lib. v, 9. [2] *Id. ib.*, xii, 56.

ayant quelque affaire commune avec ce concussionnaire, s'intéresse pour lui auprès de Cicéron, qui ne peut s'empêcher d'en être indigné[1].

Si donc les Romains tombèrent dans la servitude, ils ne durent s'en prendre qu'à leurs mœurs. C'est la bassesse qui produit d'abord la tyrannie; et, par une juste réaction, la tyrannie prolonge ensuite la bassesse. Ne nous plaignons plus de l'état actuel de la société; le peuple moderne le plus corrompu est un peuple de sages auprès des nations païennes.

Quand on supposeroit un instant que l'ordre politique des anciens fût plus beau que le nôtre, leur ordre moral n'approcha jamais de celui que le christianisme a fait naître parmi nous. Et comme enfin la morale est en dernier lieu la base de toute institution sociale, jamais nous n'arriverons à la dépravation de l'antiquité, tandis que nous serons chrétiens.

Lorsque les liens politiques furent brisés à Rome et dans la Grèce, quel frein resta-t-il aux hommes? Le culte de tant de divinités infâmes pouvoit-il maintenir des mœurs que les lois ne soutenoient plus? Loin de remédier à la corruption, il en devint un des agents les plus puissants. Par un excès de misère qui fait frémir, l'idée de l'existence des dieux, qui nourrit la vertu chez les hommes, entretenoit les vices parmi les païens, et sembloit éterniser le crime en lui donnant un principe d'éternelle durée.

[1] L'intérêt de la somme étoit de quatre pour cent par mois. (*Vid.* Cicer., *Epist. ad Att.*, lib. vi, epist. ii.)

Des traditions nous sont restées de la méchanceté des hommes, et des catastrophes terribles qui n'ont jamais manqué de suivre la corruption des mœurs. Ne seroit-il pas possible que Dieu eût combiné l'ordre physique et moral de l'univers de manière qu'un bouleversement dans le dernier entraînât des changements nécessaires dans l'autre, et que les grands crimes amenassent naturellement les grandes révolutions ? La pensée agit sur le corps d'une manière inexplicable; l'homme est peut-être la pensée du grand corps de l'univers. Cela simplifieroit beaucoup la nature et agrandiroit prodigieusement la sphère de l'homme; ce seroit aussi une clef pour l'explication des miracles, qui rentreroient dans le cours ordinaire des choses. Que les déluges, les embrasements, le renversement des États, eussent leurs causes secrètes dans les vices de l'homme; que le crime et le châtiment fussent les deux poids moteurs placés dans les deux bassins de la balance morale et physique du monde, la correspondance seroit belle, et ne feroit qu'un tout d'une création qui semble double au premier coup d'œil.

Il se peut donc faire que la corruption de l'empire romain ait attiré du fond de leurs déserts les Barbares qui, sans connoître la mission qu'ils avoient de détruire, s'étoient appelés par instinct *le fléau de Dieu*[1]. Que fût devenu le monde si la grande arche du christianisme n'eût sauvé les restes du

---

[1] Voyez la note D, page 134.

genre humain de ce nouveau déluge ? Quelle chance restoit-il à la postérité ? où les lumières se fussent-elles conservées ?

Les prêtres du polythéisme ne formoient point un corps d'hommes lettrés, hors en Perse et en Égypte; mais les mages et les prêtres égyptiens, qui d'ailleurs ne communiquoient point leurs sciences au vulgaire, n'existoient déjà plus en corps lors de l'invasion des Barbares. Quant aux sectes philosophiques d'Athènes et d'Alexandrie, elles se renfermoient presque entièrement dans ces deux villes, et consistoient tout au plus en quelques centaines de rhéteurs qui eussent été égorgés avec le reste des citoyens.

Point d'esprit de prosélytisme chez les anciens; aucune ardeur pour enseigner; point de retraite au désert pour y vivre avec Dieu et pour y sauver les sciences. Quel pontife de Jupiter eût marché au devant d'Attila pour l'arrêter ? Quel lévite eût persuadé à un Alaric de retirer ses troupes de Rome ? Les Barbares qui entroient dans l'empire étoient déjà à demi chrétiens; mais voyons-les marcher sous la bannière sanglante du dieu de la Scandinavie ou des Tartares, ne rencontrant sur leur route ni une force d'opinion religieuse qui les oblige à respecter quelque chose, ni un fonds de mœurs qui commence à se renouveler chez les Romains par le christianisme : n'en doutons point, ils eussent tout détruit. Ce fut même le projet d'Alaric : « Je sens en moi, disoit ce roi barbare, quelque chose qui me porte à brûler Rome. » C'est un homme monté sur des ruines et qui paroît gigantesque.

Des différents peuples qui envahirent l'empire, les Goths semblent avoir eu le génie le moins dévastateur. Théodoric, vainqueur d'Odoacre, fut un grand prince ; mais il étoit chrétien, mais Boëce, son premier ministre, étoit un homme de lettres chrétien : cela trompe toutes les conjectures. Qu'eussent fait les Goths *idolâtres?* Ils auroient sans doute tout renversé comme les autres Barbares. D'ailleurs ils se corrompirent très vite, et si, au lieu de vénérer Jésus-Christ, ils s'étoient mis à adorer Priape, Vénus et Bacchus, quel effroyable mélange ne fût-il point résulté de la religion sanglante d'Odin et des fables dissolues de la Grèce ?

Le polythéisme étoit si peu propre à conserver quelque chose, qu'il tomboit lui-même en ruine de toutes parts, et que Maximin voulut lui faire prendre les formes chrétiennes pour le soutenir. Ce César établit dans chaque province un lévite qui correspondoit à l'évêque, un grand-prêtre qui représentoit le métropolitain [1]. Julien fonda des couvents de païens, et fit prêcher les ministres de Baal dans leurs temples. Cet échafaudage, imité du christianisme, se brisa bientôt, parce qu'il n'étoit pas soutenu par un esprit de vertu, et ne s'appuyoit pas sur les mœurs.

La seule classe des vaincus respectée par les Barbares fut celle des prêtres et des religieux. Les

---

[1] Eus., lib. VIII, cap. XIV ; lib. IX, cap. II-VIII.

monastères devinrent autant de foyers où le feu sacré des arts se conserva avec la langue grecque et la langue latine. Les premiers citoyens de Rome et d'Athènes, s'étant réfugiés dans le sacerdoce chrétien, évitèrent ainsi la mort ou l'esclavage auquel ils eussent été condamnés avec le reste du peuple.

On peut juger de l'abîme où nous serions plongés aujourd'hui, si les Barbares avoient surpris le monde sous le polythéisme, par l'état actuel des nations où le christianisme s'est éteint. Nous serions tous des esclaves turcs, ou quelque chose de pis encore; car le mahométisme a du moins un fonds de morale qu'il tient de la religion chrétienne, dont il n'est, après tout, qu'une secte très-éloignée. Mais, de même que le premier Ismaël fut ennemi de l'antique Jacob, le second est le persécuteur de la nouvelle.

Il est donc très probable que sans le christianisme le naufrage de la société et des lumières eût été total. On ne peut calculer combien de siècles eussent été nécessaires au genre humain pour sortir de l'ignorance et de la barbarie corrompue dans lesquelles il se fût trouvé enseveli. Il ne falloit rien moins qu'un corps immense de solitaires répandus dans les trois parties du globe, et travaillant de concert à la même fin, pour conserver ces étincelles qui ont rallumé chez les modernes le flambeau des sciences. Encore une fois, aucun ordre politique, philosophique ou religieux du paganisme n'eût pu rendre ce service inappréciable, au défaut de la religion chrétienne. Les écrits des anciens, se trouvant dispersés dans les monastères, échappèrent en partie aux ravages des Goths. Enfin, le polythéisme n'étoit point, comme le christianisme, une espèce de religion *lettrée,* si nous osons nous exprimer ainsi, parce qu'il ne joignoit point, comme lui, la métaphysique et la morale aux dogmes religieux. La nécessité où les prêtres chrétiens se trouvèrent de publier eux-mêmes des livres, soit pour propager la foi, soit pour combattre l'hérésie, a puissamment servi à la conservation et à la renaissance des lumières.

Dans toutes les hypothèses imaginables, on trouve toujours que l'Évangile a prévenu la destruction de la société; car, en supposant qu'il n'eût point paru sur la terre, et que, d'un autre côté, les Barbares fussent demeurés dans leurs forêts, le monde romain, pourissant dans ses mœurs, étoit menacé d'une dissolution épouvantable.

Les esclaves se fussent-ils soulevés? Mais ils étoient aussi pervers que leurs maîtres; ils partageoient les mêmes plaisirs et la même honte; ils avoient la même religion, et cette religion passionnée détruisoit toute espérance de changement dans les principes moraux. Les lumières n'avançoient plus, elles reculoient; les arts tomboient en décadence. La philosophie ne servoit qu'à répandre une sorte d'impiété qui, sans conduire à la destruction des idoles, produisoit les crimes et les malheurs de l'athéisme dans les grands, en laissant aux petits ceux de la superstition. Le genre humain avoit-il fait des progrès parce que Néron ne croyoit plus aux dieux du Capitole [1], et qu'il souilloit par mépris les statues des dieux?

Tacite prétend qu'il y avoit encore des mœurs au fond des provinces [2]; mais ces provinces commençoient à devenir chrétiennes [3], et nous raisonnons dans la supposition que le christianisme n'eût pas été connu, et que les Barbares ne fussent pas sortis de leurs déserts. Quant aux armées romaines, qui vraisemblablement auroient démembré l'empire, les soldats en étoient aussi corrompus que le reste des citoyens, et l'eussent été bien davantage s'ils n'avoient été recrutés par les Goths et les Germains. Tout ce que l'on peut conjecturer, c'est qu'après de longues guerres civiles, et un soulèvement général qui eût duré plusieurs siècles, la race humaine se fût trouvée réduite à quelques hommes errants sur des ruines. Mais que d'années n'eût-il point fallu à ce nouvel arbre des peuples pour étendre ses rameaux sur tant de débris! Combien de temps les sciences, oubliées ou perdues, n'eussent-elles point mis à renaître, et dans quel état

---

[1] Tacit., *Ann.*, lib. xiv; Suet., *in Ner. Religionum usquequaque contemptor præter unius deæ Syriæ. Hunc mox ita sprevit, ut urina contaminaret.*

[2] Tacit., *Ann.*, lib. xvi, 5.

[3] Dionys. et Ignat., *Epist. ap. Eus.*, iv, 23; Chrys., *Op.* tom. vii, p. 658 et 810, edit. Savil.; Plin., epist. x; Lucian., *in Alexandro*, c. xxv. Pline, dans sa fameuse lettre ici citée, se plaint que les temples sont déserts, et qu'on ne trouve plus d'acheteurs pour les victimes sacrées, etc.

d'enfance la société ne seroit-elle point encore aujourd'hui !

De même que le christianisme a sauvé la société d'une destruction totale, en convertissant les Barbares et en recueillant les débris de la civilisation et des arts, de même il eût sauvé le monde romain de sa propre corruption, si ce monde n'eût point succombé sous des armes étrangères : une religion seule peut renouveler un peuple dans ses sources. Déjà celle du Christ rétablissoit toutes les bases morales. Les anciens admettoient l'infanticide et la dissolution du lien du mariage, qui n'est, en effet, que le premier lien social ; leur probité et leur justice étoient relatives à la patrie : elles ne passoient pas les limites de leurs pays. Les peuples en corps avoient d'autres principes que le citoyen en particulier. La pudeur et l'humanité n'étoient pas mises au rang des vertus. La classe la plus nombreuse étoit esclave ; les sociétés flottoient éternellement entre l'anarchie populaire et le despotisme : voilà les maux auxquels le christianisme apportoit un remède certain, comme il l'a prouvé en délivrant de ces maux les sociétés modernes. L'excès même des premières austérités des chrétiens étoit nécessaire ; il falloit qu'il y eût des martyrs de la chasteté, quand il y avoit des prostitutions publiques; des pénitents couverts de cendre et de cilice, quand la loi autorisoit les plus grands crimes contre les mœurs ; des héros de la charité, quand il y avoit des monstres de barbarie ; enfin, pour arracher tout un peuple corrompu aux vils combats du cirque et de l'arène, il falloit que la religion eût, pour ainsi dire, ses athlètes et ses spectacles dans les déserts de la Thébaïde.

Jésus-Christ peut donc en toute vérité être appelé, dans le sens matériel, le *Sauveur du monde*, comme il l'est dans le sens spirituel. Son passage sur la terre est, humainement parlant, le plus grand événement qui soit jamais arrivé chez les hommes, puisque c'est à partir de la prédication de l'Évangile que la face du monde a été renouvelée. Le moment de la venue du Fils de l'homme est bien remarquable : un peu plus tôt, sa morale n'étoit pas absolument nécessaire ; les peuples se soutenoient encore par leurs anciennes lois ; un peu plus tard, ce divin Messie n'eût paru qu'après le naufrage de la société.

Nous nous piquons de philosophie dans ce siècle; mais certes, la légèreté avec laquelle nous traitons les institutions chrétiennes n'est rien moins que philosophique. L'Évangile, sous tous les rapports, a changé les hommes; il leur a fait faire un pas immense vers la perfection. Considérez-le comme une grande institution religieuse en qui la race humaine a été régénérée, alors toutes les petites objections, toutes les chicanes de l'impiété disparoissent. Il est certain que les nations païennes étoient dans une espèce d'enfance morale, par rapport à ce que nous sommes aujourd'hui : de beaux traits de justice échappés à quelques peuples anciens ne détruisent pas cette vérité et n'altèrent pas le fond des choses. Le christianisme nous a indubitablement apporté de nouvelles lumières : c'est le culte qui convient à un peuple mûri par le temps; c'est, si nous osons parler ainsi, la religion naturelle à l'âge présent du monde, comme le règne des figures convenoit au berceau d'Israël. Au ciel elle n'a placé qu'un Dieu; sur la terre elle a aboli l'esclavage. D'une autre part, si vous regardez ses mystères, ainsi que nous l'avons fait, comme l'archétype des lois de la nature, il n'y aura en cela rien d'affligeant pour un grand esprit : les vérités du christianisme, loin de demander la soumission de la raison, en réclament au contraire l'exercice le plus sublime.

Cette remarque est si juste, la religion chrétienne, qu'on a voulu faire passer pour la religion des Barbares, est si bien le culte des philosophes, qu'on peut dire que Platon l'avoit presque devinée. Non-seulement la morale, mais encore la doctrine du disciple de Socrate, a des rapports frappants avec celle de l'Évangile. Dacier la résume ainsi :

« Platon prouve que le Verbe a arrangé et rendu visible cet univers; que la connoissance de ce Verbe fait mener ici-bas une vie heureuse, et procure la félicité après la mort;

« Que l'âme est immortelle; que les morts ressusciteront; qu'il y aura un dernier jugement des bons et des méchants, où l'on ne paroîtra qu'avec ses vertus ou ses vices, qui seront la cause du bonheur ou du malheur éternel.

« Enfin, ajoute le savant traducteur, Platon avoit une idée si grande et si vraie de la souveraine justice, et il connoissoit si parfaitement la corruption des hommes, qu'il a fait voir que, si un homme souverainement juste venoit sur la terre, il trouveroit tant d'opposition dans le monde qu'il seroit mis en prison, bafoué, fouetté, et enfin CRUCIFIÉ par ceux qui, étant pleins d'injustice, passeroient cependant pour justes [1]. »

Les détracteurs du christianisme sont dans une position dont il leur est difficile de ne pas reconnoître la fausseté : s'ils prétendent que la religion du Christ est un culte formé par des Goths et des Vandales, on leur prouve aisément que les écoles de la Grèce ont eu des notions assez distinctes des dogmes chrétiens; s'ils soutiennent, au contraire, que la doctrine évangélique n'est que la doctrine *philosophique* des anciens, pourquoi donc ces philosophes la rejettent-ils ? Ceux même qui ne voient dans le christianisme que d'antiques allégories du ciel, des planètes, des signes, etc., ne détruisent pas la grandeur de cette religion : il en résulteroit toujours qu'elle seroit profonde et magnifique dans ses mystères, antique et sacrée dans ses traditions, lesquelles, par cette nouvelle route, iroient encore se perdre au berceau du monde. Chose étrange, sans doute, que toutes les interprétations de l'incrédulité ne puissent parvenir à donner quelque chose de petit ou de médiocre au christianisme !

Quant à la morale évangélique, tout le monde convient de sa beauté; plus elle sera connue et

---

[1] DACIER, *Discours sur Platon*, pag. 22.

pratiquée, plus les hommes seront éclairés sur leur bonheur et leurs véritables intérêts. La science politique est extrêmement bornée : le dernier degré de perfection où elle puisse atteindre est le système représentatif, né, comme nous l'avons montré, du christianisme; mais une *religion* dont les préceptes sont un code de morale et de vertu est une institution qui peut suppléer à tout, et devenir, entre les mains des saints et des sages, un moyen universel de félicité. Peut-être un jour les diverses formes de gouvernement, hors le despotisme, paroîtront-elles indifférentes, et l'on s'en tiendra aux simples lois morales et religieuses, qui sont le fond permanent des sociétés et le véritable gouvernement des hommes.

Ceux qui raisonnent sur l'antiquité, et qui voudroient nous ramener à ses institutions, oublient toujours que l'ordre social n'est plus ni ne peut être le même. Au défaut d'une grande puissance morale, une grande force coercitive est du moins nécessaire parmi les hommes. Dans les républiques de l'antiquité, la foule, comme on le sait, étoit esclave; l'homme qui laboure la terre appartenoit à un autre homme : il y avoit des *peuples*, il n'y avoit point de *nations*.

Le polythéisme, religion imparfaite de toutes les manières, pouvoit donc convenir à cet état imparfait de la société, parce que chaque maître étoit une espèce de magistrat absolu, dont le despotisme terrible contenoit l'esclave dans le devoir, et suppléoit par des fers à ce qui manquoit à la force morale religieuse : le paganisme, n'ayant pas assez d'excellence pour rendre le pauvre vertueux, étoit obligé de le laisser traiter comme un malfaiteur.

Mais dans l'ordre présent des choses, pourrez-vous réprimer une masse énorme de paysans libres et éloignés de l'œil du magistrat; pourrez-vous, dans les faubourgs d'une grande capitale, prévenir les crimes d'une populace indépendante, sans une religion qui prêche les devoirs et la vertu à toutes les conditions de la vie ? Détruisez le culte évangélique, et il vous faudra dans chaque village une police, des prisons et des bourreaux. Si jamais, par un retour inouï, les autels des dieux passionnés du paganisme se relevoient chez les peuples modernes, si dans un ordre de société où la servitude est abolie on alloit adorer *Mercure le voleur* et *Vénus la prostituée*, c'en seroit fait du genre humain.

Et c'est ici la grande erreur de ceux qui louent le polythéisme d'avoir séparé les forces morales des forces religieuses, et qui blâment en même temps le christianisme d'avoir suivi un système opposé. Ils ne s'aperçoivent pas que le paganisme s'adressoit à un immense troupeau d'esclaves, que par conséquent il devoit craindre d'éclairer la race humaine, qu'il devoit tout donner aux sens, et ne rien faire pour l'éducation de l'âme : le christianisme, au contraire, qui vouloit détruire la servitude, dut révéler aux hommes la dignité de leur nature, et leur enseigner les dogmes de la raison et de la vertu. On peut dire que le culte évangélique est le culte d'un peuple libre, par cela seul qu'il unit la morale à la religion.

Il est temps enfin de s'effrayer sur l'état où nous avons vécu depuis quelques années. Qu'on songe à la race qui s'élève dans nos villes et dans nos campagnes, à tous ces enfants qui, nés pendant la révolution, n'ont jamais entendu parler ni de Dieu, ni de l'immortalité de leur âme, ni des peines ou des récompenses qui les attendent dans une autre vie ; qu'on songe à ce que peut devenir une pareille génération, si l'on ne se hâte d'appliquer le remède sur la plaie : déjà se manifestent les symptômes les plus alarmants, et l'âge de l'innocence a été souillé de plusieurs crimes[1]. Que la philosophie qui ne peut, après tout, pénétrer chez le pauvre, se contente d'habiter les salons du riche, et qu'elle laisse au moins les chaumières à la religion ; ou plutôt que, mieux dirigée et plus digne de son nom, elle fasse tomber elle-même les barrières qu'elle avoit voulu élever entre l'homme et son créateur.

Appuyons nos dernières conclusions sur des autorités qui ne seront pas suspectes à la philosophie.

« Un peu de philosophie, dit Bacon, éloigne de la religion, et beaucoup de philosophie y ramène ; personne ne nie qu'il y ait un Dieu, si ce n'est celui à qui il importe qu'il n'y en ait point. »

---

[1] Les papiers publics retentissent des crimes commis par de petits malheureux de onze ou douze ans. Il faut que le danger soit bien grave, puisque les paysans eux-mêmes se plaignent des vices de leurs enfants.

Selon Montesquieu, « dire que la religion n'est pas un motif réprimant, parce qu'elle ne réprime pas toujours, c'est dire que les lois civiles ne sont pas un motif réprimant non plus... La question n'est pas de savoir s'il vaudroit mieux qu'un certain homme ou qu'un certain peuple n'eût point de religion, que d'abuser de celle qu'il a ; mais de savoir quel est le moindre mal que l'on abuse quelquefois de la religion, ou qu'il n'y en ait point du tout parmi les hommes [1]. »

« L'histoire de Sabbacon, dit l'homme célèbre que nous continuons de citer, est admirable. Le dieu de Thèbes lui apparut en songe, et lui ordonna de faire mourir tous les prêtres de l'Égypte ; il jugea que les dieux n'avoient plus pour agréable qu'il régnât, puisqu'ils lui ordonnoient des choses si contraires à leur volonté ordinaire, et il se retira en Éthiopie [2]. »

« Enfin, s'écrie J. J. Rousseau, fuyez ceux qui, sous prétexte d'expliquer la nature, sèment dans le cœur des hommes de désolantes doctrines, et dont le scepticisme apparent est cent fois plus affirmatif et plus dogmatique que le ton décidé de leurs adversaires. Sous le hautain prétexte qu'eux seuls sont éclairés, vrais, de bonne foi, ils nous soumettent impérieusement à leurs décisions tranchantes, et prétendent nous donner, pour les vrais principes des choses, les inintelligibles systèmes qu'ils ont bâtis dans leur imagination. Du reste, renversant,

---

[1] Montesq., *Esprit des Lois*, liv. xxiv, ch. ii.
[2] *Id.*, liv. xxiv, ch. iv.

détruisant, foulant aux pieds tout ce que les hommes respectent, ils ôtent aux affligés la dernière consolation de leur misère, aux puissants et aux riches le seul frein de leurs passions; ils arrachent au fond des cœurs le remords du crime, l'espoir de la vertu, et se vantent encore d'être les bienfaiteurs du genre humain. Jamais, disent-ils, la vérité n'est nuisible aux hommes : je le crois comme eux; et c'est, à mon avis, une grande preuve que ce qu'ils enseignent n'est pas la vérité.

« Un des sophismes les plus familiers au parti philosophiste est d'opposer un peuple supposé de bons philosophes à un peuple de mauvais chrétiens : comme si un peuple de vrais philosophes étoit plus facile à faire qu'un peuple de vrais chrétiens. Je ne sais si, parmi les individus, l'un est plus facile à trouver que l'autre; mais je sais bien que, dès qu'il est question du peuple, il en faut supposer qui abuseront de la philosophie sans religion, comme les nôtres abusent de la religion sans philosophie ; et cela me paroît changer beaucoup l'état de la question.

« D'ailleurs, il est aisé d'étaler de belles maximes dans des livres ; mais la question est de savoir si elles tiennent bien à la doctrine, si elles en découlent nécessairement ; et c'est ce qui n'a point paru jusqu'ici. Reste à savoir encore si la philosophie, à son aise et sur le trône, commanderoit bien à la gloriole, à l'intérêt, à l'ambition, aux petites passions de l'homme, et *si elle pratiqueroit cette humanité si douce qu'elle nous vante la plume à la main.*

« PAR LES PRINCIPES, LA PHILOSOPHIE NE PEUT FAIRE AUCUN BIEN QUE LA RELIGION NE LE FASSE ENCORE MIEUX ; ET LA RELIGION EN FAIT BEAUCOUP QUE LA PHILOSOPHIE NE SAUROIT FAIRE.

« Nos gouvernements modernes doivent incontestablement au christianisme leur plus solide autorité, et leurs révolutions moins fréquentes : il les a rendus eux-mêmes moins sanguinaires ; cela se prouve par le fait, en les comparant aux gouvernements anciens. La religion, mieux connue, écartant le fanatisme, a donné plus de douceur aux mœurs chrétiennes. *Ce changement n'est point l'ouvrage des lettres ;* car, partout où elles ont brillé, l'humanité n'en a pas été plus respectée : les cruautés des Athéniens, des Égyptiens, des empereurs de Rome, des Chinois, en font foi. Que d'œuvres de miséricorde sont l'ouvrage de l'Évangile ! »

Pour nous, nous sommes convaincu que le christianisme sortira triomphant de l'épreuve terrible qui vient de le purifier ; ce qui nous le persuade, c'est qu'il soutient parfaitement l'examen de la raison, et que, plus on le sonde, plus on y trouve de profondeur. Ses mystères expliquent l'homme et la nature ; ses œuvres appuient ses préceptes : sa charité, sous mille formes, a remplacé la cruauté des anciens ; il n'a rien perdu des pompes antiques, et son culte satisfait davantage le cœur et la pensée ; nous lui devons tout, lettres, sciences, agriculture, beaux arts ; il joint la morale à la religion et l'homme à Dieu : Jésus-Christ, sauveur de l'homme moral, l'est encore de l'homme physique; il est arrivé comme un grand événement heureux pour contrebalancer le déluge des Barbares et la corruption générale des mœurs. Quand on nieroit même au christianisme ses preuves surnaturelles, il resteroit encore dans la sublimité de sa morale, dans l'immensité de ses bienfaits, dans la beauté de ses pompes, de quoi prouver suffisamment qu'il est le culte le plus divin et le plus pur que jamais les hommes aient pratiqué.

« A ceux qui ont de la répugnance pour la religion, dit Pascal, il faut commencer par leur montrer qu'elle n'est point contraire à la raison; ensuite qu'elle est vénérable et en donner respect; après, la rendre aimable et faire souhaiter qu'elle fût vraie; et puis montrer par des preuves incontestables qu'elle est vraie; faire voir son antiquité et sa sainteté pas sa grandeur et son élévation. »

Telle est la route que ce grand homme a tracée, et que nous avons essayé de suivre. Nous n'avons pas employé les arguments ordinaires des apologistes du christianisme, mais un autre enchaînement de preuves nous amène toutefois à la même conclusion : elle sera la conclusion de cet ouvrage :

Le christianisme est parfait : les hommes sont imparfaits.

Or, une conséquence parfaite ne peut sortir d'un principe imparfait.

Le christianisme n'est donc pas venu des hommes.

S'il n'est pas venu des hommes, il ne peut être venu que de Dieu.

S'il est venu de Dieu, les hommes n'ont pu le connoître que par révélation.

Donc le christianisme est une religion révélée.

FIN DE LA QUATRIÈME ET DERNIÈRE PARTIE.

NOTES
ET ÉCLAIRCISSEMENTS.

Note A, page 11.

Nous prions le lecteur de lire avec attention ce fameux passage du docteur Robertson.

Premier Fragment.

« Du moment qu'on envoya en Amérique des ecclésiastiques pour instruire et convertir les naturels, ils supposèrent que la rigueur avec laquelle on traitoit ce peuple rendoit leur ministère presque inutile. Les missionnaires, se conformant à l'esprit de douceur de la religion qu'ils venoient annoncer, s'élevèrent aussitôt contre les maximes de leurs compatriotes à l'égard des Indiens, et condamnèrent les *repartimientos*, ou ces distributions par lesquelles on les livroit en esclaves à leurs conquérants, comme des actes aussi contraires à l'équité naturelle et aux préceptes du christianisme qu'à la saine politique. Les Dominicains, à qui l'instruction des Américains fut d'abord confiée, furent les plus ardents à attaquer ces distributions. En 1511, Montesimo, un de leurs plus célèbres prédicateurs, déclama contre cet usage dans la grande église de Saint-Domingue, avec toute l'impétuosité d'une éloquence populaire. Don Diego Colomb, les principaux officiers de la colonie, et tous les laïques qui avoient entendu ce sermon, se plaignirent du moine à ses supérieurs; mais ceux-ci, loin de le condamner, approuvèrent sa doctrine comme également pieuse et convenable aux circonstances.

« Les Dominicains, sans égard pour ces considérations de politique et d'intérêt personnel, ne voulurent se relâcher en rien de la sévérité de leur doctrine, et refusèrent même d'absoudre et d'admettre à la communion ceux de leurs compatriotes qui tenoient des Indiens en servitude [1]. Les deux parties s'adressèrent au roi pour avoir sa décision sur un objet de si grande importance. Ferdinand nomma une commission de son conseil privé, à laquelle il joignit quelques-uns des plus habiles jurisconsultes et théologiens, pour entendre les députés d'Hispaniola, chargés de défendre leurs opinions respectives. Après une longue discussion, la partie spéculative de la controverse fut décidée en faveur des Dominicains, et les Indiens furent déclarés un peuple libre, fait pour jouir de tous les droits naturels de l'homme; mais, malgré cette décision, les *repartimientos* continuèrent de se faire dans la même forme qu'auparavant [2]. Comme le jugement de la commission reconnoissoit le principe sur lequel les Dominicains fondoient leur opinion, il étoit peu propre à les convaincre et à les réduire au silence. Enfin, pour rétablir la tranquillité dans la colonie alarmée par les remontrances et les censures de ces religieux, Ferdinand publia un décret de son conseil privé, duquel il résultoit, qu'après un mûr examen de la bulle apostolique et des autres titres qui assuroient les droits de la couronne de Castille sur ses possessions dans le Nouveau-Monde, la servitude des Indiens étoit autorisée par les lois divines et humaines; qu'à moins qu'ils ne fussent soumis à l'autorité des Espagnols, et forcés de résider sous leur inspection, il seroit impossible de les arracher à l'idolâtrie, et de les instruire dans les principes de la foi chrétienne; qu'on ne devoit plus avoir aucun scrupule sur la légitimité des *repartimientos*, attendu que le roi et son conseil en prenoient le risque sur leur conscience; qu'en conséquence les Dominicains et les moines des autres ordres devoient s'interdire à l'avenir les invectives que l'excès d'un zèle charitable, mais peu éclairé, leur avoit fait proférer contre cet usage [3].

[1] Oviedo, lib. ii, cap. vi, pag. 97.
[2] Herrera, *Decad.*, i, lib. viii, cap. xii; lib. ix, cap. v.
[3] *Id., ib.*, lib. ix, cap. xiv.

«Ferdinand, voulant faire connoître clairement l'intention où il étoit de faire exécuter ce décret, accorda de nouvelles concessions d'Indiens à plusieurs de ses courtisans [1]. Mais, afin de ne pas paroître oublier entièrement les droits de l'humanité, il publia un édit par lequel il tâcha de pourvoir à ce que les Indiens fussent traités doucement sous le joug auquel il les assujettissoit ; il régla la nature du travail qu'ils seroient obligés de faire ; il prescrivit la manière dont ils devoient être vêtus et nourris, et fit des règlements relatifs à leur instruction dans les principes du christianisme [2].

«Mais les Dominicains, qui jugeoient de l'avenir par la connoissance qu'ils avoient du passé, sentirent bientôt l'insuffisance de ces précautions, et prétendirent que tant que les individus auroient intérêt de traiter les Indiens avec rigueur, aucun règlement public ne pourroit rendre leur servitude douce, ni même tolérable. Ils jugèrent qu'il seroit inutile de consumer leur temps et leurs forces à essayer de communiquer les vérités sublimes de l'Évangile à des hommes dont l'âme étoit abattue et l'esprit affoibli par l'oppression. Quelques-uns de ces missionnaires, découragés, demandèrent à leurs supérieurs la permission de passer sur le continent, pour y remplir l'objet de leur mission parmi ceux des Indiens qui n'étoient pas encore corrompus par l'exemple des Espagnols, ni prévenus par leurs cruautés contre les dogmes du christianisme. Ceux qui restèrent à Hispaniola continuèrent de faire des remontrances avec une fermeté décente contre la servitude des Indiens.

« Les opérations violentes d'Albuquerque, qui venoit d'être chargé du partage des Indiens, rallumèrent le zèle des Dominicains contre les *repartimientos*, et suscitèrent à ce peuple opprimé un avocat doué du courage, des talents et de l'activité nécessaires pour défendre une cause si désespérée. Cet homme zélé fut Barthélemi de Las Casas,

[1] Voyez la note XXV (dans ROBERTSON, I, 387.)
[2] HERRERA, *Decad.*, I, lib. IX, cap. XIV.

natif de Séville, et l'un des ecclésiastiques qui accompagnèrent Colomb au second voyage des Espagnols, lorsqu'on voulut commencer un établissement dans l'île d'Hispaniola. Il avoit adopté de bonne heure l'opinion dominante parmi ses confrères les Dominicains, qui regardoient comme une injustice de réduire les Indiens en servitude; et pour montrer sa sincérité et sa conviction, il avoit renoncé à la portion d'Indiens qui lui étoit échue lors du partage qu'on en avoit fait entre les conquérants, et avoit déclaré qu'il pleureroit toujours la faute dont il s'étoit rendu coupable en exerçant pendant un moment sur ses frères cette domination impie [1]. Dès lors il fut le patron déclaré des Indiens, et par son courage à les défendre, aussi bien que par le respect qu'inspiroient ses talents et son caractère, il eut souvent le bonheur d'arrêter les excès de ses compatriotes. Il s'éleva vivement contre les opérations d'Albuquerque; et, s'apercevant bientôt que l'intérêt du gouverneur le rendoit sourd à toutes les sollicitations, il n'abandonna pas pour cela la malheureuse nation dont il avoit épousé la cause. Il partit pour l'Espagne avec la ferme espérance qu'il ouvriroit les yeux et toucheroit le cœur de Ferdinand, en lui faisant le tableau de l'oppression que souffroient ses nouveaux sujets [2].

« Il obtint facilement une audience du roi, dont la santé étoit fort affoiblie. Il mit sous ses yeux, avec autant de liberté que d'éloquence, les effets funestes des *repartimientos* dans le Nouveau-Monde, lui reprochant avec courage d'avoir autorisé ces mesures impies, qui avoient porté la misère et la destruction sur une race nombreuse d'hommes innocents que la Providence avoit confiés à ses soins. Ferdinand, dont l'esprit étoit affoibli par la maladie, fut vivement frappé de ce reproche d'impiété, qu'il auroit méprisé dans d'autres circonstances. Il écouta le discours de

---

[1] Fr. Aug. Davila, *Hist. de la Fundacion de la Provincia de S. Jago en Mexico*, pag. 303-304; Herrera, *Decad.* i, lib. x, cap. xii.

[2] Herrera, *Decad.* i, lib. x, cap. xii; *Decad.* ii, lib. i, cap. ii: Davila, Padilla, *Hist.*, pag. 304.

Las Casas avec les marques d'un grand repentir, et promit de s'occuper sérieusement des moyens de réparer les maux dont on se plaignoit. Mais la mort l'empêcha d'exécuter cette résolution. Charles d'Autriche, à qui la couronne d'Espagne passoit, faisoit alors sa résidence dans ses états des Pays-Bas. Las Casas, avec son ardeur accoutumée, se préparoit à partir pour la Flandre, dans la vue de prévenir le jeune monarque, lorsque le cardinal Ximenès, devenu régent de Castille, lui ordonna de renoncer à ce voyage, et lui promit d'écouter lui-même ses plaintes.

« Le cardinal pesa la matière avec l'attention que méritoit son importance; et comme son esprit ardent aimoit les projets les plus hardis et peu communs, celui qu'il adopta très promptement étonna les ministres espagnols, accoutumés aux lenteurs et aux formalités de l'administration. Sans égard, ni aux droits que réclamoit Don Diego Colomb, ni aux règles établies par le feu roi, il se détermina à envoyer en Amérique trois surintendants de toutes les colonies, avec l'autorité suffisante pour décider en dernier ressort la grande question de la liberté des Indiens, après qu'ils auroient examiné sur les lieux toutes les circonstances. Le choix de ces surintendants étoit délicat. Tous les laïques, tant ceux qui étoient établis en Amérique que ceux qui avoient été consultés comme membres de l'administration de ce département, avoient déclaré leur opinion, et pensoient que les Espagnols ne pouvoient conserver leur établissement au Nouveau-Monde, à moins qu'on ne leur permît de retenir les Indiens dans la servitude. Ximenès crut donc qu'il ne pouvoit compter sur leur impartialité, et se détermina à donner sa confiance à des ecclésiastiques. Mais comme, d'un autre côté, les Dominicains et les Franciscains avoient adopté des sentiments contraires, il exclut ces deux ordres religieux. Il fit tomber son choix sur les moines appelés Hiéronymites, communauté peu nombreuse en Espagne, mais qui y jouissoit d'une grande considération. D'après le conseil de leur général, et de concert avec Las Casas, il choisit parmi eux trois sujets qu'ils jugea dignes de cet important emploi. Il leur associa Zuazo, jurisconsulte d'une probité distinguée, auquel il donna tout pouvoir de régler l'administration de la justice dans les colonies. Las Casas fut chargé de les accompagner, avec le titre de protecteur des Indiens [1].

« Confier un pouvoir assez étendu pour changer en un moment tout le système du gouvernement du Nouveau-Monde, à quatre personnes que leur état et leur condition n'appeloient pas à de si hauts emplois, parut à Zapata et aux autres ministres du dernier roi une démarche si extraordinaire et si dangereuse, qu'ils refusèrent d'expédier les ordres nécessaires pour l'exécution : mais Ximenès n'étoit pas disposé à souffrir patiemment qu'on mît aucun obstacle à ses projets. Il envoya chercher les ministres, leur parla d'un ton si haut, et les effraya tellement, qu'ils obéirent sur-le-champ [2]. Les surintendants, leur associé Zuazo et Las Casas, mirent à la voile pour Saint-Domingue. A leur arrivée, le premier usage qu'ils firent de leur autorité fut de mettre en liberté tous les Indiens qui avoient été donnés aux courtisans espagnols et à toute personne non résidant en Amérique. Cet acte de vigueur, joint à ce qu'on avoit appris d'Espagne sur l'objet de leur commission, répandit une alarme générale. Les colons conclurent qu'on alloit leur enlever en un moment tous les bras avec lesquels ils conduisoient leurs travaux, et que leur ruine étoit inévitable. Mais les Pères de Saint-Jérôme se conduisirent avec tant de précaution et de prudence, que les craintes furent bientôt dissipées.

« Ils montrèrent dans toute leur administration une connoissance du monde et des affaires qu'on n'acquiert guère dans le cloître, et une modération et une douceur encore plus rares parmi les hommes accoutumés à l'austérité d'une vie monastique. Ils écoutèrent tout le monde, ils comparèrent les informations qu'ils avoient recueillies, et, après une mûre délibération, ils demeurèrent persuadés

---

[1] HERRERA, *Decad.* II, lib. II, cap. III.
[2] *Ibid.*, cap. VI.

que l'état de la colonie rendoit impraticable le plan de Las Casas, vers lequel penchoit le cardinal. Ils se convainquirent que les Espagnols établis en Amérique étoient en trop petit nombre pour pouvoir exploiter les mines déjà ouvertes, et cultiver le pays; que pour ces deux genres de travaux, ils ne pouvoient se passer des Indiens; que si on leur ôtoit ce secours, il faudroit abandonner les conquêtes, ou au moins perdre tous les avantages qu'on en retireroit; qu'il n'y avoit aucun motif assez puissant pour faire surmonter aux Indiens rendus libres leur aversion naturelle pour toute espèce de travail, et qu'il falloit l'autorité d'un maître pour les y forcer; que si on ne les tenoit pas sous une discipline toujours vigilante, leur indolence et leur indifférence naturelles ne leur permettroient jamais de recevoir l'instruction chrétienne, ni d'observer les pratiques de la religion. D'après tous ces motifs, ils trouvèrent nécessaire de tolérer les *repartimientos* et l'esclavage des Américains. Ils s'efforcèrent en même temps de prévenir les funestes effets de cette tolérance, et d'assurer aux Indiens le meilleur traitement qu'on pût concilier avec l'état de servitude. Pour cela ils renouvelèrent les premiers règlements, y en ajoutèrent de nouveaux, ne négligèrent aucune des précautions qui pouvoient diminuer la pesanteur du joug: enfin ils employèrent leur autorité, leur exemple et leurs exhortations à inspirer à leurs compatriotes des sentiments d'équité et de douceur pour ces Indiens dont l'industrie leur étoit nécessaire. Zuazo, dans son département, seconda les efforts des surintendants. Il réforma les cours de justice, dans la vue de rendre leurs décisions plus équitables et plus promptes, et fit divers règlements pour mettre sur un meilleur pied la police intérieure de la colonie. Tous les Espagnols du Nouveau-Monde témoignèrent leur satisfaction de la conduite de Zuazo et de ses associés, et admirèrent la hardiesse de Ximenès, qui s'étoit écarté si fort des routes ordinaires dans la formation de son plan, et sa sagacité dans le choix des personnes à qui il avoit donné sa confiance, et qui s'en étoient rendues dignes par leur sagesse, leur modération et leur désintéressement [1].

« Las Casas seul étoit mécontent. Les considérations qui avoient déterminé les surintendants ne faisoient aucune impression sur lui. Le parti qu'ils prenoient de conformer leurs règlements à l'état de la colonie lui paroissoit l'ouvrage d'une politique mondaine et timide, qui consacroit une injustice parce qu'elle étoit avantageuse. Il prétendoit que les Indiens étoient libres par le droit de nature, et, comme leur protecteur, il sommoit les surintendants de ne pas les dépouiller du privilége commun de l'humanité. Les surintendants reçurent ses remontrances les plus âpres sans émotion et sans s'écarter en rien de leur plan. Les colons espagnols ne furent pas si modérés à son égard, et il fut souvent en danger d'être mis en pièces pour la fermeté avec laquelle il insistoit sur une demande qui leur étoit si odieuse. Las Casas, pour se mettre à l'abri de leur fureur, fut obligé de chercher un asile dans un couvent; et voyant que tous ses efforts en Amérique étoient sans effet, il partit pour l'Europe avec la ferme résolution de ne pas abandonner la défense d'un peuple qu'il regardoit comme victime d'une cruelle oppression [2]..

« S'il eût trouvé dans Ximenès la même vigueur d'esprit que ce ministre mettoit ordinairement aux affaires, il eût été vraisemblablement fort mal reçu. Mais le cardinal étoit atteint d'une maladie mortelle, et se préparoit à remettre l'autorité dans les mains du jeune roi, qu'on attendoit de jour en jour des Pays-Bas. Charles arriva, prit possession du gouvernement, et, par la mort de Ximenès, perdit un ministre qui auroit mérité sa confiance par sa droiture et ses talents. Beaucoup de seigneurs flamands avoient accompagné leur souverain en Espagne. L'attachement naturel de Charles pour ses compatriotes l'engageoit à les consulter

[1] HERRERA, *Decad.* II, lib. II, cap. XV; REMESAL, *Hist. gen.*, lib. II, cap. XIV, XV, XVI.
[2] HERRERA, *Decad.* II, lib. II, cap. XVI.

sur toutes les affaires de son nouveau royaume; et ces étrangers montrèrent un empressement indiscret à se mêler de tout, et à s'emparer de presque toutes les parties de l'administration [1]. La direction des affaires d'Amérique étoit un objet trop séduisant pour leur échapper. Las Casas remarqua leur crédit naissant. Quoique les hommes à projets soient communément trop ardents pour se conduire avec beaucoup d'adresse, celui-ci étoit doué de cette activité infatigable qui réussit quelquefois mieux que l'esprit le plus délié. Il fit sa cour aux Flamands avec beaucoup d'assiduité. Il mit sous leurs yeux l'absurdité de toutes les maximes adoptées jusque-là dans le gouvernement de l'Amérique, et particulièrement les vices des dispositions faites par Ximenès. La mémoire de Ferdinand étoit odieuse aux Flamands. La vertu et les talents de Ximenès avoient été pour eux des motifs de jalousie. Ils désiroient vivement de trouver des prétextes plausibles pour condamner les mesures du ministre et du défunt monarque, et pour décrier la politique de l'un et de l'autre. Les amis de Don Diego Colomb, aussi bien que les courtisans espagnols qui avoient eu à se plaindre de l'administration du cardinal, se joignirent à Las Casas pour désapprouver la commission des surintendants en Amérique. Cette union de tant de passions et d'intérêts divers devint si puissante, que les Hiéronymites et Zuazo furent rappelés. Rodrigue de Figueroa, jurisconsulte estimé, fut nommé premier juge de l'île, et reçut des instructions nouvelles d'après les instances de Las Casas, pour examiner encore avec la plus grande attention la question importante élevée entre cet ecclésiastique et les colons, relativement à la manière dont on devoit traiter les Indiens. Il étoit autorisé, en attendant, à faire tout ce qui seroit possible pour soulager leurs maux et prévenir leur entière destruction [2].

« Ce fut tout ce que le zèle de Las Casas put obtenir alors

---

[1] *Histoire de Charles-Quint.*
[2] HERRERA, *Decad.* II, lib. II, cap. XVI, XIX, XXI; l. III, c. VII, VIII.

en faveur des Indiens. L'impossibilité de faire faire aux colonies aucun progrès, à moins que les colons espagnols ne pussent forcer les Américains au travail, étoit une objection insurmontable à l'exécution de son plan de liberté. Pour écarter cet obstacle, Las Casas proposa d'acheter, dans les établissements des Portugais à la côte d'Afrique, un nombre suffisant de noirs, et de les transporter en Amérique, où on les emploieroit comme esclaves au travail des mines et à la culture du sol. Les premiers avantages que les Portugais avoient retirés de leurs découvertes en Afrique leur avoient été procurés par la vente des esclaves. Plusieurs circonstances concouroient à faire revivre cet odieux commerce, aboli depuis long-temps en Europe, et aussi contraire aux sentiments de l'humanité qu'aux principes de la religion. Dès l'an 1503, on avoit envoyé en Amérique un petit nombre d'esclaves nègres [1]. En 1511, Ferdinand avoit permis qu'on y en portât en plus grande quantité [2]. On trouva que cette espèce d'hommes étoit plus robuste que les Américains, plus capable de résister à une grande fatigue, et plus patiente sous le joug de la servitude. On calculoit que le travail d'un noir équivaloit à celui de quatre Américains [3]. Le cardinal Ximenès avoit été pressé de permettre et d'encourager ce commerce, proposition qu'il avoit rejetée avec fermeté, parce qu'il avoit senti combien il étoit injuste de réduire une race d'hommes en esclavage, en délibérant sur les moyens de rendre la liberté à une autre [4]. Mais Las Casas, inconséquent comme le sont les esprits qui se portent avec une impétuosité opiniâtre vers une opinion favorite, étoit incapable de faire cette réflexion. Pendant qu'il combattoit avec tant de chaleur pour la liberté des habitants du Nouveau-Monde, il travailloit à rendre esclaves ceux d'une autre partie; et, dans la chaleur de son zèle pour sauver les Américains du joug, il prononçoit sans scrupule qu'il étoit juste et utile d'en

---

[1] Herrera, *Decad.* I, lib. v, cap. xii. [2] *Id., ibid.*, lib. viii, cap. ix.
[3] *Id., ibid.*, lib. ix, cap. v. [4] *Id. Decad.* ii, llb. ii, cap. viii.

imposer un plus pesant encore sur les Africains. Malheureusement pour ces derniers, le plan de Las Casas fut adopté. Charles accorda à un de ses courtisans flamands le privilége exclusif d'importer en Amérique quatre mille noirs. Celui-ci vendit son privilége pour vingt-cinq mille ducats à des marchands génois, qui les premiers établirent avec une forme régulière en Afrique et en Amérique ce commerce d'hommes, qui a reçu depuis de si grands accroissements [1].

« Mais les marchands génois, conduisant leurs opérations avec l'avidité ordinaire aux monopoleurs, demandèrent bientôt des prix si exorbitants des noirs qu'ils portoient à Hispaniola, qu'on y en vendit trop peu pour améliorer l'état de la colonie. Las Casas, dont le zèle étoit aussi inventif qu'infatigable, eut recours à un autre expédient pour soulager les Indiens. Il avoit observé que le plus grand nombre de ceux qui jusque-là s'étoient établis en Amérique, étoient des soldats ou des matelots employés à la découverte ou à la conquête de ces régions, des fils de familles nobles, attirés par l'espoir de s'enrichir promptement, ou des aventuriers sans ressource, et forcés d'abandonner leur patrie par leurs crimes ou leur indigence. A la place de ces hommes avides, sans mœurs, incapables de l'industrie persévérante et de l'économie nécessaire dans l'établissement d'une colonie, il proposa d'envoyer à Hispaniola et dans les autres îles, un nombre suffisant de cultivateurs et d'artisans, à qui on donneroit des encouragements pour s'y transporter; persuadé que de tels hommes, accoutumés à la fatigue, seroient en état de soutenir des travaux dont les Américains étoient incapables par la foiblesse de leur constitution, et que bientôt ils deviendroient eux-mêmes, par la culture, de riches et d'utiles citoyens. Mais quoiqu'on eût grand besoin d'une nouvelle recrue d'habitants à Hispaniola, où la petite vérole venoit de se répandre et d'emporter un nombre considérable d'Indiens, ce projet, quoique favo-

---

[1] HERRERA, Decad. 1, lib. II, cap. xx.

risé par les ministres flamands fut traversé par l'évêque de Burgos, que Las Casas trouvoit toujours en son chemin [1].

« Las Casas commença alors à désespérer de faire aucun bien aux Indiens dans les établissements déjà formés. Le mal étoit trop invétéré pour céder aux remèdes. Mais on faisoit tous les jours des découvertes nouvelles dans le continent, qui donnoient de hautes idées de sa population et de son étendue. Dans toutes ces régions, il n'y avoit encore qu'une seule colonie très foible, et si l'on en exceptoit un petit espace sur l'isthme de Darien, les naturels étoient maîtres de tout le pays. C'étoit là un champ nouveau et plus étendu pour le zèle et l'humanité de Las Casas, qui se flattoit de pouvoir empêcher qu'on n'y introduisît le pernicieux système d'administration qu'il n'avoit pu détruire dans des lieux où il étoit déjà tout établi. Plein de ces espérances, il sollicita une concession de la partie qui s'étend le long de la côte, depuis le golfe de Paria jusqu'à la frontière occidentale de cette province, aujourd'hui connue sous le nom de Sainte-Marthe. Il proposa d'y établir une colonie formée de cultivateurs, d'artisans et d'ecclésiastiques. Il s'engagea à civiliser, dans l'espace de deux ans, dix mille Indiens, et à les instruire assez bien dans les arts utiles pour pouvoir tirer de leurs travaux et de leur industrie un revenu de quinze mille ducats au profit de la couronne. Il promettoit aussi qu'en dix ans sa colonie auroit fait assez de progrès pour rendre au gouvernement soixante mille ducats par an. Il stipula qu'aucun navigateur ou soldat ne pourroit s'y établir, et qu'aucun Espagnol n'y mettroit les pieds sans sa permission. Il alla même jusqu'à vouloir que les gens qu'il emmèneroit eussent un habillement particulier, différent de celui des Espagnols, afin que les Indiens de ces districts ne les crussent pas de la même race d'hommes qui avoient apporté tant de calamités à l'Amérique [2]. Par ce plan, dont je ne donne qu'une légère

---

[1] Herrera, *Decad.* II, lib. II, cap. XXI.
[2] *Id., ibid.*, lib. IV, cap. II.

esquisse, il paroît clairement que les idées de Las Casas sur la manière de civiliser et de traiter les Indiens étoient fort semblables à celles que les Jésuites ont suivies depuis dans leurs grandes entreprises sur l'autre partie du même continent. Las Casas supposoit que les Européens, employant l'ascendant que leur donnoient une intelligence supérieure et de plus grands progrès dans les sciences et les arts, pourroient conduire par degrés l'esprit des Américains à goûter ces moyens de bonheur dont ils étoient dépourvus, leur faire cultiver les arts de l'homme en société, et les rendre capables de jouir des avantages de la vie civile.

« L'évêque de Burgos et le conseil des Indes regardèrent le plan de Las Casas non-seulement comme chimérique, mais comme extrêmement dangereux. Ils pensoient que l'esprit des Américains étoit si naturellement borné, et leur indolence si excessive, qu'on ne réussiroit jamais à les instruire, ni à leur faire faire aucun progrès. Ils prétendoient qu'il seroit fort imprudent de donner une autorité si grande sur un pays de mille milles de côtes, à un enthousiaste visionnaire et présomptueux, étranger aux affaires, et sans connoissance de l'art du gouvernement. Las Casas, qui s'attendoit bien à cette résistance, ne se découragea pas. Il eut recours encore aux Flamands, qui favorisèrent ses vues auprès de Charles-Quint avec beaucoup de zèle, précisément parce que les ministres espagnols les avoient rejetées. Ils déterminèrent le monarque, qui venoit d'être élevé à l'empire, à renvoyer l'examen de cette affaire à un certain nombre de membres de son conseil privé ; et, comme Las Casas récusoit tous les membres du conseil des Indes, comme prévenus et intéressés, tous furent exclus. La décision des juges choisis à la recommandation des Flamands fut entièrement conforme aux sentiments de ces derniers. On approuva beaucoup le nouveau plan, et l'on donna des ordres pour le mettre à exécution, mais en restreignant le territoire accordé à Las Casas à trois cents milles le long de la côte de Cumana, d'où il lui seroit libre de s'étendre dans les parties intérieures du pays [1].

« Cette décision trouva des censeurs. Presque tous ceux qui avoient été en Amérique la blâmoient, et soutenoient leur opinion avec tant de confiance, et par des raisons si plausibles, qu'on crut devoir s'arrêter et examiner de nouveau la question avec plus de soin. Charles lui-même, quoique accoutumé dans sa jeunesse à suivre les sentiments de ses ministres avec une déférence et une soumission qui n'annonçoient pas la vigueur et la fermeté d'esprit qu'il montra dans un âge plus mûr, commença à soupçonner que la chaleur que les Flamands mettoient dans toutes les affaires relatives à l'Amérique, avoit pour principe quelque motif dont il devoit se défier; il déclara qu'il étoit déterminé à approfondir lui-même la question agitée depuis si long-temps sur le caractère des Américains, et sur la manière la plus convenable de les traiter. Il se présenta bientôt une circonstance qui rendoit cette discussion plus facile. Quevedo, évêque du Darien, qui avoit accompagné Pedrarias sur le continent en 1513, venoit de prendre terre à Barcelonne, où la cour faisoit sa résidence. On sut bientôt que ses sentiments étoient différents de ceux de Las Casas, et Charles imagina assez naturellement qu'en écoutant et en comparant les raisons des deux personnages respectables qui, par un long séjour en Amérique, avoient eu le temps nécessaire pour observer les mœurs du peuple qu'il s'agissoit de faire connoître, il seroit en état de découvrir lequel des deux avoit formé son opinion avec plus de justesse et de discernement.

« On désigna pour cet examen un jour fixe et une audience solennelle. L'empereur parut avec une pompe extraordinaire, et se plaça sur un trône dans la grande salle de son palais. Ses courtisans l'environnoient. Don Diego Colomb, amiral des Indes, fut appelé. L'évêque du Darien

---

[1] GOMERA, *Hist. gen.*, cap. LXXVII; HERRERA, *Decad.* II, lib. IV, cap. III; OVIEDO, lib. XIX, cap. V.

fut interpellé de dire le premier son avis. Son discours ne fut pas long. Il commença par déplorer les malheurs de l'Amérique et la destruction d'un grand nombre de ses habitants, qu'il reconnut être en partie l'effet de l'excessive dureté et de l'imprudence des Espagnols; mais il déclara que tous les habitants du Nouveau-Monde qu'il avoit observés, soit dans le continent, soit dans les îles, lui avoient paru une espèce d'hommes destinés à la servitude par l'infériorité de leur intelligence et de leurs talents naturels; et qu'il seroit impossible de les instruire, ni de leur faire faire aucun progrès vers la civilisation, si on ne les tenoit pas sous l'autorité continuelle d'un maître. Las Casas s'étendit davantage, et défendit son sentiment avec plus de chaleur. Il s'éleva avec indignation contre l'idée qu'il y eût aucune race d'hommes nés pour la servitude, et attaqua cette opinion comme irréligieuse et inhumaine. Il assura que les Américains ne manquoient pas d'intelligence; qu'elle n'avoit besoin que d'être cultivée, et qu'ils étoient capables d'apprendre les principes de la religion, et de se former à l'industrie et aux arts de la vie sociale; que leur douceur et leur timidité naturelle les rendant soumis et dociles, on pouvoit les conduire et les former, pourvu qu'on ne les traitât pas durement. Il protesta que, dans le plan qu'il avoit proposé, ses vues étoient pures et désintéressées, et que, quelques avantages qui dussent revenir de leur exécution à la couronne de Castille, il n'avoit jamais demandé et ne demanderoit jamais aucune récompense de ses travaux.

«Charles, après avoir entendu les deux plaidoyers et consulté ses ministres, ne se crut pas encore assez bien instruit pour prendre une résolution générale relativement à la condition des Américains; mais comme il avoit une entière confiance en la probité de Las Casas, et que l'évêque du Darien lui-même convenoit que l'affaire étoit assez importante pour qu'on pût essayer le plan proposé, il céda à Las Casas, par des lettres-patentes, la partie de la côte de Cumana dont nous avons fait mention plus haut, avec tout pouvoir d'y établir une colonie d'après le plan qu'il avoit proposé [1].

« Las Casas pressa les préparatifs de son voyage avec son ardeur accoutumée ; mais soit par son inexpérience dans ce genre d'affaires, soit par l'opposition secrète de la noblesse espagnole, qui craignoit que l'émigration de tant de personnes ne leur enlevât un grand nombre d'hommes industrieux et utiles, occupés de la culture de leurs terres, il ne put déterminer qu'environ deux cents cultivateurs ou artisans à l'accompagner à Cumana.

« Rien cependant ne put amortir son zèle. Il mit à la voile avec cette petite troupe, à peine suffisante pour prendre possession du vaste territoire qu'on lui accordoit, et avec laquelle il étoit impossible de réussir à en civiliser les habitants. Le premier endroit où il toucha fut l'île de Porto-Rico. Là il eut connoissance d'un nouvel obstacle à l'exécution de son plan, plus difficile à surmonter qu'aucun de ceux qu'il eût rencontrés jusqu'alors. Lorsqu'il avoit quitté l'Amérique en 1517, les Espagnols n'avoient presque aucun commerce avec le continent, si l'on excepte les pays voisins du golfe de Darien. Mais tous les genres de travaux s'affoiblissant de jour en jour à Hispaniola par la destruction rapide des naturels du pays, les Espagnols manquoient de bras pour continuer les entreprises déjà formées, et ce besoin les avoit fait recourir à tous les expédients qu'ils pouvoient imaginer pour y suppléer. On leur avoit porté beaucoup de nègres ; mais le prix en étoit monté si haut, que la plupart des colons ne pouvoient y atteindre. Pour se procurer des esclaves à meilleur marché, quelques-uns d'entre eux armèrent des vaisseaux, et se mirent à croiser le long des côtes du continent. Dans les lieux où ils étoient inférieurs en force, ils commerçoient avec les naturels, et leur donnoient des quincailleries d'Europe pour les plaques d'or qui servoient d'ornements à ces peuples ; mais

---

[1] Herrera, *Decad.* II, lib. IV, cap. III, IV, V ; Angensola, *Ann. de Aragon.*, 74, 97 ; Remesal, *Hist. gen.*, lib. II, cap. XIX, XX.

partout où ils pouvoient surprendre les Indiens, ou l'emporter sur eux à force ouverte, ils les enlevoient et les vendoient à Hispaniola [1]. Cette piraterie étoit accompagnée des plus grandes atrocités. Le nom espagnol devint en horreur sur tout le continent. Dès qu'un vaisseau paroissoit, les habitants fuyoient dans les bois, ou couroient au rivage en armes, pour repousser ces cruels ennemis de leur tranquillité. Quelquefois ils forçoient les Espagnols à se retirer avec précipitation, ou ils leur coupoient la retraite. Dans la violence de leur ressentiment, ils massacrèrent deux missionnaires dominicains, que le zèle avoit portés à s'établir dans la province de Cumana [2]. Le meurtre de ces personnes révérées pour la sainteté de leur vie excita la plus vive indignation parmi les colons d'Hispaniola, qui, au milieu de la licence de leurs mœurs et de la cruauté de leurs actions, étoient pleins d'un zèle ardent pour la religion, et d'un respect superstitieux pour ses ministres : ils résolurent de punir ce crime d'une manière qui pût servir d'exemple, non-seulement sur ceux qui l'avoient commis, mais sur toute la nation entière. Pour l'exécution de ce projet, ils donnèrent le commandement de cinq vaisseaux et trois cents hommes à Diego Ocampo, avec ordre de détruire par le fer et par le feu tout le pays de Cumana, et d'en faire les habitants esclaves pour être transportés à Hispaniola. Las Casas trouva à Porto-Rico cette escadre faisant voile vers le continent, et Ocampo ayant refusé de différer son voyage, il comprit qu'il lui seroit impossible de tenter l'exécution de son plan de paix dans un pays qui alloit être le théâtre de la guerre et de la désolation [3].

Dans l'espérance d'apporter quelque remède aux suites funestes de ce malheureux incident, il s'embarqua pour Saint-Domingue, laissant ceux qui l'avoient suivi cantonnés parmi les colons de Porto-Rico. Plusieurs circonstances

---

[1] HERRERA, *Decad.* III, lib. II, cap. III.
[2] OVIEDO, *Hist.*, lib. XIX, cap. III.
[3] HERRERA, *Decad.* II, lib. IX, cap. VIII, IX.

concoururent à le faire recevoir fort mal à Hispaniola. En travaillant à soulager les Indiens, il avoit censuré la conduite de ses compatriotes, les colons d'Hispaniola, avec tant de sévérité, qu'il leur étoit devenu universellement odieux. Ils regardoient le succès de sa tentative comme devant entraîner leur ruine. Ils attendoient de grandes recrues de Cumana, et ces espérances s'évanouissoient si Las Casas parvenoit à y établir sa colonie. Figueroa, en conséquence d'un plan formé en Espagne pour déterminer le degré d'intelligence et de docilité des Indiens, avoit fait une expérience qui paroissoit décisive contre le système de Las Casas. Il en avoit rassemblé à Hispaniola un assez grand nombre, et les avoit établis dans deux villages, leur laissant une entière liberté, et les abandonnant à leur propre conduite; mais ces Indiens, accoutumés à un genre de vie extrêmement différent, hors d'état de prendre en si peu de temps de nouvelles habitudes, et d'ailleurs découragés par leur malheur particulier et par celui de leur patrie, se donnèrent si peu de peine pour cultiver le terrain qu'on leur avoit donné, parurent si incapables des soins et de la prévoyance nécessaires pour fournir à leurs propres besoins, et si éloignés de tout ordre et de tout travail régulier, que les Espagnols en conclurent qu'il étoit impossible de les former à mener une vie sociale, et qu'il falloit les regarder comme des enfants qui avoient besoin d'être continuellement sous la tutelle des Européens, si supérieurs à eux en sagesse et en sagacité [1].

« Malgré la réunion de toutes ces circonstances, qui armoient si fortement contre ses mesures ceux même à qui il s'adressoit pour les mettre à exécution, Las Casas, par son activité et sa persévérance, par quelques condescendances et beaucoup de menaces, obtint à la fin un petit corps de troupes pour protéger sa colonie au premier moment de son établissement. Mais, à son retour à Porto-Rico, il trouva que les maladies lui avoient déjà enlevé

---

[1] HERRERA, *Decad.* II, lib. II, cap. v.

beaucoup de ses gens ; et les autres, ayant trouvé quelque occupation dans l'île, refusèrent de le suivre. Cependant, avec ce qui lui restoit de monde, il fit voile vers Cumana. Ocampo avoit exécuté sa commission dans cette province avec tant de barbarie, il avoit massacré ou envoyé en esclavage à Hispaniola un si grand nombre d'Indiens, que tout ce qui restoit de ces malheureux s'étoit enfui dans les bois, et que l'établissement formé à Tolède, se trouvant dans un pays désert, touchoit à sa destruction. Ce fut cependant dans ce même endroit que Las Casas fut obligé de placer le chef-lieu de sa colonie. Abandonné, et par les troupes qu'on lui avoit données pour le protéger, et par le détachement d'Ocampo, qui avoit prévu les calamités auxquelles il devoit s'attendre dans un poste aussi misérable, il prit les précautions qu'il jugea les meilleures pour la sûreté et la subsistance de ses colons ; mais, comme elles étoient encore bien insuffisantes, il retourna à Hispaniola solliciter des secours plus puissants, afin de sauver des hommes que leur confiance en lui avoit engagés à courir de si grands dangers. Bientôt après son départ, les naturels du pays ayant reconnu la foiblesse des Espagnols, s'assemblèrent secrètement, les attaquèrent avec la furie naturelle à des hommes réduits au désespoir par les barbaries qu'on avoit exercées contre eux, en firent périr un grand nombre, et forcèrent le reste à se retirer à l'île de Cubagna. La petite colonie qui étoit établie pour la pêche des perles partagea la terreur panique dont les fugitifs étoient saisis, et abandonna l'île. Enfin il ne resta pas un seul Espagnol dans aucune partie du continent ou des îles adjacentes, depuis le golfe du Paria jusqu'aux confins du Darien. Accablé par cette succession de désastres, et voyant l'issue malheureuse de tous ses grands projets, Las Casas n'osa plus se montrer ; il s'enferma dans le couvent des Dominicains à Saint-Domingue, et prit bientôt après l'habit de cet ordre [1].

[1] HERRERA, *Decad.* II, lib. x, cap. v; *Decad.* III, lib. II, cap. III, IV, V; OVIEDO, *Hist.*, lib. XIX, cap. v; GOMERA, cap. LXXVII; DA-

«Quoique la destruction de la colonie de Cumana ne soit arrivée que l'an 1521, je n'ai pas voulu interrompre le récit des négociations de Las Casas depuis leur origine jusqu'à leur issue. Son système fut l'objet d'une longue et sérieuse discussion; et quoique ses tentatives en faveur des Américains opprimés n'aient pas été suivies du succès qu'il s'en promettoit (sans doute avec trop de confiance), soit par son imprudence, soit par la haine active de ses ennemis, elles donnèrent lieu à divers règlements qui furent de quelque utilité à ces malheureuses nations. » (*Hist. d'Amér.*, liv. III.).

Second Fragment.

« Il alloit (Cortez) détruire leurs autels et renverser leurs idoles avec la même violence qu'à Zempoalla, si le père Barthélemi d'Olmedo, aumônier de l'armée, n'avoit arrêté l'impétuosité de son zèle. Le religieux lui représenta l'imprudence d'une telle démarche dans une grande ville remplie d'un peuple également superstitieux et guerrier, avec lequel les Espagnols venoient de s'allier. Il déclara que ce qui s'étoit fait à Zempoalla lui avoit toujours paru injuste; que la religion ne devoit pas être prêchée le fer à la main, ni les infidèles convertis par la violence; qu'il falloit employer d'autres armes pour cette conquête : l'instruction qui éclaire les esprits, et les bons exemples qui captivent les cœurs; que ce n'étoit que par ces moyens qu'on pouvoit engager les hommes à renoncer à leurs erreurs, et embrasser la vérité. — Au seizième siècle, dans un temps où les droits de la conscience étoient si mal connus de tout le monde chrétien, où le nom de tolérance étoit même ignoré, on est étonné de trouver un moine espagnol au nombre des premiers défenseurs de la liberté religieuse et des premiers improbateurs de la persécution. Les remon-

---

vila, Padilla, lib. I, cap. XCVII; Remesal, *Hist. gen.*, lib. II. cap. XXII, XXIII.

trances de cet ecclésiastique, aussi vertueux que sage, firent impression sur l'esprit de Cortez. Il laissa les Tlascalans continuer l'exercice libre de leur religion, en exigeant seulement qu'ils renonçassent à sacrifier des victimes humaines. » (*Histoire d'Amér.*, liv. v.)

Robertson, après avoir prouvé que la dépopulation de l'Amérique ne peut être attribuée à la politique du gouvernement espagnol, passe à ce morceau que nous avons cité dans le texte.

« *C'est avec plus d'injustice encore que beaucoup d'écrivains ont attribué à l'esprit d'intolérance de la religion romaine la destruction des Américains, etc.* »

Et enfin ailleurs, en parlant des Indiens, il dit : « Quoique Paul III, par sa fameuse bulle donnée en 1437, ait déclaré les Indiens créatures raisonnables, ayant droit à tous les priviléges du christianisme, néanmoins, après deux siècles durant lesquels ils ont été membres de l'Église, ils ont fait si peu de progrès, qu'à peine en trouve-t-on quelques-uns qui aient une portion d'intelligence suffisante pour être regardés comme dignes de participer à l'Eucharistie. D'après cette idée de leur incapacité et de leur ignorance en matière de religion, lorsque le zèle de Philippe lui fit établir l'inquisition en Amérique, en 1570, les Indiens furent déclarés exempts de la juridiction de ce sévère tribunal, et ils sont demeurés soumis à l'inspection de leurs évêques diocésains. » (Tome v, page 205.)

Si l'on pèse avec attention et impartialité tous les faits avancés par le docteur *presbytérien*, si l'on se rappelle en même temps les nombreux hôpitaux fondés pour les Indiens du Nouveau-Monde, les admirables missions du Paraguay, etc., on sera convaincu qu'il n'y a jamais eu de plus atroce calomnie que celle qui attribue à la religion chrétienne la destruction des habitants du Nouveau-Monde.

MASSACRE D'IRLANDE.

Des inimitiés nat onales, bien plus encore que des haines religieuses, produisirent en 1641 le fameux massacre d'Irlande. Depuis long-temps opprimés par les Anglois, dépouillés de leurs terres, tourmentés dans leurs mœurs, leurs habitudes et leur religion, réduits presque à la condition d'esclaves par des maîtres hautains et tyranniques, les Irlandois, poussés au désespoir, eurent enfin recours à la vengeance ; ils ne furent pas même les agresseurs dans cette horrible tragédie, et on avoit commencé à les égorger avant qu'ils se déterminassent à répandre le sang.

M. Millon, dans ses *Recherches sur l'Irlande* (imprimées à la suite du *Voyage d'Arthur Young*), a recueilli des faits intéressants qu'il sera bon de mettre ici sous les yeux du lecteur.

Quelques Irlandois s'étant soulevés, par une suite de ce système d'oppression qui pesoit sur leur malheureuse patrie, le conseil anglois d'Irlande envoie des troupes contre eux avec ordre de les exterminer.

« *Les officiers*, dit Castelhaven (dont M. Millon cite ici les propres paroles), *les officiers et les soldats, peu attentifs à distinguer les rebelles sujets, tuèrent indistinctement, dans bien des endroits, hommes, femmes et enfants ; ce procédé irrita les rebelles, et les porta à commettre les mêmes cruautés sur les Anglois* [1]. » D'après le passage du comte Castelhaven, il paroît que les Anglois avoient commencé la scène par ordre de leur chef, et que le crime des Irlandois étoit d'avoir suivi un exemple barbare [2].

« *Je ne puis croire*, ajoute Castelhaven, *qu'il y ait eu alors en Irlande, hors des villes murées, la dixième partie des sujets britanniques rapportés par le chevalier Temple et autres écrivains, comme massacrés par les Irlandois. Il est clair que cet*

---

[1] Which procedure exasperated the rebels, and induced them to commit to the like cruelties upon the English.

[2] Ma-Geoghegan

auteur répète jusqu'à deux ou trois fois, en divers endroits, les mêmes personnes avec les mêmes circonstances, et qu'il fait mention de quelques centaines d'individus comme massacrés alors qu'ils ont vécu encore plusieurs années après, et quelques-uns jusqu'à notre temps : il est donc juste que, malgré les claneurs mal fondées de certaines personnes, qui s'écrient contre les Irlandois sans dire un mot de la rébellion fomentée chez eux, je rende justice à la nation irlandoise, et que je déclare que les chefs de cette nation n'eurent jamais intention d'autoriser les cruautés qu'on y avoit exercées.»

« L'exemple des Écossois qui s'étoient insurgés fut en partie cause de la révolte des Irlandois déjà mécontents ; ils se voyoient à la veille d'être forcés, ou de renoncer à leur religion, ou d'abandonner leur patrie : une pétition des protestants d'Irlande, signée de plusieurs milliers d'entre eux, et adressée au parlement d'Angleterre, justifioit leur crainte ; on se vantoit déjà publiquement qu'avant un an il n'y auroit pas un seul papiste en Irlande. Cette adresse produisit son effet en Angleterre : Charles Ier ayant remis, par une condescendance forcée, les affaires d'Irlande entre les mains du parlement, cette assemblée fit une ordonnance qui tendoit à l'extirpation totale des Irlandois, et déclara qu'elle ne consentiroit jamais à aucune tolérance de la religion papiste en Irlande, ni dans aucun autre des états britanniques. Le même parlement ordonna ensuite qu'on assignât à des aventuriers anglois, moyennant une certaine somme d'argent, deux millions cinq cent mille acres de terres profitables en Irlande, non compris les marais, les bois et les montagnes stériles, et cela dans le temps où les propriétaires de terre engagés dans la révolte étoient en très petit nombre. Il falloit donc, pour satisfaire l'engagement pris avec ces aventuriers, déposséder une infinité d'honnêtes gens qui n'avoient jamais troublé la tranquillité publique.

« Les Irlandois, principalement ceux d'Ulster, n'avoient pas oublié l'injuste confiscation de six comtés faite sur eux il n'y avoit pas encore quarante ans ; ils regardoient les propriétaires actuels comme des usurpateurs ; et, leur douleur ayant dégénéré en vengeance, ils se saisirent des maisons, des troupeaux et des effets de ces nouveaux venus, et les beaux édifices et les habitations commodes que ces colons avoient fait construire sur les terres de ces propriétaires furent ou rasés ou consumés par le feu [1]. »

Telles furent les premières hostilités commises par les Irlandois sur les Anglois ; il n'étoit pas encore question de massacrer : les Anglois., dit Ma-Geoghegan, furent les premiers agresseurs ; leur exemple fut suivi trop exactement par les catholiques de l'Ulster, et la contagion se répandit bientôt par tout le royaume ; il ne s'agissoit pas d'une querelle particulière, c'étoit une antipathie et une haine nationale entre les deux peuples, savoir, les Irlandois catholiques et les Anglois protestants... Voilà l'origine de cette malheureuse guerre qui coûta tant de sang ; voilà les causes du soulèvement des Irlandois en 1611, lequel fut suivi d'un horrible massacre. Ma-Geoghegan assure comme une chose certaine, qu'il y eut six fois plus de catholiques que de protestants massacrés dans cette occasion : 1° parce que les premiers étoient dispersés dans les campagnes, et par conséquent exposés à la furie d'un ennemi impitoyable, au lieu que les derniers demeuroient pour la plupart dans des villes murées et dans des châteaux qui les mirent à couvert de la fureur d'une populace effrénée ; et ceux d'entre eux qui habitoient dans les campagnes se retirèrent au premier bruit dans les villes et places fortes, où ils restèrent pendant la guerre ; quelques-uns retournèrent en Angleterre ou en Écosse, de sorte qu'il n'en périt que fort peu, excepté ceux qui avoient été exposés à la première furie des révoltés. Les garnisons angloises, sur ces entrefaites, massacrèrent les gens de la campagne sans distinction d'âge ni de sexe ; 2° le nombre des catholiques exécutés à mort par les Cromwelliens pour cause

[1] MA-GEOGHEGAN.

de massacre fut si petit, qu'il étoit impossible qu'ils eussent pu tuer un si prodigieux nombre de protestants [1].

« L'Irlande ayant été réduite, il y fut établi une haute cour de justice pour la recherche des meurtres commis sur les protestants dans le cours de la guerre. On ne put convaincre d'y avoir eu part que cent quarante catholiques, la plupart du bas peuple, quoique leurs ennemis fussent leurs juges, et qu'on eût suborné des témoins pour les trouver coupables; et, des cent quarante, plusieurs protestèrent de leur innocence, étant près de périr. S'il eût été question de faire les mêmes recherches contre les protestants, et d'admettre les preuves juridiques des catholiques, il est incontestable que, sur dix parlementaires d'Irlande, neuf auroient été trouvés coupables devant un tribunal équitable [2]. »

(*Recherches sur l'Irlande*, par M. MILLON, 2 vol. de la traduction du *Voyage d'Arthur Young en Irlande*.)

Ainsi l'on voit que les passions des hommes, des haines et des intérêts, souvent très étrangers à la religion, ont produit les énormités sanglantes qu'on a rejetées sur un culte qui ne prêche que la paix et l'humanité. Que diroit la philosophie, si on l'accusoit aujourd'hui d'avoir élevé les échafauds de Robespierre? N'est-ce pas en empruntant son langage qu'on a égorgé tant de victimes innocentes, comme on a pu abuser du nom de la religion pour commettre des crimes? Combien ne peut-on pas reprocher d'actes de cruauté et d'intolérance à ces mêmes protestants qui se vantent de pratiquer seuls la philosophie du christianisme? Les lois contre les catholiques d'Irlande, appelées lois de découvertes (*laws of discovery*), égalent en oppression et surpassent en immoralité tout ce qu'on a jamais reproché à l'Église romaine.

Par ces lois,

1° Tout le corps des catholiques romains est entièrement désarmé;

---

[1] *Ireland's Case.*   [2] *Ibid.*

2° Ils sont déclarés incapables d'acquérir des terres;

3° Les substitutions sont annulées, et elles sont partagées également entre les enfants;

4° Si un enfant abjure la religion catholique, il hérite de tout le bien, quoiqu'il soit le plus jeune;

5° Si le fils abjure sa religion, le père n'a aucun pouvoir sur son propre bien, mais il perçoit une pension sur ce bien, qui passe à son fils;

6° Aucun catholique ne peut faire un bail pour plus de trente et un ans;

7° Si la rente d'un catholique est moins des deux tiers de la valeur du bien, le dénonciateur aura le profit du bail;

8° Les prêtres qui célèbreront la messe seront déportés, et s'ils reviennent, pendus;

9° Si un catholique possède un cheval valant plus de cinq livres sterling, il sera confisqué au profit du dénonciateur;

10° Par une disposition du lord Hardwick, les catholiques sont déclarés incapables de prêter de l'argent à hypothèque [1].

Il est bien remarquable que cette loi ne fut portée que cinq ou six ans après la mort du roi Guillaume, c'est-à-dire lorsque tous les troubles d'Irlande étoient apaisés, et lorsque l'Angleterre étoit à son plus haut point de lumière, de civilisation et de prospérité.

Il ne faut pas croire que, même dans ces temps de fermentation, où les meilleurs esprits sont quelquefois entraînés dans des excès, il ne faut pas croire que les vrais catholiques approuvassent les fureurs du parti qui se servoit de leur nom. La Saint-Barthélemi trouva des larmes, même à la cour de Médicis; même dans la couche de Charles IX.

« J'ai ouï raconter, dit Brantôme, qu'au massacre de la Saint-Barthélemi, la reine Isabelle n'en sachant rien, ni

---

[1] *Voyage d'Arthur Young.*

même senti le moindre vent du monde, s'en alla coucher à sa mode accoustumée, et ne s'estant esveillée qu'au matin, on lui dit à son réveil le beau mystère qui se jouoit : Hélas! dit-elle, le roy mon mari le sait-il? Oui, madame, répondit-on; c'est lui-même qui le fait faire. O mon Dieu! s'écria-t-elle, qu'est cecy, et quels conseillers sont ceux-là qui lui ont donné tels advis? Mon Dieu, je te supplie et te requiers de lui vouloir pardonner; car, si tu n'en as pitié, j'ai grand'peur que cette offense ne lui soit pas pardonnée; et soudain demanda ses Heures, et se mit en oraison, et à prier Dieu la larme à l'œil. Que l'on considère, je vous prie, la bonté et la sagesse de cette reine, de n'approuver point une telle feste, ni le jeu qui s'y célébra; encore qu'elle eust grand sujet de désirer la totale extermination et de M. l'amiral et de tous ceux de sa religion, d'autant qu'ils estoient contraires du tout à la sienne, qu'elle adoroit et honoroit plus que toute chose au monde; et de l'autre côté, qu'elle voyoit combien ils troubloient l'estat du roy son seigneur et mari. »

(*Mém. de Brantôme*, t. II, édit. de Leyde, 1599.)

Note B, page 119.

« Le sommet du Saint-Gothard est une plate-forme de granit, nue, entourée de quelques rochers médiocrement élevés, de formes très irrégulières, qui arrêtent la vue en tous sens, et la bornent à la plus affreuse des solitudes. Trois petits lacs et le triste hospice des Capucins interrompent seuls l'uniformité de ce désert, où l'on ne trouve pas la moindre trace de végétation; c'est une chose nouvelle et surprenante pour un habitant de la plaine, que le silence absolu qui règne sur cette plate-forme : on n'entend pas le moindre murmure; le vent qui traverse les cieux ne rencontre point ici un feuillage; seulement, lorsqu'il est impétueux, il gémit d'une manière lugubre contre les pointes de rochers qui le divisent. Ce seroit en vain qu'en gravissant les sommets abordables qui environnent ce désert, on espèreroit se transporter par la vue dans des contrées habitables : on ne voit au-dessous de soi qu'un chaos de rochers et de torrents : on ne distingue au loin que des pointes arides et couvertes de neiges éternelles, perçant le nuage qui flotte sur les vallées, et qui les couvre d'un voile souvent impénétrable ; rien de ce qui existe au-delà ne parvient aux regards, excepté un ciel d'un bleu noir, qui descendant bien au-dessous de l'horizon, termine de tous côtés le tableau, et semble être une mer immense qui environne cet amas de montagnes.

« Les malheureux Capucins qui habitent l'hospice sont, pendant neuf mois de l'année, ensevelis dans des neiges qui souvent, dans l'espace d'une nuit, s'élèvent à la hauteur de leur toit, et bouchent toutes les entrées du couvent. Alors il faut se frayer un passage par les fenêtres supérieures, qui servent de portes. On juge que le froid et la faim sont des fléaux auxquels ils sont fréquemment exposés, et que, s'il existe des cénobites qui aient droit aux aumônes, ce sont ceux-là. »

Note de la traduction des lettres de Coxe sur la Suisse, par M. Ramond.

Les hôpitaux militaires viennent originairement des Bénédictins. Chaque couvent de cet ordre nourrissoit un ancien soldat, et lui donnoit une retraite pour le reste de ses jours. Louis XIV, en réunissant ces diverses fondations en une seule, en forma l'Hôtel des Invalides. Ainsi, c'est encore la religion de paix qui a fondé l'asile de nos vieux guerriers.

Note C, page 36.

Il est très difficile de donner un relevé exact des colléges et des hôpitaux, parce que les différentes statistiques sont très incomplètes, et les géographies omettent une foule de détails : les unes donnent la population d'un État sans donner le nombre des villes ; les autres comptent les paroisses et oublient les cités. Les cartes surchargées de noms de lieu, multiplient les bourgs, les châteaux, les villages. Le grand travail sur les provinces de la France, commencé sous Louis XIV, n'a point, malheureusement, été achevé. Les cartes de Cassini, qui seroient d'un grand secours, sont aussi demeurées incomplètes.

Les histoires particulières des provinces négligent, en général, la statistique, pour parler des anciennes guerres, des barons, des droits de telle ville et de tel bourg. A peine trouvez-vous quelques fondations perdues dans un fatras de choses inutiles. Les historiens ecclésiastiques, à leur tour, se circonscrivent dans leur sujet, et passent rapidement sur les faits d'un intérêt général. Quoi qu'il en soit au milieu de cette confusion, nous avons tâché de saisir quelques résultats dont nous allons mettre les tableaux sous les yeux des lecteurs.

Extrait de la partie ecclésiastique de la Statistique de M. DE BEAUFORT.

FRANCE.

18 Archevêchés.	366,000 Ecclésiastiques.
117 Évêchés.	34,498 Paroisses.
11 Évêques pour les missions, etc.	4,644 Annexes.
	800 Chapitres et Collégiales.
16 Chefs d'Ordres ou Congrégations.	36 Académies.
	24 Universités.

ÉTATS HÉRÉDITAIRES D'AUTRICHE.

5 Archevêchés.	6 Universités.
15 Évêchés.	6 Colléges.

GRAND-DUCHÉ DE TOSCANE.

3 Archevêchés.	2 Universités.
2 Évêchés.	

RUSSIE.

30 Archevêchés et Évêchés grecs.
68,000 Ecclésiastiques.

18,319 Paroisses-Cathédrales.
4 Universités.

ESPAGNE.

8 Archevêchés.
15 Évêchés.
117 Églises.

19,683 Paroisses.
27 Universités.

ANGLETERRE.

2 Archevêchés.
25 Évêchés.

9,684 Paroisses.

IRLANDE.

4 Archevêchés.
19 Évêchés.

44 Doyennés.
2,293 Paroisses.

ÉCOSSE.

13 Synodes.
98 Presbytères.

938 Paroisses.

PRUSSE.

4 Chapitres.
2 Couvents d'hommes, dont un luthérien.

1 Évêque catholique.
1 Cathédrale.
6 Universités.

PORTUGAL.

1 Patriarche.
5 Archevêques.
19 Évêques.

3,343 Paroisses.
2 Université

LES DEUX-SICILES. — NAPLES.

23 Archevêchés.

145 Évêchés.

SICILE.

3 Archevêchés.
4 Universités.
Les couvents sont tenus d'avoir des écoles gratuites.

SARDAIGNE.

3 Archevêchés. 50 Abbayes.
26 Évêchés. 7 Universités.

ÉTAT ECCLÉSIASTIQUE.

3 Archevêchés. 5 Évêchés.

SUÈDE.

1 Archevêché. 1,381 Pastorats.
14 Évêchés. 3 Universités.
2,538 Paroisses. 10 Colléges.

DANEMARCK.

12 Évêchés. 2 Universités.

POLOGNE.

3 Archevêchés. 4 Universités.
6 Évêchés.

VENISE.

1 Patriarcat. 31 Évêques.
4 Archevêques. 1 Université à Padoue.

HOLLANDE.

6 Universités et plusieurs sociétés littéraires, beaucoup de monastères catholiques des deux sexes.

SUISSE.

4 Évêques suffragants de 1 Université à Bâle.
l'Archev. de Besançon.

PALATINAT DE BAVIÈRE.

Plusieurs Académies. 2 Universités.
1 Archevêché. 1 Académie des sciences.
4 Évêchés.

SAXE.

1 Chapitre catholique. 5 Colléges presbytériens.
3 Couvents de filles. 1 Académie des sciences.
3 Universités.

HANOVRE.

750 Paroisses luthériennes.
14 Communautés.
1 Collégiale catholique.
1 Couvent et plusieurs autres églises.
L'Université de Gottingue.

WURTEMBERG.

Le Consistoire luthérien.
14 Prélatures ou abbayes.
1 Université et plusieurs Colléges.

LANDGRAVIAT DE HESSE-CASSEL.

2 Universités.
1 Académie des sciences.

On voit qu'il n'est pas question des hôpitaux et des fondations de charité dans ce tableau. Le mot de *collége* y est employé vaguement et dans un sens collectif. On sent bien, par exemple, qu'il y a plus de six colléges dans les États héréditaires d'Autriche, et que l'auteur a voulu désigner seulement des espèces d'Universités inférieures à celles qui portent ordinairement ce nom.

En faisant le dépouillement de l'ouvrage du frère Hélyot, nous avons trouvé le résultat suivant pour les chefs-lieux d'hôpitaux en Europe :

Religieux de Saint-Antoine de Viennois.

	Chefs-lieux d'hôpitaux.
En France.	5
En Italie.	4
En Allemagne.	4
Religieux non réformés de cet ordre.	»
Hôpitaux inconnus.	»

Chanoines réguliers de l'hôpital de Roncevaux.

Roncevaux.	1
Ortie.	1
Plusieurs hôpitaux indépendants, inconnus.	»
	15

ET ÉCLAIRCISSEMENTS.

Ci-contre... 15

Ordre du Saint-Esprit de Montpellier.

Chefs-lieux d'hôpitaux.

Rome.	2
Bergerac.	1
Troyes.	1
Plusieurs inconnus.	»

Religieux Porte-Croix.

MONASTÈRES-HÔPITAUX.

En Italie.	200
En France.	7
En Allemagne.	9
En Bohême.	15

Chanoines et Chanoinesses de Saint-Jacques-de-l'Épée.

En Espagne.	20

Religieuses Hospitalières, ordre de Saint-Augustin.

Hôtel-Dieu à Paris.	1
Saint-Louis.	1
Moulins.	1

Frères de la Charité de Saint-Jean-de-Dieu.

Espagne et Italie.	18
France.	24

Religieuses Hospitalières de la Charité de N. D.

France.	12

Religieuses Hospitalières de Loches.

France.	18
Italie.	12
	357

De l'autre part.... 357

Religieuses Hospitalières de l'ordre de Saint-Jean-de-Jérusalem en France.

	Chefs-lieux d'hôpitaux.
Beaulieu.................................	1
Sieux....................................	1

Dames de la Charité, fondées par saint Vincent-de-Paul.

France, Pologne et Pays-Bas.................	280
Dirigent de plus à Paris l'hôpital du nom de Jésus, devenu l'hôpital général.....................	1
Les deux maisons des Enfants-Trouvés...........	2
Le Séminaire vis-à-vis de Saint-Lazare............	»
L'Hôtel des Invalides.........................	1
Les Incurables..............................	1
Les Petites-Maisons...........................	1

Filles Hospitalières de Sainte-Marthe, en France.

Beaune...................................	1
Châlons..................................	1
Dijon....................................	1
Langres..................................	1
Plusieurs autres en Bourgogne, inconnus..........	»

Chanoinesses Hospitalières en France.

Sainte-Catherine, à Paris.....................	1
Saint-Gervais, *ibid*...........................	1

Filles-Dieu.

Paris, rue Saint-Denis.........................	1
Orléans...................................	1
	653

ET ÉCLAIRCISSEMENTS.

Ci-contre.... 653

Filles Hospitalières en France.

	Chefs-lieux d'hôpitaux.
Beauvais	1
Noyon	1
Abbeville	1
Amiens	1
Pontoise	1
Cambrai	2
Menin	1

Tiers-ordre de Saint-François-les-Bons-Fieux.

Armentières	1
Lille	1
Dunkerque	1
Bergue	1
Ypres	1

Sœurs-Grises.

Chefs-lieux d'hôpitaux	23

Brugelettes et Frères-Infirmiers, Minimes, en Espagne.

Burgos	1
Guadalaxara	1
Murcie, Nazara	1
Belmonte	1
Tolède	1
Talavera	1
Pampelune	1
Saragosse	1
Valladolid	1
Medina del Campo	1
Lisbonne	2
	702

De l'autre part...	702
Chefs-lieux d'hôpitaux.	
Evora...	1
Malines, en France.........................	1

*Filles Hospitalières de Saint-Thomas-de-Villeneuve,
en France.*

En Bretagne.....................................	13
A Paris..	1

Filles de Saint-Joseph.

Belley...	1
Lyon...	1
Grenoble...	1
Embrun...	1
Gap...	1
Sisteron...	1
Viviers..	1
Uzès..	1

Filles de Miramion.

Paris..	3
Total des hôpitaux dans les chefs-lieux d'hôpitaux.	729

Pour se convaincre qu'Hélyot ne parle ici que des chefs-lieux des hôpitaux desservis par les différents ordres monastiques, il suffit de remarquer qu'aucune capitale, excepté Paris, n'est nommée dans ce tableau, et qu'il y a telle métropole qui contient jusqu'à vingt et trente hospices. Ces maisons centrales des ordres hospitaliers ont étendu des branches autour d'elles, et ces branches ne sont indiquées dans la plupart des auteurs que par des *etc.*

Il est presque impossible de rien dire de certain sur le nombre des colléges en Europe : les auteurs en parlent à peine. On voit seulement que les religieux de Saint-Basile en Espagne n'ont pas moins de quatre colléges par province; que toutes les congrégations bénédictines enseignoient; que les *provinces* des Jésuites embrassoient toute l'Europe; que les Universités avoient des multitudes d'écoles et de colléges dépendants, etc.; et quand, d'après les statistiques des divers temps, nous avons avancé que le christianisme enseignoit 300,000 élèves, nous sommes certainement resté au-dessous de la vérité.

C'est d'après le calcul suivant, tiré des diverses géographies, et en particulier de celle de Guthrie, que nous avons donné 3,294 villes en Europe, en accordant à chacune de ces villes un hôpital.

	Villes.
Norwège.	20
Danemarck propre.	31
Suède.	75
Russie d'Europe.	83
Écosse.	103
Angleterre.	552
Irlande.	39
Espagne.	208
Portugal.	51
Piémont.	37
République Italique.	43
République de Saint-Marin.	1
États Vénitiens et duché de Parme.	23
République Ligurienne.	15
République de Lucques.	2
Toscane.	22
États de l'Église.	36
Royaume de Naples.	60
Royaume de Sicile.	17
Corse et autres îles.	21
France, en y comprenant son nouveau territoire.	960
Prusse.	30
	2,429

	Villes.
D'autre part....	2,429
Pologne.	40
Hongrie.	67
Transylvanie.	8
Gallicie.	16
République Helvétique.	91
Allemagne.	643
	3,294

NOTE D, page 45.

C'est cette corruption de l'empire romain qui a attiré du fond de leurs déserts les Barbares, qui, sans connoître la mission qu'ils avoient de détruire, s'étoient appelés par instinct le fléau de Dieu.

Salvien, prêtre de Marseille [1], qu'on a appelé *le Jérémie du cinquième siècle,* écrivit ses livres de *la Providence* [2] pour prouver à ses contemporains qu'ils avoient tort d'accuser le ciel, et qu'ils méritoient tous les malheurs dont ils étoient accablés.

«Quel châtiment, dit-il, ne mérite pas le corps de l'em-
«pire, dont une partie outrage Dieu par le débordement
«de ses mœurs, et l'autre joint l'erreur aux plus honteux
«excès?

«Pour ce qui est des mœurs, pouvons-nous le disputer
«aux Goths et aux Vandales? Et, pour commencer par la
«reine des vertus, la Charité, tous les Barbares, au moins
«de la même nation, s'aiment réciproquement; au lieu que

---

[1] Il paroît certain, d'après les lettres qui nous restent de Salvien, qu'il étoit de Trèves, et d'une des premières familles de cette ville. A l'époque de l'invasion des Barbares, il alla s'établir à l'autre extrémité des Gaules avec sa femme Palladie et sa fille Auspiciole : il se fixa à Marseille, où il perdit son épouse, et se fit prêtre. Saint-Hilaire d'Arles, son contemporain, le qualifioit d'*homme excellent*, et de *très heureux serviteur de Jésus-Christ*.

[2] *De Gubernatione Dei, et de justo Dei præsentique judicio.*

«les Romains s'entre-déchirent... Aussi voit-on tous les
«jours des sujets de l'empire aller chercher chez les Bar-
«bares un asile contre l'inhumanité des Romains. Malgré la
«différence de mœurs, la diversité du langage, et, si j'ose
«le dire, malgré l'odeur infecte qu'exhalent le corps et les
«habits de ces peuples étrangers [1], ils prennent le parti de
«vivre avec eux, et de se soumettre à leur domination,
«plutôt que de se voir continuellement exposés aux injustes
«et tyranniques violences de leurs compatriotes.

«... Nous ne gardons aucune des lois de l'équité, et
«nous trouvons mauvais que Dieu nous rende justice. En
«quel pays du monde voit-on des désordres pareils à ceux
«qui règnent aujourd'hui parmi les Romains? Les Francs
«ne donnent pas dans cet excès; les Huns en ignorent la
«pratique; il ne se passe rien de semblable ni chez les
«Vandales ni chez les Goths... Que dire davantage? Les
«richesses d'autrefois nous ont échappé des mains; et,
«réduits à la dernière misère, nous ne pensons qu'à de
«vains amusements. La pauvreté range enfin les prodigues
«à la raison, et corrige les débauchés; mais pour nous,
«nous sommes des prodigues et des débauchés d'une espèce
«toute particulière; la disette n'empêche pas nos désordres.

«... Qui le croiroit? Carthage est investie, déjà les Bar-
«bares en battent les murailles; on n'entend autour de
«cette malheureuse ville que le bruit des armes, et, durant
«ce temps-là, des habitants de Carthage sont au cirque,
«tout occupés à goûter le plaisir insensé de voir s'entr'é-
«gorger des athlètes en fureur; d'autres sont au théâtre,
«et là ils se repaissent d'infamies. Tandis qu'on égorge
«leurs concitoyens hors de la ville, ils se livrent au dedans
«à la dissolution... Le bruit des combattants et des applau-
«dissements du cirque, les tristes accents des mourants
«et les clameurs insensées des spectateurs se mêlent en-

---

[1] *Et quamvis ab his ad quos confugiunt discrepent ritu, discrepent lingua, ipso etiam, ut ita dicam, corporum atque induviarum barbaricarum fetore dissentiant, malunt tamen in barbaria pati cultum dissimilem, quam in Romanis injustitiam sævientem.* (*De Gub. Dei*, lib. v.)

« semble ; et dans cette étrange confusion, à peine peut-on
« distinguer les cris lugubres des malheureuses victimes
« qu'on immole sur le champ de bataille, d'avec les huées
« dont le reste du peuple fait retentir les amphithéâtres.
« N'est-ce pas là forcer Dieu, et le contraindre à punir?
« Peut-être ce Dieu de bonté vouloit-il suspendre l'effet de
« sa juste indignation, et Carthage lui a fait violence pour
« l'obliger à la perdre sans ressource.

« Mais à quoi bon chercher si loin des exemples ? N'avons-
« nous pas vu, dans les Gaules, presque tous les hommes
« les plus élevés en dignité devenir, par l'adversité, pires
« qu'ils n'étoient auparavant? N'ai-je pas vu moi-même la
« noblesse la plus distinguée de Trèves, quoique ruinée de
« fond en comble, dans un état plus déplorable par rapport
« aux mœurs que par rapport aux biens de la vie? car il
« leur restoit encore quelque chose des débris de leur for-
« tune, au lieu qu'il ne leur restoit plus rien des mœurs
« chrétiennes [1].

« .. N'est-ce pas la destinée des peuples soumis à l'em-
« pire romain, de prier plutôt que de se corriger? Il faut
« qu'ils cessent d'être pour cesser d'être vicieux. En faut-il
« d'autres preuves que l'exemple de la capitale des Gaules [2]?
« Ruinée jusqu'à trois fois de fond en comble, n'est-elle pas
« plus débordée que jamais? j'ai vu moi-même, pénétré
« d'horreur, la terre jonchée de corps morts. J'ai vu les ca-
« davres nus, déchirés, exposés aux oiseaux et aux chiens:
« l'air en étoit infecté, et la mort s'exhaloit, pour ainsi dire,

[1] *Sed quid ego loquor de longe positis et quasi in alio orbe submotis, cum sciam etiam in solo patrio atque in civitatibus Gallicanis omnes fere præcelsiores viros calamitatibus suis factos fuisse pejores? Vidi siquidem ego ipse Treveros domi nobiles, dignitate sublimes, licet jam spoliatos atque vastatos, minus tamen eversos rebus fuisse quam moribus. Quamvis etiam depopulatis jam atque nudatis aliquid supererat de substantia, nihil tamen de disciplina.* (De Gub. Dei, lib. VI, in-8°, ed. tert., cum notis Baluz, p. 139.)

[2] Trèves. Cette ville étoit la résidence du préfet des Gaules, et les empereurs y faisoient leur séjour ordinaire quand ils s'arrêtoient dans les provinces en deçà du Rhin et des Alpes.

«de la mort même. Qu'arriva-t-il pourtant? O prodige de
«folie, et qui pourroit se l'imaginer! une partie de la no-
«blesse, sauvée des ruines de Trèves, pour remédier au
«mal, demanda aux empereurs d'y rétablir les jeux du
«cirque...

«... Pense-t-on au cirque, quand on est menacé de la
«servitude? ne songe-t-on qu'à rire, quand on n'attend
«que le coup de la mort?... Ne diroit-on pas que tous les
«sujets de l'empire ont mangé de cette espèce de poi-
«son qui fait rire et qui tue? Ils vont rendre l'âme, et ils
«rient! Aussi nos ris sont-ils partout suivis de larmes, et
«nous sentons dès à présent la vérité de ces paroles du
«Sauveur : *Malheur à vous qui riez, car vous pleurerez!* »
(LUC, VI, 25.)   (*De la Providence,* liv. V, VI et VII.)

Le cardinal Bellarmin fait remarquer que le zèle de Salvien pour la réformation des mœurs lui avoit fait trop généraliser la peinture qu'il fait des vices de son siècle Tillemont fait une observation semblable : il dit que la corruption ne pouvoit pas être si universelle dans un temps où il y avoit encore tant de saints évêques. Le livre de Salvien parut en 439. Douze ans auparavant, saint Augustin avoit publié, sur le même sujet, son grand ouvrage de la *Cité de Dieu,* qu'il avoit commencé en 413, après la prise de Rome par Alaric. A la profondeur des pensées, à la parfaite justesse des vues, on reconnoît dans ce livre le plus beau génie de l'antiquité chrétienne.

Les païens attribuoient les malheurs de l'empire à l'abandon du culte des dieux, et les chrétiens foibles ou corrompus en prenoient occasion d'accuser la Providence. Saint Augustin remplit le double objet de répondre aux reproches des uns, d'éclairer et de consoler les autres. Il montre aux païens, en parcourant l'histoire depuis la ruine de Troie, que les anciens empires, comme ceux des Assyriens et des Égyptiens, avoient péri, quoiqu'ils n'eussent pas cessé d'être fidèles au culte des dieux ; il rappelle particulièrement aux Romains ce que leurs pères avoient souffert lors de l'incendie de Rome par les Gaulois, pendant la seconde guerre Punique, et surtout du temps des proscriptions de Marius et de Sylla. Il fait voir que ce dernier avoit été bien plus cruel que les Goths; que ceux-ci avoient du moins épargné tous ceux qui s'étoient réfugiés dans les basiliques des apôtres et les tombeaux des martyrs, protection qu'on n'avoit jamais vue, dans toute l'antiquité, procurée par les temples des dieux; et qu'ainsi, en accusant la religion chrétienne, ils se rendoient encore coupables d'ingratitude. Il leur dit ensuite que leur perte avoit pour principe la corruption de leurs mœurs, dont il fait remonter l'époque à la construction du premier amphithéâtre, que Scipion Nasica voulut en vain empêcher; corruption que Salluste a peinte avec tant de force, et qui faisoit dire à Cicéron, dans son traité de *la République* [1], écrit soixante ans avant Jésus-Christ, *qu'il comptoit l'état de Rome comme déjà ruiné, par la chute des anciennes mœurs.*

Saint Augustin dit aux chrétiens que les gens de bien commettent toujours beaucoup de fautes ici-bas qui méritent des punitions temporelles; mais que les vrais disciples de Jésus-Christ ne regardoient pas comme des maux la perte des biens, l'exil, la captivité, ni la mort même, et qu'ils n'espéroient le bonheur que dans la *cité* du ciel, qui est leur véritable patrie.

Cet ouvrage n'est que le développement de la fameuse lettre que le saint docteur avoit écrite, lors de la prise de Rome, au tribun Marcellin, secrétaire impérial en Afrique. Peu de temps après, ce même Marcellin fut calomnieusement accusé d'être entré dans une conspiration contre l'empereur, et il fut condamné à perdre la tête, ainsi que son frère Appringius. Comme ils étoient ensemble en prison, Appringius dit un jour à Marcellin: «Si je souffre ceci «pour mes péchés, vous dont je connois la vie si chré- «tienne, comment l'avez-vous mérité? — Quand ma vie, «dit Marcellin, seroit telle que vous le dites, *croyez-vous*

[1] Fragment conservé dans *la Cité de Dieu*, liv. II, chap. XXI.

« que Dieu me fasse une petite grâce, de punir ici mes péchés,
« et de ne les pas réserver au jugement futur[1] ? »

(*Note de l'Éditeur.*)

NOTE E, page 167.

Il est curieux de voir comment un Faidyt traite un Fénelon dans sa *Télémacomanie* : « S'il faut juger du Télémaque, dit-il, par le feu et l'ardeur avec laquelle ce livre est recherché, c'est le plus excellent de tous les livres. Jamais on ne tira tant d'exemplaires d'aucun ouvrage ; jamais on ne fit tant d'éditions d'un même livre ; jamais écrit n'a été lu par tant de gens. Mais comme les fées du jeune Perrault, et les pasquinades de Le Noble, et les mamans-joies de madame Demurat, et les comédies d'Arlequin, où le théâtre Italien, qui sont certainement des livres fort méprisables, ont été lus et courus par plus de gens, et réimprimés plus de fois que Télémaque, il faut compter pour peu de chose l'avidité avec laquelle il a été recherché, etc... Le profond respect que j'ai pour le caractère et pour le mérite personnel de M. de Cambrai me fait rougir de honte pour lui, d'apprendre qu'un tel ouvrage soit parti de sa plume, et que de la même main dont il offre tous les jours sur l'autel, au Dieu vivant, le calice adorable qui contient le sang de Jésus-Christ, le prix de la rédemption de l'univers, il ait présenté à boire à ces mêmes âmes qui en ont été rachetées, la coupe du vin empoisonné de la prostituée de Babylone... Je n'ai presque vu autre chose dans les premiers tomes du Télémaque de M. de Cambrai, que des peintures vives et naturelles de la beauté des nymphes et des naïades, et de celle de leur parure et de leur ajustement, de leur danse, de leurs chansons, de leurs jeux, de leurs divertissements, de leur chasse, de leurs intrigues à se faire aimer, et de la

---

[1] *Parvumne, inquit, mihi existimas conferri divinitus beneficium (si tamen hoc testimonium tuum de vita mea verum est), ut quod patior, etiamsi usque ad effusionem sanguinis patiar, ibi peccata mea puniantur, nec mihi ad futurum judicium reserventur?* (S. Aug., ad Cæcilianum, ep. CLI.)

bonne grâce avec laquelle elles nagent toutes nues aux yeux d'un jeune homme pour l'enflammer. La grotte enchantée de Calypso, la troupe galante des jeunes filles qui l'accompagnent partout, leur étude à plaire, leur application à se parer, les soins assidus et officieux qu'elles rendent au beau Télémaque, les discours que leur maitresse, encore plus amoureuse qu'elles, lui tient, les charmes de la jeune Eucharis, les avances qu'elle fait à son amoureux, les rendez-vous dans un bois, les tête-à-tête sur l'herbe, les parties de chasse, les festins, le bon vin et le précieux nectar dont elles enivrent leur hôte, la descente de Vénus dans un char doré et léger, traîné par des colombes, accompagnée de son petit Amour; enfin la description de l'île de Chypre, et des plaisirs de toutes les sortes, qui sont permis en ce charmant pays, aussi bien que les fréquents exemples de toute la jeunesse, qui, sous l'autorité des lois, et sans le moindre obstacle de la pudeur, s'y livre impunément à toutes sortes de voluptés et de dissolutions, occupent une bonne partie du premier et du second tome du roman de votre prélat, Madame... Est-il possible que M. de Cambrai, qui est si éclairé, n'ait pas prévu tant de funestes suites qui proviendront de son livre?... A quoi peuvent servir après cela toutes les belles instructions de morale et de vertu chrétienne et évangélique que M. de Cambrai fait donner par Mentor à son Télémaque? N'est-ce pas mêler Dieu avec le démon, Jésus-Christ avec Bélial, la lumière avec les ténèbres, comme dit saint Paul, et faire un mélange ridicule et monstrueux de la religion chrétienne avec la païenne, et des idoles avec la divinité?» (*Télémacomanie, ou la censure et critique du roman intitulé Les Aventures, etc.,* 1 vol. in-12 de 500 pag., édit. de 1700, pag. 1-2-3-6-461-462.) On voit que dans tous les temps les dénonciations et les insinuations odieuses ont fait une partie essentielle de l'art de certains critiques. Le reste de la *Télémacomanie* est du même ton. Faidyt *prouve* que Fénelon ne sait pas sa langue; qu'il est d'une ignorance profonde en histoire; qu'il fait toujours, par exemple, Idoménée, petit-fils de Minos, fils de Jupiter, tandis qu'il n'étoit que son arrière-petit-fils; il *montre* que l'archevêque de Cambrai n'entend pas Homère; que son roman (qui est un chef-d'œuvre de composition) est pitoyablement composé, notamment le dénoûment, que lui, Faidyt, trouve ridicule, etc., etc. Encore ce misérable, qui avoit aussi insulté Bossuet, et l'avoit appelé l'âne de Balaam, se défend-il d'être l'auteur d'une *critique brutale et séditieuse*, qui avoit paru depuis quelque temps contre le *Télémaque*; il est fort scandalisé qu'on lui attribue *cet infâme libelle* : il vouloit parler apparemment de la *critique générale du Télémaque*, de Gueudeville. Il faut convenir qu'on a peu le droit de se plaindre de la rigueur de la censure lorsqu'on voit de pareilles insultes prodiguées à des ouvrages dont le temps a consacré la beauté; mais il faut convenir aussi que ces critiques sont des refuges dangereux pour l'amour-propre des auteurs modernes, et qu'elles offrent trop de consolation à la médiocrité.

NOTE F, page 169.

Epist. *ad Magnum*. Il nomme, avec son érudition accoutumée, tous les auteurs qui ont défendu la religion et les mystères par des idées philosophiques, en commençant à saint Paul, qui cite des vers de Ménandre[1] et d'Épiménide[2], jusqu'au prêtre Juvencus, qui, sous le règne de Constantin, écrivit en vers l'histoire de Jésus-Christ, «sans craindre, ajoute saint Jérôme, que la poésie diminuât quelque chose de la majesté de l'Évangile[3].»

NOTE G, page 171.

Le passage grec est formel :

Ὁ μὲν γὰρ εὐθὺς, γραμματικὸς ἄτε, τὴν τέχνην γραμματικὴν χριστιανικῷ, τύπῳ συνέταττε· τά τε Μωϋσέως βιβλία διὰ τοῦ ἡρωϊκοῦ λεγομένου μέτρου μετέβαλε, καὶ ὅσα κατὰ τὴν παλαιὰν διαθήκην ἐν ἱστορίας τύπῳ συγγέ-

---

[1] *Cor.*, xv, 33.   [2] *Tit.*, 1, 12.   [3] *Epist. ad Magn.*, loc. cit.

γραπται· καὶ τοῦτο μὲν τῷ δακτυλικῷ μέτρῳ συνέταττε· τοῦτο δὲ καὶ τῷ τῆς τραγῳδίας τύπῳ δραματικῶς ἐξειργάζετο· καὶ παντὶ μέτρῳ ῥυθμικῷ ἐχρῆτο, ὅπως ἂν μηδεὶς τρόπος τῆς ἑλληνικῆς γλώττης τοῖς Χριςιανοῖς ἀνήκοος ᾖ. Ὁ δὲ νεώτερος Ἀπολλινάριος, εὖ πρός τό λέγειν παρεσκευασμένος, τὰ Εὐαγγέλια καὶ τὰ ἀποςολικὰ δόγματα ἐν τύπῳ διαλόγων ἐξέθετο, καθὰ καὶ Πλάτων παρ' Ἕλλησιν. (SOCRAT., lib. III, c. XVI, pag. 154, *ex editione Valesii.* Paris., ann. 1686.) Sozomène, qui attribue tout au fils, dit qu'il fit l'histoire des Juifs, jusqu'à Saül, en vingt-quatre poëmes, qu'il marqua des vingt-quatre lettres grecques de l'alphabet, comme Homère; qu'il imita Ménandre par des comédies, Euripide par des tragédies, et Pindare par des odes, prenant le sujet de ces ouvrages dans l'Écriture sainte. Les chrétiens chantoient souvent ses vers au lieu des hymnes sacrés, car il avoit composé des chansons pieuses de toutes les sortes pour les jours de fêtes ou de travail. Il adressa à Julien même, et aux philosophes de ces temps, un discours intitulé *De la Vérité*, et dans lequel il défendoit le christianisme par des raisons purement humaines.

Voici le texte :

Ἡνίκα δὴ Ἀπολλινάριος οὗτος εἰς καιρὸν τῇ πολυμαθίᾳ, καὶ τῇ φύσει χρησάμενος, ἀντὶ μὲν τῆς Ὁμήρου ποιήσεως, ἐν ἔπεσιν ἡρῴοις τὴν ἑβραϊκὴν ἀρχαιολογίαν συνεγράψατο μέχρι τῆς τοῦ Σαοὺλ βασιλείας, καὶ εἰς εἰκοσιτέσσαρα μέρη τὴν πᾶσαν γραμματείαν διεῖλεν, ἑκάςῳ τόμῳ προσηγορίαν θέμενος ὁμώνυμον τοῖς παρ' Ἕλλησι ςοιχείοις κατὰ τὸν τούτων ἀριθμὸν καὶ τὴν τάξιν. Ἐπραγματεύσατο δὲ καὶ τοῖς Μενάνδρου δράμασιν εἰκασμένας κωμῳδίας· καὶ τὴν Εὐριπίδου τραγῳδίαν, καὶ τὴν Πινδάρου λύραν ἐμιμήσατο. Et ailleurs : Ἄνδρες τε παρὰ τοὺς πότους καὶ ἐν ἔργοις, καὶ γυναῖκες παρὰ τοὺς ἱςοὺς τὰ αὐτοῦ μέλη ἔψαλλον. (SOZ., lib. V, c. XVIII, p. 506; lib. VI, c. XXV, page 545, *ex editione Valesii.* Paris, ann. 1686. *Voy.* aussi FLEURY, *Hist. eccl.*, t. IV, liv. XV, p. 12. Paris, 1724; et TILLEMONT, *Mémoires eccl.*, tom. VII, art. 6, p. 12; et art. 17, p. 634. Paris, 1706.) Un laïque nommé Origène publia de son côté quelques traités en faveur de la religion, et saint Amphiloque écrivit en vers à Séleucus pour l'engager à étudier à la fois les belles-lettres et les mystères de la religion. (SAINT BASIL., ép. 384, pag. 377; SAINT JEAN DAMASC., pag. 190.)

Note H, page 171.

Fleury, *Hist. eccl.*, tom. iv, liv. xix. pag. 557. La philosophie a été *scandalisée* de la manière *philosophique*, morale, et même poétique, dont l'auteur a parlé des mystères, sans faire attention que beaucoup de Pères de l'Église en ont eux-mêmes parlé ainsi, et qu'il n'a fait que répéter les raisonnements de ces grands hommes. Origène avoit écrit neuf livres de *Stromates*, où il confirmoit, dit saint Jérôme, tous les dogmes de notre religion par l'autorité de Platon, d'Aristote, de Numénius et de Cornutus (*Épist. ad Magn.*). Saint Grégoire de Nysse mêle la philosophie à la théologie, et se sert des raisons des philosophes dans l'explication des mystères; il suit Platon et Aristote pour les principes, et Origène pour l'allégorie. Qu'auroient donc dit les critiques, si l'auteur avoit fait, comme saint Grégoire de Nazianze, des espèces de stances sur la grâce, le libre arbitre, l'invocation des Saints, la Trinité, le Saint-Esprit, la présence réelle, etc.? Le poëme soixante-dixième, composé en vers hexamètres, et intitulé *Les Secrets de saint Grégoire*, contient, dans huit chapitres, tout ce que la théologie a de plus sublime et de plus important. Saint Grégoire a chanté jusqu'à la primauté de l'église de Rome :

Τούτων δὲ πίςις, ἡ μέν ἦν ἐκ πλείονος,
Καὶ νῦν ἔτ' ἐςὶν εὔδρομος, τὴν ἑσπέραν
Πᾶσαν δέουσα τῷ σωτηρίῳ λόγῳ,
Καθὼς δίκαιον τὴν πρόεδρον τῶν ὅλων,
Ὅλην σέβουσαν τὴν Θεοῦ συμφωνίαν.

Fides vetustæ recta erat jam antiquitus,
Et recta perstat nunc item, nexu pio,
Quodcunque labens sol videt, devinciens :
Ut universi præsidem mundi decet,
Totam colit quæ Numinis concordiam.

«De toute antiquité la foi de Rome a été droite, et elle persiste dans cette droiture, cette Rome qui lie par la parole du salut (τῷ σωτηρίῳ λόγῳ, *salutari verbo*, et non pas *nexu pio*), tout ce qu'éclaire le soleil couchant, comme il convenoit à cette église, qui occupe le premier rang entre les églises du monde, et qui révère la parfaite union qui subsiste en Dieu.» Voilà, certes des sujets assez sérieux mis en vers par un évêque. L'auteur du *Génie du Christianisme* n'a parlé que des beaux effets de la religion employée dans la poésie : saint Grégoire de Nazianze va bien plus loin, car il ose faire de véritables allégories sur des sujets pieux. Rollin nous donne aussi le précis d'un poëme de ce Père : «Un songe qu'eut saint Grégoire dans sa plus tendre jeunesse, et dont il nous a laissé en vers une élégante description, contribua beaucoup à lui inspirer de tels sentiments (des sentiments d'innocence). Pendant qu'il dormoit, il crut voir deux vierges de même âge et d'une égale beauté, vêtues d'une manière modeste, et sans aucune de ces parures que recherchent les personnes du siècle. Elles avoient les yeux baissés en terre, et le visage couvert d'un voile, qui n'empêchoit pas qu'on entrevît la rougeur que répandoit sur leurs joues une pudeur virginale. Leur vue, ajoute le saint, me remplit de joie ; car elles me paroissoient avoir quelque chose au-dessus de l'humain. Elles, de leur côté, m'embrassèrent et me caressèrent comme un enfant qu'elles aimoient tendrement ; et quand je leur demandai qui elles étoient, elles me dirent, l'une qu'elle étoit *la pureté*, et l'autre *la continence*, toutes deux les compagnes de Jésus-Christ, et les amies de ceux qui renoncent au mariage pour mener une vie céleste ; elles m'exhortoient d'unir mon cœur et mon esprit au leur, afin que, m'ayant rempli de l'éclat de la virginité, elles pussent se présenter devant la lumière de la Trinité immortelle. Après ces paroles, elles s'envolèrent au ciel, et mes yeux les suivirent le plus loin qu'ils purent.» (*Traité des Études,* tom. IV, pag. 674.) A l'exemple de ce grand saint, Fénelon lui-même, dans son *Éducation des Filles,* a fait des descriptions charmantes des sacrements. Il veut que, pour instruire les enfants, on choisisse dans les histoires (de la religion) «tout ce qui en donne les images les plus riantes et les plus magnifiques, parce qu'il faut employer tout pour faire en sorte que les enfants trouvent la religion belle, aimable et auguste : au lieu qu'ils se la représentent d'ordinaire comme quelque chose de triste et de languissant. » Tant d'exemples, tant d'autorités fameuses, ont-ils été ignorés des critiques ?

Note I, page 171.

On sait que Sannazar a fait dans ce poëme un mélange ridicule de la fable et de la religion. Cependant il fut honoré pour ce poëme de deux brefs des papes Léon X et Clément VII; ce qui prouve que l'Église a été dans tous les temps plus indulgente que la philosophie moderne, et que la charité chrétienne aime mieux juger un ouvrage par le bien que par le mal qui s'y trouve. La traduction de *Théagène et Chariclée* valut à Amyot l'abbaye de Bellozane.

Note I, page 180.

They are extremely ond of grapes, and will climb to the top of the highest trees in quest of them. *Carver's travels through the interior parts of north America,* p. 443, *third edit. London,* 1781.

The bear in America is considered no as a fierce, carnivorous, but as an useful animal; it feeds in Florida upon grapes. *John Bartram, Description of east Flor., third edition. London,* 1760.

« Il aime surtout (l'ours) le raisin; et comme toutes les forêts sont remplies de vignes qui s'élèvent jusqu'à la cime des plus hauts arbres, il ne fait aucune difficulté d'y grimper. » CHARLEVOIX, *Voyage dans l'Amérique septentrionale,* tom. IV, lettre 44, pag. 175, édit. de Paris, 1744. Imley dit en propres termes que les ours s'enivrent de raisin (*Intoxicated with grapes*), et qu'on profite de cette circonstance pour les prendre à la chasse. C'est d'ailleurs un fait connu de toute l'Amérique.

Quand on trouve dans un auteur une circonstance extraordinaire qui ne fait pas beauté en elle-même, et qui ne sert qu'à donner la ressemblance au tableau, si cet auteur a d'ailleurs montré quelque sens commun, il seroit naturel de supposer qu'il n'a pas inventé cette circonstance, et qu'il ne fait que rapporter une chose réelle, bien qu'elle soit peu connue. Rien n'empêche qu'on ne trouve *Atala* une méchante production; mais du moins la nature américaine y est peinte avec la plus scrupuleuse exactitude. C'est une justice que lui rendent tous les voyageurs qui ont visité la Louisiane et les Florides. Je connois deux traductions angloises d'*Atala*; elles sont parvenues toutes deux en Amérique; les papiers publics ont annoncé en outre une troisième traduction, publiée à Philadelphie avec succès. Si les tableaux de cette histoire eussent manqué de vérité, auroient-ils réussi chez un peuple qui pouvoit dire à chaque pas: Ce ne sont pas là nos fleuves, nos montagnes, nos forêts? Atala est retournée au désert, et il semble que sa patrie l'a reconnue pour véritable enfant de la solitude.

FIN DU GÉNIE DU CHRISTIANISME.

DÉFENSE
DU
GÉNIE DU CHRISTIANISME,
PAR L'AUTEUR.

AVIS.

On sent bien que les critiques dont il est question dans la *Défense* ne sont pas *ceux* qui ont mis de la décence ou de la bonne foi dans leurs censures; à ceux-là je ne dois que des remercîments.

DÉFENSE
DU
GÉNIE DU CHRISTIANISME.

Il n'y a peut-être qu'une réponse noble pour un auteur attaqué, le silence : c'est le plus sûr moyen de s'honorer dans l'opinion publique.

Si un livre est bon, la critique tombe; s'il est mauvais, l'apologie ne le justifie pas.

Convaincu de ces vérités, l'auteur du *Génie du Christianisme* s'étoit promis de ne jamais répondre aux critiques : jusqu'à présent il avoit tenu sa résolution.

Il a supporté sans orgueil et sans découragement les éloges et les insultes : les premiers sont souvent prodigués à la médiocrité, les secondes au mérite.

Il a vu avec indifférence certains critiques passer de l'injure à la calomnie, soit qu'ils aient pris le silence de l'auteur pour du mépris, soit qu'ils n'aient pu lui pardonner l'offense qu'ils lui avoient faite en vain.

Les honnêtes gens vont donc demander pourquoi l'auteur rompt le silence, pourquoi il s'écarte de la règle qu'il s'étoit prescrite?

Parce qu'il est visible que, sous prétexte d'attaquer l'auteur, on veut maintenant anéantir le peu de bien qu'a pu faire l'ouvrage.

Parce que ce n'est ni sa personne, ni ses talents

vrais ou supposés, que l'auteur va défendre, mais le livre lui-même; et ce livre, il ne le défendra pas comme ouvrage *littéraire*, mais comme ouvrage *religieux*

Le *Génie du Christianisme* a été reçu du public avec quelque indulgence. A ce symptôme d'un changement dans l'opinion, l'esprit de sophisme s'est alarmé; il a cru voir s'approcher le terme de sa trop longue faveur. Il a eu recours à toutes les armes; il a pris tous les déguisements, jusqu'à se couvrir du manteau de la religion pour frapper un livre écrit en faveur de cette religion même.

Il n'est donc plus permis à l'auteur de se taire. Le même esprit qui lui a inspiré son livre le force aujourd'hui à le défendre. Il est assez clair que les critiques dont il est question dans cette défense n'ont pas été de bonne foi dans leur censure : ils ont feint de se méprendre sur le but de l'ouvrage; ils ont crié à la profanation; ils se sont donné garde de voir que l'auteur ne parloit de la grandeur, de la beauté, de la poésie même du christianisme, que parce qu'on ne parloit, depuis cinquante ans, que de la petitesse, du ridicule et de la barbarie de cette religion. Quand il aura développé les raisons qui lui ont fait entreprendre son ouvrage, quand il aura désigné l'espèce de lecteurs à qui cet ouvrage est particulièrement adressé, il espère qu'on cessera de méconnoître ses intentions et l'objet de son travail. L'auteur ne croit pas pouvoir donner une plus grande preuve de son dévouement à la cause qu'il a défendue qu'en répondant aujourd'hui à des critiques, malgré la répugnance qu'il s'est toujours sentie pour ces controverses.

Il va considérer le *sujet*, le *plan* et les *détails* du *Génie du Christianisme*.

SUJET DE L'OUVRAGE.

On a d'abord demandé si l'auteur avoit le droit de faire cet ouvrage.

Cette question est sérieuse ou dérisoire. Si elle est sérieuse, le critique ne se montre pas fort instruit de son sujet.

Qui ne sait que, dans les temps difficiles, tout chrétien est prêtre et confesseur de Jésus-Christ[1] ? La plupart des apologies de la religion chrétienne ont été écrites par des laïques. Aristide, saint Justin, Minucius Félix, Arnobe et Lactance étoient-ils prêtres ? Il est probable que saint Prosper ne fut jamais engagé dans l'état ecclésiastique; cependant il défendit la foi contre les erreurs des semi-pélagiens : l'Église cite tous les jours ses ouvrages à l'appui de sa doctrine. Quand Nestorius débita son hérésie, il fut combattu par Eusèbe, depuis évêque de Dorylée, mais qui n'étoit alors qu'un simple avocat. Origène n'avoit point encore reçu les ordres lorsqu'il expliqua l'Écriture dans la Palestine, à la sollicitation même des prélats de cette province. Démétrius, évêque d'Alexandrie, qui étoit jaloux d'Origène, se plaignit de ces discours comme d'une

[1] S. Hieron., *Dial. c. Lucif.*

nouveauté. Alexandre, évêque de Jérusalem, et Théoctiste de Césarée, répondirent « que c'étoit une coutume ancienne et générale dans l'Église de voir des évêques se servir indifféremment de ceux qui avoient de la piété et quelque talent pour la parole. » Tous les siècles offrent les mêmes exemples. Quand Pascal entreprit sa sublime apologie du christianisme; quand La Bruyère écrivit si éloquemment contre les *esprits forts*; quand Leibnitz défendit les principaux dogmes de la foi; quand Newton donna son explication d'un livre saint; quand Montesquieu fit ses beaux chapitres de l'*Esprit des Lois* en faveur du culte évangélique, a-t-on demandé s'ils étoient prêtres? Des poëtes même ont mêlé leur voix à la voix de ces puissants apologistes, et le fils de Racine a défendu en vers harmonieux la religion qui avoit inspiré *Athalie* à son père.

Mais si jamais de simples laïques ont dû prendre en main cette cause sacrée, c'est sans doute dans l'espèce d'apologie que l'auteur du *Génie du Christianisme* a embrassée; genre de défense que commandoit impérieusement le genre d'attaque, et qui (vu l'esprit des temps) étoit peut-être le seul dont on pût se promettre quelque succès. En effet, une pareille apologie ne devoit être entreprise que par un laïque. Un ecclésiastique n'auroit pu, sans blesser toutes les convenances, considérer la religion dans ses rapports purement humains, et lire, pour les réfuter, tant de satires calomnieuses, de libelles impies et de romans obscènes.

Disons la vérité : les critiques qui ont fait cette objection en connoissoient bien la frivolité; mais ils espéroient s'opposer, par cette voie détournée, aux bons effets qui pouvoient résulter du livre. Ils vouloient faire naître des doutes sur la compétence de l'auteur, afin de diviser l'opinion et d'effrayer des personnes simples qui peuvent se laisser tromper à l'apparente bonne foi d'une critique. Que les consciences timorées se rassurent, ou plutôt qu'elles examinent bien, avant de s'alarmer, si ces censeurs scrupuleux qui accusent l'auteur de *porter la main à l'encensoir,* qui montrent une si grande tendresse, de si vives inquiétudes pour la religion, ne seroient point des hommes connus par leur mépris ou leur indifférence pour elle. Quelle dérision!
Tales sunt hominum mentes.

La seconde objection que l'on fait au *Génie du Christianisme* a le même but que la première; mais elle est plus dangereuse, parce qu'elle tend à confondre toutes les idées, à obscurcir une chose fort claire, et surtout à faire prendre le change au lecteur sur le véritable objet du livre.

Les mêmes critiques, toujours zélés pour la prospérité de la religion, disent:

« On ne doit pas parler de la religion sous les rapports purement humains, ni considérer ses beautés littéraires et poétiques. C'est nuire à la religion même, c'est en ravaler la dignité, c'est toucher au voile du sanctuaire, c'est profaner l'arche sainte, etc., etc. Pourquoi l'auteur ne s'est-il pas contenté d'employer les raisonnements de la théologie? Pourquoi ne s'est-il pas servi de cette logique sévère qui ne met que des idées saines dans la tête des enfants, confirme dans la foi le chrétien, édifie le prêtre, et satisfait le docteur? »

Cette objection est, pour ainsi dire, la seule que fassent les critiques; elle est la base de toutes leurs censures, soit qu'ils parlent du *sujet,* du *plan* ou des *détails* de l'ouvrage. Ils ne veulent jamais entrer dans l'esprit de l'auteur, en sorte qu'il peut leur dire : « On croiroit que le critique a juré de n'être jamais au fait de l'état de la question, et de n'entendre pas un seul des passages qu'il attaque [1]. »

Toute la force de l'argument, quant à la *dernière partie* de l'objection, se réduit à ceci :

« L'auteur a voulu considérer le christianisme dans ses relations avec la poésie, les beaux arts, l'éloquence, la littérature; il a voulu montrer en outre tout ce que les hommes doivent à cette religion sous les rapports moraux, civils et politiques. Avec un tel projet, il n'a pas fait un livre de théologie; il n'a pas défendu ce qu'il ne vouloit pas défendre; il ne s'est pas adressé à des lecteurs auxquels il ne vouloit pas s'adresser : donc il est coupable d'*avoir fait* précisément ce qu'*il vouloit faire.* »

Mais, en supposant que l'auteur ait atteint *son but,* devoit-il chercher ce *but?*

Ceci ramène la *première partie* de l'objection, tant de fois répétée, qu'*il ne faut pas envisager la religion sous le rapport de ses simples beautés hu-*

---

[1] MONTESQUIEU, *Défense de l'Esprit des Lois.*

maines, morales, poétiques; c'est en ravaler la dignité, etc., etc.

L'auteur va tâcher d'éclaircir ce point principal de la question dans les paragraphes suivants.

I. D'abord l'auteur n'*attaque* pas, il *défend*; il n'a pas *cherché* le but, le but lui a été offert : ceci change d'un seul coup l'état de la question et fait tomber la critique. L'auteur ne vient pas vanter de propos délibéré une religion chérie, admirée et respectée de tous, mais une religion haïe, méprisée et couverte de ridicule par les sophistes. Il n'y a pas de doute que le *Génie du Christianisme* eût été un ouvrage fort déplacé au siècle de Louis XIV; et le critique qui observe que Massillon n'eût pas publié une pareille apologie a dit une grande vérité. Certes, l'auteur n'auroit jamais songé à écrire son livre s'il n'eût existé des poëmes, des romans, des livres de toutes les sortes, où le christianisme est exposé à la dérision des lecteurs. Mais, puisque ces poëmes, ces romans existent, il est nécessaire d'arracher la religion aux sarcasmes de l'impiété; mais puisqu'on a dit et écrit de toutes parts que le christianisme est *barbare, ridicule, ennemi des arts et du génie*, il est essentiel de prouver qu'il n'est ni barbare, ni ridicule, ni ennemi des arts et du génie, et que ce qui semble petit, ignoble, de mauvais goût, sans charmes et sans tendresse sous la plume du scandale, peut être grand, noble, simple, dramatique et divin sous la plume de l'homme religieux.

II. S'il n'est pas permis de défendre la religion

sous le rapport de sa beauté, pour ainsi dire humaine ; si l'on ne doit pas faire ses efforts pour empêcher le ridicule de s'attacher à ses institutions sublimes, il y aura donc toujours un côté de cette religion qui restera à découvert ? Là, tous les coups seront portés ; là, vous serez surpris sans défense ; vous périrez par-là. N'est-ce pas ce qui a déjà pensé vous arriver ? N'est-ce pas avec des grotesques et des plaisanteries que Voltaire est parvenu à ébranler les bases mêmes de la foi ? Répondrez-vous par de la théologie et des syllogismes à des contes licencieux et à des folies ? Des argumentations en forme empêcheront-elles un monde frivole d'être séduit par des vers piquants, ou écarté des autels par la crainte du ridicule ? Ignorez-vous que chez la nation françoise un bon mot, une impiété d'un tour agréable, *felix culpa*, ont plus de pouvoir que des volumes de raisonnement et de métaphysique ? Persuadez à la jeunesse qu'un honnête homme peut être chrétien sans être un sot ; ôtez-lui de l'esprit qu'il n'y a que les capucins et des imbéciles qui puissent croire à la religion, votre cause sera bientôt gagnée : il sera temps alors, pour achever la victoire, de vous présenter avec des raisons théologiques ; mais commencez par vous faire lire. Ce dont vous avez besoin d'abord, c'est d'un ouvrage religieux qui soit pour ainsi dire populaire. Vous voudriez conduire votre malade d'un seul trait au haut d'une montagne escarpée ; et il peut à peine marcher ! Montrez-lui donc à chaque pas des objets variés et agréables ; permettez-lui de s'arrêter pour cueillir les fleurs qui s'offriront sur sa route, et, de repos en repos, il arrivera au sommet.

III. L'auteur n'a pas écrit seulement son apologie pour les *écoliers*, pour les *chrétiens*, pour les *prêtres*, pour les *docteurs* [1] : il l'a écrite surtout pour les *gens de lettres* et pour le *monde*; c'est ce qui a été dit plus haut, c'est ce qui est impliqué dans les deux derniers paragraphes. Si l'on ne part point de cette base, que l'on feigne toujours de méconnoître la classe de lecteurs à qui le *Génie du Christianisme* est particulièrement adressé, il est assez clair qu'on ne doit rien comprendre à l'ouvrage. Cet ouvrage a été fait pour être lu de l'homme de lettres le plus incrédule, du jeune homme le plus léger, avec la même facilité que le premier feuillette un livre impie, le second un roman dangereux. Vous voulez donc, s'écrient ces rigoristes si bien intentionnés pour la religion chrétienne, vous voulez donc faire de la religion une chose de mode ? Hé ! plût à Dieu qu'elle fût à la mode cette divine religion, dans ce sens que la mode est l'opinion du monde ! Cela favoriseroit peut-être, il est vrai, quelques hypocrisies particulières ; mais il est certain, d'une autre part, que la morale publique y gagneroit. Le riche ne mettroit plus son amour-propre à corrompre le pauvre, le maître à pervertir le domestique, le père à donner des leçons d'athéisme à

---

[1] Et pourtant ce ne sont ni les vrais chrétiens, ni les docteurs de Sorbonne, mais les *philosophes* (comme nous l'avons déjà dit), qui se montrent si *scrupuleux* sur l'ouvrage ; c'est ce qu'il ne faut pas oublier. (*Note de l'Auteur.*)

ses enfants, la pratique du culte mèneroit à la croyance du dogme, et l'on verroit renaître, avec la piété, le siècle des mœurs et des vertus.

IV. Voltaire, en attaquant le christianisme, connoissoit trop bien les hommes pour ne pas chercher à s'emparer de cette opinion qu'on appelle l'*opinion du monde;* aussi employa-t-il tous ses talents à faire une espèce de *bon ton* de l'impiété. Il y réussit en rendant la religion ridicule aux yeux des gens frivoles. C'est ce ridicule que l'auteur du *Génie du Christianisme* a cherché à effacer; c'est le but de tout son travail, le but qu'il ne faut jamais perdre de vue si l'on veut juger son ouvrage avec impartialité. Mais l'auteur l'a-t-il effacé, ce ridicule? Ce n'est pas là la question. Il faut demander: A-t-il fait tous ses efforts pour l'effacer? Sachez-lui gré de ce qu'il a entrepris, non de ce qu'il a exécuté. *Permitte divis cœtera.* Il ne défend rien de son livre, hors l'idée qui en fait la base. Considérer le christianisme dans ses rapports avec les sociétés humaines; montrer quel changement il a apporté dans la raison et les passions de l'homme, comment il a civilisé les peuples gothiques, comment il a modifié le génie des arts et des lettres, comment il a dirigé l'esprit et les mœurs des nations modernes; en un mot, découvrir tout ce que cette religion a de merveilleux dans ses relations poétiques, morales, politiques, historiques, etc., cela semblera toujours à l'auteur un des plus beaux sujets d'ouvrage que l'on puisse imaginer. Quant à la manière dont il a exécuté son ouvrage, il l'abandonne à la critique.

V. Mais ce n'est pas ici le lieu d'affecter une modestie, toujours suspecte chez les auteurs modernes, qui ne trompe personne. La cause est trop grande, l'intérêt trop pressant, pour ne pas s'élever au-dessus de toutes les considérations de convenance et de respect humain. Or, si l'auteur compte le nombre des suffrages et l'autorité de ces suffrages, il ne peut se persuader qu'il ait tout-à-fait manqué le but de son livre. Qu'on prenne un tableau impie, qu'on le place auprès d'un tableau religieux composé sur le même sujet, et tiré du *Génie du Christianisme*, on ose avancer que ce dernier tableau, tout imparfait qu'il puisse être, affoiblira le dangereux effet du premier; tant a de force la simple vérité rapprochée du plus brillant mensonge! Voltaire, par exemple, s'est souvent moqué des religieux; eh bien, mettez auprès de ses burlesques peintures le morceau des Missions, celui où l'on peint les ordres des hospitaliers secourant le voyageur dans les déserts, le chapitre où l'on voit des moines se consacrant aux hôpitaux, assistant les pestiférés dans les bagnes, ou accompagnant le criminel à l'échafaud : quelle ironie ne sera pas désarmée, quel sourire ne se convertira pas en larmes? Répondez aux reproches d'ignorance que l'on fait au culte des chrétiens par les travaux immenses de ces religieux qui ont sauvé les manuscrits de l'antiquité; répondez aux accusations de mauvais goût et de barbarie, par les ouvrages de Bossuet et de Fénelon; opposez aux caricatures des saints et des anges les effets sublimes du christianisme dans la partie dramatique de la poésie, dans l'éloquence et les beaux arts, et dites si l'impression du ridicule pourra long-temps subsister. Quand l'auteur n'auroit fait que mettre à l'aise l'amour-propre des gens du monde, quand il n'auroit eu que le succès de dérouler, sous les yeux d'un siècle incrédule, une série de tableaux religieux, sans dégoûter ce siècle, il croiroit encore n'avoir pas été inutile à la cause de la religion.

VI. Pressés par cette vérité, qu'ils ont trop d'esprit pour ne pas sentir, et qui fait peut-être le motif secret de leurs alarmes, les critiques ont recours à un autre subterfuge; ils disent : « Eh! qui vous nie que le christianisme, comme toute autre religion, n'ait des beautés poétiques et morales, que ses cérémonies ne soient pompeuses, etc. ? » Qui le nie ? vous, vous-mêmes qui naguère encore faisiez des choses saintes l'objet de vos moqueries; vous qui, ne pouvant plus vous refuser à l'évidence des preuves, n'avez d'autre ressource que de dire que personne n'attaque ce que l'auteur défend. Vous avouez maintenant qu'il y a des choses excellentes dans les institutions monastiques; vous vous attendrissez sur les moines du Saint-Bernard, sur les missionnaires du Paraguay, sur les filles de la Charité ; vous confessez que les idées religieuses sont nécessaires aux effets dramatiques; que la morale de l'Évangile, en opposant une barrière aux passions, en a tout à la fois épuré la flamme et redoublé l'énergie; vous reconnoissez que le christianisme a sauvé les lettres et les arts de l'inondation des Barbares, que lui seul vous a transmis la langue et les écrits de Rome et de la Grèce, qu'il a fondé vos colléges, bâti ou embelli vos cités, modéré le despotisme de vos gouvernements, rédigé vos lois civiles, adouci vos lois criminelles, policé et même défriché l'Europe moderne : conveniez-vous de tout cela avant la publication d'un ouvrage, très imparfait sans doute, mais qui pourtant a rassemblé sous un seul point de vue ces importantes vérités ?

VII. On a déjà fait remarquer la tendre sollicitude des critiques pour la pureté de la religion ; on devoit donc s'attendre qu'ils se formaliseroient des deux épisodes que l'auteur a introduits dans son livre. Cette délicatesse des critiques rentre dans la grande objection qu'ils ont fait valoir contre tout l'ouvrage, et elle se détruit par la réponse générale, que l'on vient de faire à cette objection. Encore une fois, l'auteur a dû combattre des poëmes et des romans impies, avec des poëmes et des romans pieux ; il s'est couvert des mêmes armes dont il voyoit l'ennemi revêtu : c'étoit une conséquence naturelle et nécessaire du genre d'apologie qu'il avoit choisi. Il a cherché à donner l'exemple avec le précepte : dans la partie théorique de son ouvrage, il avoit dit que la religion embellit notre existence, corrige les passions sans les éteindre, jette un intérêt singulier sur tous les sujets où elle est employée ; il avoit dit que sa doctrine et son culte se mêlent merveilleusement aux émotions du cœur et aux scènes de la nature, qu'elle est enfin la seule ressource dans les grands malheurs de la vie : il ne suffisoit pas d'avancer tout cela, il falloit encore le prouver. C'est ce que l'auteur a essayé de faire dans les deux épisodes de son livre. Ces épisodes étoient, en outre, une amorce préparée à l'espèce de lecteurs pour qui l'ouvrage est spécialement écrit. L'auteur avoit-il donc si mal connu le cœur humain, lorsqu'il a tendu ce piége innocent aux incrédules? Et n'est-il pas probable que tel lecteur n'eût jamais ouvert le *Génie du Christianisme*, s'il n'y avoit cherché *René* et *Atala*[1]?

> Sa che là corre il mondo, ove più versi
> Delle sue dolcezze il lusinghier Parnaso,
> E che 'l vero, condito in molli versi,
> I più schivi allettando, ha persuaso.

VIII. Tout ce qu'un critique impartial, qui veut entrer dans l'esprit de l'ouvrage, étoit en droit d'exiger de l'auteur, c'est que les épisodes de cet ouvrage eussent une tendance visible à faire aimer la religion et à en démontrer l'utilité. Or, la nécessité des cloîtres pour certains malheurs de la vie, et ceux-là même qui sont les plus grands, la puissance d'une religion qui peut seule fermer des plaies que tous les baumes de la terre ne sauroient guérir, ne sont-elles pas invinciblement prouvées dans l'histoire de René? L'auteur y combat, en outre, le travers particulier des jeunes gens du siècle, le travers qui mène directement au suicide. C'est J.-J. Rousseau qui introduisit le premier parmi nous ces rêveries

---

[1] Voyez, dans la préface nouvelle du *Génie du Christianisme*, pag. ij, ce qui a déterminé l'auteur à placer ces épisodes dans un volume à part.

si désastreuses et si coupables. En s'isolant des hommes, en s'abandonnant à ses songes, il a fait croire à une foule de jeunes gens qu'il est beau de se jeter ainsi dans le *vague* de la vie. Le roman de *Werther* a développé depuis ce germe de poison. L'auteur du *Génie du Christianisme*, obligé de faire entrer dans le cadre de son apologie quelques tableaux pour l'imagination, a voulu dénoncer cette espèce de vice nouveau, et peindre les funestes conséquences de l'amour outré de la solitude. Les couvents offroient autrefois des retraites à ces âmes contemplatives, que la nature appelle impérieusement aux méditations. Elles y trouvoient auprès de Dieu de quoi remplir le vide qu'elles sentent en elles-mêmes, et souvent l'occasion d'exercer de rares et sublimes vertus. Mais, depuis la destruction des monastères et les progrès de l'incrédulité, on doit s'attendre à voir se multiplier au milieu de la société (comme il est arrivé en Angleterre) des espèces de solitaires tout à la fois passionnés et philosophes, qui, ne pouvant ni renoncer aux vices du siècle, ni aimer ce siècle, prendront la haine des hommes pour de l'élévation de génie, renonceront à tout devoir divin et humain, se nourriront à l'écart des plus vaines chimères, et se plongeront de plus en plus dans une misanthropie orgueilleuse qui les conduira à la folie ou à la mort.

Afin d'inspirer plus d'éloignement pour ces rêveries criminelles, l'auteur a pensé qu'il devoit prendre la punition de René dans le cercle de ces malheurs épouvantables, qui appartiennent moins à l'individu qu'à la famille de l'homme, et que les anciens attribuoient à la fatalité. L'auteur eût choisi le sujet de Phèdre s'il n'eût été traité par Racine : il ne restoit que celui d'Érope et de Thyeste [1] chez les Grecs, ou d'Amnon et de Thamar chez les Hébreux [2]; et bien que ce sujet ait été aussi transporté sur notre scène [3], il est toutefois moins connu que le premier. Peut-être aussi s'applique-t-il mieux au caractère que l'auteur a voulu peindre. En effet, les folles rêveries de René commencent le mal, et ses extravagances l'achèvent; par les premières, il égare l'imagination d'une foible femme; par les dernières, en voulant attenter à ses jours, il oblige cette infortunée à se réunir à lui : ainsi le malheur naît du sujet, et la punition sort de la faute.

Il ne restoit qu'à sanctifier, par le christianisme, cette catastrophe empruntée à la fois de l'antiquité païenne et de l'antiquité sacrée. L'auteur, même alors, n'eut pas tout à faire; car il trouva cette histoire presque naturalisée chrétienne dans une vieille ballade de Pélerin, que les paysans chantent encore dans plusieurs provinces [4]. Ce n'est pas par les maximes répandues dans un ouvrage; mais par l'impression que cet ouvrage laisse au fond de l'âme, que l'on doit juger de sa moralité. Or, la

---

[1] Sen., *in Atr. et Th.* Voyez aussi Canacé et Macareus, et Caune et Byblis dans les *Métamorphoses* et dans les *Héroïdes* d'Ovide.

[2] *Reg.* 13, 14.

[3] Dans l'*Abufar* de M. Ducis.

[4] C'est le chevalier des Landes,
    Malheureux chevalier, etc.

sorte d'épouvante et de mystère qui règne dans l'épisode de *René*, serre et contriste le cœur sans y exciter d'émotion criminelle. Il ne faut pas perdre de vue qu'Amélie meurt heureuse et guérie, et que René finit misérablement. Ainsi le vrai coupable est puni, tandis que sa trop foible victime, remettant son âme blessée entre les mains de *celui qui retourne le malade sur sa couche*, sent renaître une joie ineffable du fond même des tristesses de son cœur. Au reste, le discours du père Souël ne laisse aucun doute sur le but et les moralités religieuses de l'histoire de *René*.

IX. A l'égard d'*Atala*, on en a tant fait de commentaires, qu'il seroit superflu de s'y arrêter. On se contentera d'observer que les critiques qui ont jugé le plus sévèrement cette histoire, ont reconnu toutefois qu'elle *faisoit aimer la religion chrétienne*, et cela suffit à l'auteur. En vain s'appesantiroit-on sur quelques tableaux; il n'en semble pas moins vrai que le public a vu sans trop de peine le vieux missionnaire, tout prêtre qu'il est, et qu'il a aimé dans cet épisode indien la description des cérémonies de notre culte. C'est *Atala* qui a annoncé, et qui peut-être a fait lire le *Génie du Christianisme*; cette Sauvage a réveillé dans un certain monde les idées chrétiennes, et rapporté pour ce monde la religion du père Aubry des déserts où elle étoit exilée.

X. Au reste, cette idée d'appeler l'imagination au secours des principes religieux n'est pas nouvelle. N'avons-nous pas eu de nos jours *le comte de Valmont, ou les Égarements de la Raison?* Le père

Marin, minime, n'a-t-il pas cherché à introduire les vérités chrétiennes dans les cœurs incrédules, en les faisant entrer déguisés sous les voiles de la fiction [1]? Plus anciennement encore, Pierre Camus, évêque de Belley, prélat connu par l'austérité de ses mœurs, écrivit une foule de romans pieux [2] pour combattre l'influence des romans de d'Urfé. Il y a bien plus : ce fut saint François de Sales lui-même qui lui conseilla d'entreprendre ce genre d'apologie, par pitié pour les gens du monde, et pour les rappeler à la religion, en la leur présentant sous des ornements qu'ils connoissoient. Ainsi Paul *se rendoit foible avec les foibles pour gagner les foibles* [3]. Ceux qui condamnent l'auteur voudroient donc qu'il eût été plus scrupuleux que l'auteur du *Comte de Valmont*, que le père Marin, que Pierre Camus, que saint François de Sales, qu'Héliodore [4], évêque de Tricca, qu'Amyot [5], grand-aumônier de France, ou qu'un autre prélat fameux, qui, pour donner des leçons de vertu à un prince, et à un prince *chrétien*, n'a pas craint de représenter le trouble des passions

---

[1] Nous avons de lui dix romans pieux fort répandus : *Adélaïde ile Witzbury, ou la Pieuse Pensionnaire ; Virginie, ou la Vierge chrétienne ; le baron de Van-Hesden, ou la République des incrédules ; Farfalla, ou la Comédienne convertie*, etc.

[2] *Dorothée, Alcine, Daphnide, Hyacinthe*, etc.

[3] I Cor., 9, 22.

[4] Auteur de *Théagène et Chariclée*. On sait que l'histoire ridicule, rapportée par Nicéphore au sujet de ce roman, est dénuée de toute vérité. Socrate, Photius, et les autres auteurs ne disent pas un mot de la prétendue déposition de l'évêque de Tricca.

[5] Traducteur de *Théagène et Chariclée*, et de *Daphnis et Chloé*.

avec autant de vérité que d'énergie ? Il est vrai que les Faidyt et les Gueudeville reprochèrent aussi à Fénelon la peinture des amours d'*Eucharis*; mais leurs critiques sont aujourd'hui oubliées [1] : le *Télémaque* est devenu un livre classique entre les mains de la jeunesse; personne ne songe plus à faire un crime à l'archevêque de Cambray d'avoir voulu guérir les passions par le tableau du désordre des passions; pas plus qu'on ne reproche à saint Augustin et à saint Jérôme d'avoir peint si vivement leurs propres foiblesses et les charmes de l'amour.

XI. Mais ces censeurs qui savent tout sans doute, puisqu'ils jugent l'auteur de si haut, ont-ils réellement cru que cette manière de défendre la religion, en la rendant douce et touchante pour le cœur, en la parant même des charmes de la poésie, fût une chose si inouïe, si extraordinaire ? « Qui oseroit dire, s'écrie saint Augustin, que la vérité doit demeurer désarmée contre le mensonge, et qu'il sera permis aux ennemis de la foi d'effrayer les fidèles par des paroles fortes, et de les réjouir par des rencontres d'esprit agréables, mais que les catholiques ne doivent écrire qu'avec une froideur de style qui endorme les lecteurs ? » C'est un sévère disciple de Port-Royal qui traduit ce passage de saint Augustin ; c'est Pascal lui-même, et il ajoute à l'endroit cité [2], « qu'il y a deux choses dans les vérités de notre religion, une beauté divine qui les rend *aimables*, et une sainte majesté qui les rend vénérables. » Pour

[1] Voyez la note E, page 139.
[2] *Lettres provinciales*, lettre xi°, pag. 154-98.

démontrer que les preuves rigoureuses ne sont pas toujours celles qu'on doit employer en matière de religion, il dit ailleurs (dans ses *Pensées*) *que le cœur a ses raisons que la raison ne connoît point*.[1] Le grand Arnauld, chef de cette école austère du christianisme, combat à son tour [2] l'académicien Du Bois, qui prétendoit aussi qu'on ne doit pas faire servir l'éloquence humaine à prouver les vérités de la religion. Ramsay, dans sa *Vie de Fénelon*, parlant du *Traité de l'existence de Dieu* par cet illustre prélat, observe « que M. de Cambray savoit que la plaie de la plupart de ceux qui doutent vient, non de leur esprit, mais de leur cœur, et *qu'il faut donc répandre partout des sentiments, pour toucher, pour intéresser, pour saisir le cœur*[3]. » Raymond de Sébonde a laissé un ouvrage écrit à peu près dans les mêmes vues que le *Génie du Christianisme*. Montaigne a pris la défense de cet auteur contre ceux qui avancent *que les chrétiens se font tort de vouloir appuyer leur créance par des raisons humaines*[4]. « C'est la foy seule, ajoute Montaigne, qui embrasse vivement et certainement les hauts mystères de notre religion. Mais ce n'est pas à dire que ce ne soit une très belle et très louable entreprise d'accommoder encore au service de notre foy les outils naturels et humains que

---

[1] *Pensées de Pascal*, chap. XXVIII, pag. 179.
[2] Dans un petit traité intitulé : *Réflexions sur l'éloquence des Prédicateurs*.
[3] *Hist. de la Vie de Fénelon*, pag. 193.
[4] *Essais* de MONTAIGNE, tom. IV, liv. II, ch. XII, pag. 172.

Dieu nous a donnez... Il n'est occupation ni desseins plus dignes d'un homme chrétien que de viser par tous ses estudes et pensemens à embellir, estendre et amplifier la vérité de sa créance [1]. »

L'auteur ne finiroit point s'il vouloit citer tous les écrivains qui ont été de son opinion sur la nécessité de rendre la religion aimable, et tous les livres où l'imagination, les beaux arts et la poésie ont été employés comme un moyen d'arriver à ce but. Un ordre tout entier de religieux connus par leur piété, leur aménité et leur science du monde, s'est occupé pendant plusieurs siècles de cette unique idée. Ah! sans doute, aucun genre d'éloquence ne peut être interdit à cette sagesse, *qui ouvre la bouche des muets* [2], *et qui rend diserte la langue des petits enfants.* Il nous reste une lettre de saint Jérôme où ce Père se justifie d'avoir employé l'érudition païenne à la défense de la doctrine des chrétiens [3]. Saint Ambroise eût-il donné saint Augustin à l'Église, s'il n'eût fait usage de tous les charmes de l'élocution? « Augustin, encore tout enchanté de l'éloquence profane, dit Rollin, ne cherchoit dans les prédications de saint Ambroise que les agréments du discours, et non la solidité des choses; mais il n'étoit pas en son pouvoir de faire cette séparation. » Et n'est-ce pas sur les ailes de l'imagination que saint Augustin s'est élevé à son tour jusqu'à la *Cité de Dieu*? Ce Père ne fait point

---

[1] *Essais* de Montaigne, tom. IV, liv. II, chap. XII, 174.
[2] *Sapientia aperuit os mutorum, et linguas infantium fecit disertas.*
[3] Voyez la note F, page 141.

de difficulté de dire qu'on doit ravir aux païens leur éloquence, en leur laissant leurs mensonges, afin de l'appliquer à la prédication de l'Évangile, comme Israël emporta l'or des Égyptiens sans toucher à leurs idoles, pour embellir l'arche sainte [1]. C'étoit une vérité si unanimement reconnue des Pères, qu'il est bon d'appeler l'imagination au secours des idées religieuses, que ces saints hommes ont été jusqu'à penser que Dieu s'étoit servi de la poétique philosophie de Platon pour amener l'esprit humain à la croyance des dogmes du christianisme.

XII. Mais il y a un fait historique qui prouve invinciblement la méprise étrange où les critiques sont tombés lorsqu'ils ont cru l'auteur coupable d'innovation dans la manière dont il a défendu le christianisme. Lorsque Julien, entouré de ses sophistes, attaqua la religion avec les armes de la plaisanterie, comme on l'a fait de nos jours ; quand il défendit aux *Galiléens* d'enseigner [2] et même d'apprendre les belles lettres ; quand il dépouilla les autels du Christ, dans l'espoir d'ébranler la fidélité des prêtres, ou de les réduire à l'avilissement de la pauvreté, plusieurs fidèles élevèrent la voix pour repousser les sarcasmes de l'impiété, et pour défendre la beauté de la religion chrétienne. Apollinaire le père, selon l'historien Socrate, mit en vers héroïques tous les livres de Moïse, et composa des

---

[1] *De Doct. chr.*, lib. II, n° 7.
[2] Nous avons encore l'édit de Julien. Jul., p. 42. *Vid.*, Greg. Naz., or. III, cap. IV ; Amm., lib. XXII.

tragédies et des comédies sur les autres livres de l'Écriture. Apollinaire le fils écrivit des dialogues à l'imitation de Platon, et il renferma dans ces dialogues la morale de l'Évangile et les préceptes des Apôtres[1]. Enfin, ce Père de l'Église surnommé par excellence *le théologien*, Grégoire de Nazianze, combattit aussi les sophistes avec les armes du poëte. Il fit une tragédie de la mort de Jésus-Christ, que nous avons encore. Il mit en vers la morale, les dogmes et les mystères mêmes de la religion chrétienne[2]. L'historien de sa vie affirme positivement que ce saint illustre ne se livra à son talent poétique que pour défendre le christianisme contre la dérision de l'impiété[3]; c'est aussi l'opinion du sage Fleury. « Saint Grégoire, dit-il, vouloit donner à ceux qui aiment la poésie et la musique des sujets utiles pour se divertir, et ne pas laisser aux païens l'avantage de croire qu'ils fussent les seuls qui pussent réussir dans les belles lettres[4]. »

Cette espèce d'apologie poétique de la religion a été continuée, presque sans interruption, depuis Julien jusqu'à nos jours. Elle prit une nouvelle force à la renaissance des lettres : Sannazar écrivit son poëme *de partu Virginis*[5], et Vida son poëme de

---

[1] Voyez la note G, page 141.

[2] L'abbé de Billy a recueilli cent quarante-sept poëmes de ce Père, à qui saint Jérôme et Suidas attribuent plus de trente mille vers pieux.

[3] *Naz. Vit.*, pag. 12.

[4] Voyez la note H, page 143.

[5] Voyez la note I, page 145.

la Vie de Jésus-Christ (*Christiade*)[1]; Buchanan donna ses tragédies de *Jephté* et de *saint Jean-Baptiste*. La *Jérusalem délivrée*, le *Paradis perdu*, *Polyeucte*, *Esther*, *Athalie*, sont devenus depuis de véritables apologies en faveur de la beauté de la religion. Enfin Bossuet, dans le second chapitre de sa préface intitulée *de Grandiloquentia et suavitate Psalmorum*; Fleury, dans son Traité *des Poésies sacrées*; Rollin, dans son chapitre de l'*Éloquence de l'Écriture*; Lowth, dans son excellent livre *de sacra Poesi Hebræorum*; tous se sont complu à faire admirer la grâce et la magnificence de la religion. Quel besoin d'ailleurs y a-t-il d'appuyer de tant d'exemples ce que le seul bon sens suffit pour enseigner? Dès lors que l'on a voulu rendre la religion ridicule, il est tout simple de montrer qu'elle est belle. Hé quoi! Dieu lui-même nous auroit fait annoncer son Église par des poëtes inspirés; il se seroit servi pour nous peindre les grâces de l'*Épouse* des plus beaux accords de la harpe du roi-prophète : et nous, nous ne pourrions dire les charmes de *celle qui vient du Liban*[2], *qui regarde des montagnes de Sanir et d'Hermon*[3], *qui se montra comme l'aurore*[4], *qui est belle comme la lune, et dont la taille est semblable à*

---

[1] Dont on a retenu ce vers sur le dernier soupir du Christ :
Supremamque auram, ponens caput, expiravit.

[2] *Veni de Libano, sponsa mea* (Cant., cap. iv, pag. 8.)
[3] *De vertice Sanir et Hermon.* (*Id.*, *ib.*)
[4] *Quasi aurora consurgens, pulchra ut luna.* (*Id.*, cap. vi, p. 9.)

un *palmier* [1] ! La Jérusalem nouvelle que saint Jean vit s'élever du désert *étoit toute brillante de clarté.*

> Peuples de la terre, chantez,
> Jérusalem renaît plus charmante et plus belle [2] !

Oui, *chantons-la* sans crainte, cette religion sublime; défendons-la contre la dérision, faisons valoir toutes ses beautés, comme au temps de Julien; et, puisque des siècles semblables ont ramené à nos autels des insultes pareilles, employons contre les modernes sophistes le même genre d'apologie que les Grégoire et les Apollinaire employoient contre les Maxime et les Libanius.

PLAN DE L'OUVRAGE.

L'auteur ne peut pas parler *d'après lui-même* du plan de son ouvrage, comme il a parlé du fond de son sujet; car un plan est une chose de l'art, qui a ses lois, et pour lesquelles on est obligé de s'en rapporter à la décision des maîtres. Ainsi, en rappelant les critiques qui désapprouvent le plan de son livre, l'auteur sera forcé de compter aussi les voix qui lui sont favorables.

Or, s'il se fait une illusion sur son plan, et qu'il ne le croie pas tout-à-fait défectueux, ne doit-on pas excuser un peu en lui cette illusion, puisqu'elle semble être aussi le partage de quelques écrivains

---

[1] *Statura tua assimilata est palmœ.* (Cant., cap. VI, pag. 7.)
[2] Athalie.

dont la supériorité en critique n'est contestée de personne ? Ces écrivains ont bien voulu donner leur approbation publique à l'ouvrage ; M. de La Harpe l'avoit pareillement jugé avec indulgence. Une telle autorité est trop précieuse à l'auteur pour qu'il manque à s'en prévaloir, dût-il se faire accuser de vanité. Ce grand critique avoit donc repris pour le *Génie du Christianisme* le projet qu'il avoit eu long-temps pour *Atala* [1] ; il vouloit composer la *Défense* que l'auteur est réduit à composer lui-même aujourd'hui : celui-ci eût été sûr de triompher, s'il eût été secondé par un homme aussi habile ; mais la Providence a voulu le priver de ce puissant secours et de ce glorieux suffrage.

Si l'auteur passe des critiques qui semblent l'approuver aux critiques qui le condamnent, il a beau lire et relire leurs censures, il n'y trouve rien qui puisse l'éclairer : il n'y voit rien de précis, rien de déterminé ; ce sont partout des expressions vagues ou ironiques. Mais, au lieu de juger l'auteur si superbement, les critiques ne devroient-ils pas avoir pitié de sa foiblesse, lui montrer les vices de son plan, lui enseigner les remèdes ? « Ce qui résulte de tant de critiques amères, dit M. de Montesquieu dans sa *Défense*, c'est que l'auteur

---

[1] Je connoissois à peine M. de La Harpe dans ce temps-là ; mais ayant entendu parler de son dessein, je le fis prier par ses amis de ne point répondre à la critique de M. l'abbé Morellet. Toute glorieuse qu'eût été pour moi une défense d'*Atala* par M. de La Harpe, je crus avec raison que j'étois trop peu de chose pour exciter une controverse entre deux écrivains célèbres.

n'a point fait son ouvrage suivant le plan et les vues de ses critiques, et que, si ses critiques avoient fait un ouvrage sur le même sujet, ils y auroient mis un grand nombre de choses qu'ils savent [1]. »

Puisque ces critiques refusent (sans doute parce que cela n'en vaut pas la peine) de montrer l'inconvénient attaché au plan, ou plutôt au sujet du *Génie du Christianisme*, l'auteur va lui-même essayer de le découvrir.

Quand on veut considérer la religion chrétienne ou le génie du christianisme sous toutes ses faces, on s'aperçoit que ce sujet offre deux parties très distinctes :

1° Le christianisme proprement dit, à savoir ses dogmes, sa doctrine et son culte; et sous ce dernier rapport se rangent aussi ses bienfaits et ses institutions morales et politiques;

2° La poétique du christianisme ou l'influence de cette religion sur la poésie, les beaux arts, l'éloquence, l'histoire, la philosophie, la littérature en général; ce qui mène aussi à considérer les changements que le christianisme a apportés dans les passions de l'homme et dans le développement de l'esprit humain.

L'inconvénient du sujet est donc le *manque d'unité*, et cet inconvénient est inévitable. En vain pour le faire disparoître l'auteur a essayé d'autres combinaisons de chapitres et de parties dans les deux éditions qu'il a supprimées. Après s'être obs-

[1] *Défense de l'Esprit des Lois.*

tiné long-temps à chercher le plan le plus régulier, il lui a paru en dernier résultat qu'il s'agissoit bien moins, pour le but qu'il se proposoit, de faire un ouvrage extrêmement méthodique, que de porter un grand coup au cœur et de frapper vivement l'imagination. Ainsi, au lieu de s'attacher à l'ordre des sujets, comme il l'avoit fait d'abord, il a préféré l'ordre des preuves. Les preuves de sentiment sont renfermées dans le premier volume, où l'on traite du charme et de la grandeur des mystères, de l'existence de Dieu, etc.; les preuves pour l'esprit et l'imagination remplissent le second et le troisième volume, consacrés à la *poétique;* enfin, ces mêmes preuves pour le cœur, l'esprit et l'imagination, réunies aux preuves pour la raison, c'est-à-dire aux preuves de fait, occupent le quatrième volume, et terminent l'ouvrage. Cette gradation de preuves sembloit promettre d'établir une progression d'intérêt dans le *Génie du Christianisme;* il paroît que le jugement du public a confirmé cette espérance de l'auteur. Or, si l'intérêt va croissant de volume en volume, le plan du livre ne sauroit être tout-à-fait vicieux.

Qu'il soit permis à l'auteur de faire remarquer une chose de plus. Malgré *les écarts de son imagination,* perd-il souvent de vue son sujet dans son ouvrage? Il en appelle au critique impartial : quel est le chapitre, quelle est, pour ainsi dire, la page où l'objet du livre ne soit pas reproduit[1]?

---

[1] Cette vérité a été reconnue par le critique même qui s'est le plus élevé contre l'ouvrage.

Or, dans une apologie du christianisme, où l'on ne veut que montrer au lecteur la beauté de cette religion, peut-on dire que le plan de cette apologie est essentiellement défectueux, si, dans les choses les plus directes comme dans les plus éloignées, on a fait reparoître partout la grandeur de Dieu, les merveilles de la Providence, l'influence, les charmes et les bienfaits des dogmes, de la doctrine et du culte de Jésus-Christ?

En général on se hâte un peu trop de prononcer sur le plan d'un livre. Si ce plan ne se déroule pas d'abord aux yeux des critiques comme ils l'ont conçu sur le titre de l'ouvrage, ils le condamnent impitoyablement. Mais ces critiques ne voient pas ou ne se donnent pas la peine de voir que, si le plan qu'ils imaginent étoit exécuté, il auroit peut-être une foule d'inconvénients qui le rendroient encore moins bon que celui que l'auteur a suivi.

Quand un écrivain n'a pas composé son ouvrage avec précipitation; quand il y a employé plusieurs années; quand il a consulté les livres et les hommes, et qu'il n'a rejeté aucun conseil, aucune critique; quand il a recommencé plusieurs fois son travail d'un bout à l'autre; quand il a livré deux fois aux flammes son ouvrage tout imprimé, ce ne seroit que justice de supposer qu'il a peut-être aussi bien vu son sujet que le critique qui, sur une lecture rapide, condamne d'un mot un plan médité pendant des années. Que l'on donne toute autre forme au *Génie du Christianisme*, et l'on ose assurer que l'ensemble des beautés de la religion, l'accumulation des preuves aux derniers chapitres, la force de la conclusion générale, auront beaucoup moins d'éclat et seront beaucoup moins frappants que dans l'ordre où le livre est actuellement disposé. On ose encore avancer qu'il n'y a point de grand monument en prose dans la langue françoise (le *Télémaque* et les ouvrages historiques exceptés) dont le plan ne soit exposé à autant d'objections que l'on en peut faire au plan de l'auteur. Que d'arbitraire dans la distribution des parties et des sujets de nos livres les plus beaux et les plus utiles ! Et certainement (si l'on peut comparer un chef-d'œuvre à une œuvre très imparfaite), l'admirable *Esprit des Lois* est une composition qui n'a peut-être pas plus de régularité que l'ouvrage dont on essaie de justifier le plan dans cette défense. Toutefois la méthode étoit encore plus nécessaire au sujet traité par Montesquieu qu'à celui dont l'auteur du *Génie du Christianisme* a tenté une si foible ébauche.

DÉTAILS DE L'OUVRAGE.

Venons maintenant aux critiques de détail.

On ne peut s'empêcher d'observer d'abord que la plupart de ces critiques tombent sur le premier et sur le second volume. Les censeurs ont marqué un singulier dégoût pour le troisième et le quatrième. Ils les passent presque toujours sous silence. L'auteur doit-il s'en attrister ou s'en réjouir ? Seroit-ce qu'il n'y a rien à redire sur ces deux volumes, ou qu'ils ne laissent rien à dire ?

On s'est donc presque uniquement attaché à combattre quelques opinions littéraires particulières à l'auteur, et répandues dans le second volume [1]; opinions qui, après tout, sont d'une petite importance, et qui peuvent être reçues ou rejetées sans qu'on en puisse rien conclure contre le fond de l'ouvrage : il faut ajouter à la liste de ces graves reproches une douzaine d'expressions véritablement répréhensibles, et que l'on a fait disparoître dans les nouvelles éditions.

Quant à quelques phrases dont on a détourné le sens (par un art si merveilleux et si nouveau), pour y trouver d'indécentes allusions, comment éviter ce malheur, et quel remède y apporter ? « Un auteur, c'est La Bruyère qui le dit, un auteur n'est pas obligé de remplir son esprit de toutes les extravagances, de toutes les saletés, de tous les mauvais mots qu'on peut dire, et de toutes les ineptes applications que l'on peut faire au sujet de quelques endroits de son ouvrage, et encore moins de les supprimer; il est convaincu que quelque scrupuleuse exactitude qu'on ait dans sa manière d'écrire, la raillerie froide des mauvais plaisants est un mal inévitable, et que les meilleures choses ne leur servent souvent qu'à leur faire rencontrer une sottise [2]. »

L'auteur a beaucoup cité dans son livre, mais il

---

[1] Encore n'a-t-on fait que répéter les observations judicieuses et polies qui avoient paru à ce sujet dans quelques journaux accrédités.
[2] *Caract.* de La Bruyère.

paroît encore qu'il eût dû citer davantage. Par une fatalité singulière, il est presque toujours arrivé qu'en voulant blâmer l'auteur, les critiques ont compromis leur mémoire. Ils ne veulent pas que l'auteur dise, *déchirer le rideau des mondes, et laisser voir les abîmes de l'éternité*; et ces expressions sont de Tertullien [1] : ils soulignent *le puits de l'abîme* et *le cheval pâle de la mort*, apparemment comme étant une vision de l'auteur; et ils ont oublié que ce sont des images de l'Apocalypse [2] : ils rient des tours gothiques *coiffées de nuages*; et ils ne voient pas que l'auteur traduit littéralement un vers de Shakespeare [3]; ils croient que les *ours enivrés de raisins* sont une circonstance inventée par l'auteur; et l'auteur n'est ici qu'historien fidèle [4] : l'Esquimau qui s'embarque sur un rocher de glace leur paroît une imagination bizarre; et c'est un fait rapporté par Charlevoix [5] : le crocodile

---

[1] *Cum ergo finis et limes medius, qui interhiat, adfuerit, ut etiam mundi ipsius species transferatur æque temporalis, quæ illi dispositioni æternitatis aulæi vice oppansa est.* (*Apolog.*, cap. XLVIII.)

[2] *Equus pallidus*, cap. VI, v. 8; *Puteus abyssi*, cap. IX, v. 2.

[3] The clouds-capt towers, the gorgeons palaces, etc.
(*In the Temp.*) :
Delille avoit dit dans *les Jardins*, en parlant des rochers

J'aime à voir leur front chauve et leur tête sauvage
Se coiffer de verdure, et s'entourer d'ombrage.

J'ai cependant mis, dans les dernières éditions, *couronnées d'un chapiteau de nuages*.

[4] Voyez la note K, page 145.

[5] « Croiroit-on que sur ces glaces énormes on rencontre des hommes qui s'y sont embarqués exprès? On assure pourtant qu'on

qui *pond un œuf* est une expression d'Hérodote [1] ; *ruse de la sagesse* appartient à la Bible [2], etc. Un critique prétend qu'il faut traduire l'épithète d'Homère, Ἡδυεπής, appliquée à Nestor, par *Nestor au doux langage*. Mais Ἡδυεπής ne voulut jamais dire *au doux langage*. Rollin traduit à peu près comme l'auteur du *Génie du Christianisme*, Nestor *cette bouche éloquente* [3], d'après le texte grec, et non d'après la leçon latine du Scoliaste, *Suaviloquus*, que le critique a visiblement suivie.

Au reste, l'auteur a déjà dit qu'il ne prétendoit pas défendre des talents qu'il n'a pas sans doute ; mais il ne peut s'empêcher d'observer que tant de petites remarques sur un long ouvrage ne servent qu'à dégoûter un auteur sans l'éclairer ; c'est la réflexion que Montesquieu fait lui-même dans ce passage de sa *Défense* :

« Les gens qui veulent tout enseigner empêchent beaucoup d'apprendre ; il n'y a point de génie qu'on ne rétrécisse lorsqu'on l'enveloppera d'un million de scrupules vains : avez-vous les meilleures intentions du monde, on vous forcera vous-même d'en douter. Vous ne pouvez plus être occupé à bien dire quand vous êtes effrayé par la crainte de dire mal, et qu'au lieu de suivre votre pensée, vous ne vous occupez que des termes qui

---

y a plus d'une fois aperçu des Esquimaux, etc. » (*Histoire de la Nouvelle-France*, tom. II, liv. X, pag. 293, édit. de Paris, 1744.)

[1] Τίκτει μὲν γὰρ ᾠὰ ἐν γῇ, καὶ ἐκλέπει. (HEROD., lib. II ; c. LXVIII.)

[2] *Astutias sapientiæ* (*Eccl.*, cap. I, v. 6.)

[3] *Traité des Études*, tom. I, p. 375, *de la lecture d'Homère*.

peuvent échapper à la subtilité des critiques. On vient nous mettre un bandeau sur la tête, pour nous dire à chaque mot : Prenez garde de tomber : vous voulez parler comme vous ; je veux que vous parliez comme moi. Va-t-on prendre l'essor, ils vous arrêtent par la manche. A-t-on de la force et de la vie, on vous l'ôte à coups d'épingle. Vous élevez-vous un peu, voilà des gens qui prennent leur pied ou leur toise, lèvent la tête, et vous crient de descendre pour vous mesurer... Il n'y a ni science ni littérature qui puisse résister à ce pédantisme [1]. »

C'est bien plus encore quand on y joint les dénonciations et les calomnies. Mais l'auteur les pardonne aux critiques ; il conçoit que cela peut faire partie de leur plan, et ils ont le droit de réclamer pour leur ouvrage l'indulgence que l'auteur demande pour le sien. Cependant que revient-il de tant de censures multipliées, où l'on n'aperçoit que l'envie de nuire à l'ouvrage et à l'auteur, et jamais un goût impartial de critique ? Que l'on provoque des hommes que leurs principes retenoient dans le silence, et qui, forcés de descendre dans l'arène, peuvent y paroître quelquefois avec des armes qu'on ne leur soupçonnoit pas.

---

[1] *Défense de l'Esprit des Lois*, IIIe partie.

FIN DE LA DÉFENSE DU GÉNIE DU CHRISTIANISME.

LETTRE A M. DE FONTANES.

LETTRE A M. DE FONTANES.

SUR

LA IIe ÉDITION DE L'OUVRAGE DE Mme DE STAËL[1].

J'ATTENDOIS avec impatience, mon cher ami, la seconde édition du livre de Mme de Staël, sur *la littérature*. Comme elle avoit promis de répondre à votre critique, j'étois curieux de savoir ce qu'une femme aussi spirituelle diroit pour la défense de la *perfectibilité*. Aussitôt que l'ouvrage m'est parvenu dans ma solitude, je me suis hâté de lire la préface et les notes; mais j'ai vu qu'on n'avoit résolu aucune de vos objections [2]. On a seulement tâché d'expliquer le mot sur lequel roule tout le système. Hélas! il seroit fort doux de croire que nous nous perfectionnons d'âge en âge, et que le fils est toujours meilleur que son père. Si quelque chose pouvoit prouver cette excellence du cœur humain, ce seroit de voir que Mme de Staël a trouvé le principe de cette illusion dans son propre cœur. Toutefois, j'ai peur que cette dame, qui se plaint si souvent des hommes en vantant leur perfectibilité, ne soit comme ces prêtres qui ne croient point à l'idole dont ils encensent les autels.

[1] *De la Littérature dans ses rapports avec la morale*, etc. (1801.)
[2] M. de Fontanes avoit fait trois extraits d'une excellente critique sur la première édition de l'ouvrage de Mme de Staël.

Je vous dirai aussi, mon cher ami, qu'il me semble tout-à-fait indigne d'une femme du mérite de l'auteur d'avoir cherché à vous répondre en élevant des doutes sur vos opinions politiques. Et que font ces prétendues opinions à une querelle purement littéraire? Ne pourroit-on pas rétorquer l'argument contre Mme de Staël, et lui dire qu'elle a bien l'air de ne pas aimer le gouvernement actuel[1], et de regretter les jours d'une plus grande liberté? Mme de Staël étoit trop au-dessus de ces moyens pour les employer.

A présent, mon cher ami, il faut que je vous dise ma façon de penser sur ce nouveau cours de littérature; mais en combattant le système qu'il renferme, je vous paroîtrai peut-être aussi déraisonnable que mon adversaire. Vous n'ignorez pas que ma folie est de voir *Jésus-Christ* partout, comme Mme de Staël la *perfectibilité*. J'ai le malheur de croire, avec Pascal, que la religion chrétienne a seule exprimé le problème de l'homme. Vous voyez que je commence par me mettre à l'abri sous un grand nom, afin que vous épargniez un peu mes idées étroites et ma superstition antiphilosophique. Au reste, je m'enhardis en songeant avec quelle indulgence vous avez déjà annoncé mon ouvrage[2]; mais cet ouvrage, quand paroîtra-t-il? Il y a deux ans qu'on l'imprime, et il y a deux ans que le libraire ne se lasse point de me

---

[1] Le consulat, en 1801.
[2] *Génie du Christianisme*

faire attendre, ni moi de corriger. Ce que je vais donc vous dire dans cette lettre sera tiré en partie de mon livre futur sur les beautés de la religion chrétienne. Il sera divertissant pour vous de voir comment deux esprits partant de deux points opposés sont quelquefois arrivés aux mêmes résultats. Mme de Staël donne à la philosophie ce que j'attribue à la religion; et, en commençant par la littérature ancienne, je vois bien, avec l'ingénieux auteur que vous avez réfuté, que notre théâtre est supérieur au théâtre ancien; je vois bien encore que cette supériorité découle d'une plus profonde étude du cœur humain. Mais à quoi devons-nous cette connoissance des passions ? — Au christianisme et non à la philosophie. Vous riez, mon ami; écoutez-moi :

S'il existoit une religion dont la qualité essentielle fût de poser une barrière aux passions de l'homme, elle augmenteroit nécessairement le jeu de ces passions dans le drame et dans l'épopée; elle seroit, par sa nature même, beaucoup plus favorable au développement des caractères que toute autre institution religieuse qui, ne se mêlant point aux affections de l'âme, n'agiroit sur nous que par des scènes extérieures. Or, la religion chrétienne a cet avantage sur les cultes de l'antiquité : c'est un vent céleste qui enfle les voiles de la vertu, et multiplie les orages de la conscience autour du vice.

Toutes les bases du vice et de la vertu ont changé parmi les hommes, du moins parmi les hommes chrétiens, depuis la prédication de l'Évangile. Chez les anciens, par exemple, l'humilité étoit une bassesse, et l'orgueil une qualité. Parmi nous, c'est tout le contraire : l'orgueil est le premier des vices, et l'humilité la première des vertus. Cette seule mutation de principes bouleverse la morale entière. Il n'est pas difficile de voir que c'est le christianisme qui a raison, et qui lui seul a rétabli la véritable nature. Mais il résulte de là que nous devons découvrir dans les passions des choses que les anciens n'y voyoient pas, sans qu'on puisse attribuer ces nouvelles vues du cœur humain à une perfection croissante du génie de l'homme.

Donc, pour nous, la racine du mal est la vanité, et la racine du bien la charité ; de sorte que les passions vicieuses sont toujours un composé d'orgueil, et les passions vertueuses un composé d'amour. Avec ces deux termes extrêmes, il n'est point de termes moyens qu'on ne trouve aisément dans l'échelle de nos passions. Le christianisme a été si loin en morale, qu'il a, pour ainsi dire, donné les abstractions ou les règles mathématiques des émotions de l'âme.

Je n'entrerai point ici, mon cher ami, dans le détail des caractères dramatiques, tels que ceux du père, de l'époux, etc. Je ne traiterai point aussi de chaque sentiment en particulier : vous verrez tout cela dans mon ouvrage. J'observerai seulement, à propos de l'amitié, en pensant à vous, que le christianisme en développe singulièrement les charmes, parce qu'il est tout en contrastes comme elle. Pour que deux hommes soient parfaits amis, ils doivent s'attirer et se repousser sans cesse par quelque endroit : il faut qu'ils aient des génies d'une même force, mais d'un genre différent, des opinions opposées, des principes semblables, des haines et des amours diverses, mais au fond la même dose de sensibilité; des humeurs tranchantes, et pourtant des goûts pareils; en un mot, de grands contrastes de caractère, et de grandes harmonies de cœur.

En amour, Mme de Staël a commenté *Phèdre* : ses observations sont fines, et l'on voit par la leçon du Scoliaste qu'il a parfaitement entendu son texte. Mais si ce n'est que dans les siècles modernes que s'est formé ce mélange des sens et de l'âme, cette espèce d'amour dont l'amitié est la partie morale, n'est-ce pas encore au christianisme que l'on doit ce sentiment perfectionné ? N'est-ce pas lui qui, tendant sans cesse à épurer le cœur, est parvenu à répandre de la spiritualité jusque dans le penchant qui en paroissoit le moins susceptible ? Et combien n'en a-t-il pas redoublé l'énergie en le contrariant dans le cœur de l'homme ? Le christianisme seul a établi ces terribles combats de la chair et de l'esprit, si favorables aux grands effets dramatiques. Voyez dans *Héloïse*, la plus fougueuse des passions luttant contre une religion menaçante. Héloïse aime, Héloïse brûle; mais là s'élèvent des murs glacés; là, tout s'éteint sous des marbres insensibles; là, des châtiments ou des récompenses éternelles attendent sa chute ou son triomphe.

Didon ne perd qu'un amant ingrat : oh! qu'Héloïse est travaillée d'un tout autre soin! Il faut qu'elle choisisse entre Dieu et un amant fidèle, et qu'elle n'espère pas détourner secrètement, au profit d'Abeilard, la moindre partie de son cœur : le Dieu qu'elle sert est un Dieu jaloux, un Dieu qui veut être aimé de préférence ; il punit jusqu'à l'ombre d'une pensée, jusqu'au songe qui s'adresse à d'autres qu'à lui.

Au reste, on sent que ces cloîtres, que ces voûtes, que ces mœurs austères, en contraste avec l'amour malheureux, en doivent augmenter encore la force et la mélancolie. Je suis fâché que Mme de Staël ne nous ait pas développé *religieusement* le système des passions. La *perfectibilité* n'étoit pas, du moins selon moi, l'instrument dont il falloit se servir pour mesurer des foiblesses. J'en aurois plutôt appelé aux erreurs mêmes de ma vie : forcé de faire l'histoire des songes, j'aurois interrogé mes songes ; et si j'eusse trouvé que nos passions sont réellement plus déliées que les passions des anciens, j'en aurois seulement conclu que nous sommes plus parfaits en illusions.

Si le temps et le lieu le permettoient, mon cher ami, j'aurois bien d'autres remarques à faire sur la littérature ancienne : je prendrois la liberté de combattre plusieurs jugements littéraires de Mme de Staël.

Je ne suis pas de son opinion touchant la métaphysique des anciens : leur dialectique étoit plus verbeuse et moins pressante que la nôtre ; mais en métaphysique, ils en savoient autant que nous.

Le genre humain a-t-il fait un pas dans les sciences morales? Non; il avance seulement dans les sciences physiques : encore, combien il seroit aisé de contester les principes de nos sciences! Certainement Aristote, avec ses dix catégories, qui renfermoient toutes les forces de la pensée, étoit aussi savant que Bayle et Condillac en *idéologie;* mais on passera éternellement d'un système à l'autre sur ces matières : tout est doute, obscurité, incertitude en métaphysique. La réputation et l'influence de Locke sont déjà tombées en Angleterre. Sa doctrine, qui devoit prouver si clairement qu'il n'y a point d'idées innées, n'est rien moins que certaine, puisqu'elle échoue contre les vérités mathématiques qui ne peuvent jamais être entrées dans l'âme par les sens. Est-ce l'odorat, le goût, le toucher, l'ouïe, la vue, qui ont démontré à Pythagore que, dans un triangle rectangle, le carré de l'hypothénuse est égal à la somme des carrés faits sur les deux autres côtés? Tous les arithméticiens et tous les géomètres diront à Mme de Staël que les nombres et les rapports des trois dimensions de la matière sont de pures abstractions de la pensée, et que les sens, loin d'entrer pour quelque chose dans ces connoissances, en sont les plus grands ennemis. D'ailleurs, les vérités mathématiques, si j'ose le dire, sont innées en nous, par cela seul qu'elles sont éternelles. Or, si ces vérités sont éternelles, elles ne peuvent être que les émanations d'une source de vérité qui existe quelque part. Cette source de vérité ne peut être que Dieu. Donc l'idée de Dieu, dans l'esprit humain, est à son tour une idée innée ; donc notre âme, qui contient des vérités éternelles, est au moins une immortelle substance.

Voyez, mon cher ami, quel enchaînement de choses, et combien Mme de Staël est loin d'avoir approfondi tout cela. Je serai obligé, malgré moi, de porter ici un jugement sévère. Mme de Staël, se hâtant d'élever un système, et croyant apercevoir que Rousseau avoit plus pensé que Platon, et Sénèque plus que Tite-Live, s'est imaginé tenir tous les fils de l'âme et de l'intelligence humaine; mais les esprits pédantesques, comme moi, ne sont point du tout contents de cette marche précipitée. Ils voudroient qu'on eût creusé plus avant dans le sujet, qu'on n'eût pas été si superficiel, et que dans un livre où l'on fait la guerre à l'imagination et aux préjugés, dans un livre où l'on traite de la chose la plus grave du monde, la pensée de l'homme, on eût moins senti l'imagination, le goût du sophisme, et la pensée inconstante et versatile de la femme.

Vous savez, mon cher ami, ce que les philosophes nous reprochent, à nous autres gens religieux; ils disent que nous n'avons pas la *tête forte*. Ils lèvent les épaules de pitié quand nous leur parlons du *sentiment moral*. Ils demandent *qu'est-ce que tout cela prouve ?* En vérité, je vous avouerai, à ma confusion, que je n'en sais rien moi-même; car je n'ai jamais cherché à me démontrer mon cœur; j'ai toujours laissé ce soin à mes amis. Toutefois, n'allez pas abuser de cet aveu, et me trahir auprès de la philosophie. Il faut que j'aie l'air de m'entendre, lors même que je ne m'entends pas du tout. On m'a dit, dans ma retraite, que cette manière réussissoit. Mais il est bien singulier que tous ceux qui nous accablent de leur mépris pour notre défaut d'*argumentation*, et qui regardent nos misérables idées comme *les habitués de la maison*[1], oublient le fond même des choses dans le sujet qu'ils traitent; de sorte que nous sommes obligés de nous faire violence, et de *peser*, au péril de nos jours, contre notre tempérament religieux, pour rappeler à ces penseurs ce qu'ils auroient dû penser.

N'est-il pas tout-à-fait incroyable qu'en parlant de l'avilissement des Romains sous les empereurs, Mme de Staël ait négligé de nous faire valoir l'influence du christianisme naissant sur l'esprit des hommes? Elle a l'air de ne se souvenir de la religion, qui a changé la face du monde, qu'au moment de l'invasion des Barbares. Mais, bien avant cette époque, des cris de justice et de liberté avoient retenti dans l'empire des Césars. Et qui est-ce qui les avoit poussés, ces cris? les chrétiens. Fatal aveuglement des systèmes! Mme de Staël appelle la *folie du martyre* des actes que son cœur généreux loueroit ailleurs avec transport : je veux dire de jeunes vierges préférant la mort aux caresses des tyrans, des hommes refusant de sacrifier aux idoles, et scellant de leur sang, aux yeux du monde étonné, le dogme de l'unité d'un Dieu et de l'immortalité

---

[1] Phrase de Mme de Staël.

de l'âme ; je pense que c'est là de la philosophie.

Quel dut être l'étonnement de la race humaine, lorsqu'au milieu des superstitions les plus honteuses, *lorsque tout étoit Dieu, excepté Dieu même*, comme parle Bossuet, Tertullien fit tout à coup entendre ce symbole de la foi chrétienne : « Le Dieu
« que nous adorons est un seul Dieu, qui a créé
« l'univers avec les éléments, les corps et les esprits
« qui le composent, et qui, par sa parole, sa raison
« et sa toute-puissance, a transformé le néant en un
« monde, pour être l'ornement de sa grandeur... Il
« est invisible, quoiqu'il se montre partout ; impal-
« pable, quoique nous nous en fassions une image ;
« incompréhensible, quoique appelé par toutes les
« lumières de la raison... Rien ne fait mieux com-
« prendre le souverain Être que l'impossibilité de
« le concevoir : son immensité le cache et le décou-
« vre à la fois aux hommes [1]. »

Et quand le même apologiste osoit seul parler la langue de la liberté au milieu du silence du monde, n'étoit-ce point encore de la philosophie ? Qui n'eût cru que le premier Brutus, évoqué de la tombe, menaçoit le trône des Tibères, lorsque ces fiers accents ébranlèrent les portiques où venoient se perdre les soupirs de Rome esclave :

« Je ne suis point l'esclave de l'empereur. Je n'ai
« qu'un maître, c'est le Dieu tout-puissant et éter-
« nel, qui est aussi le maître de César [2]... Voilà donc

---

[1] Tertul., *Apologet.*, cap. XVII.
[2] *Ceterum liber sum illi. Dominus enim meus unus est, Deus omnipotens, et æternus, idem qui et ipsius.* (*Apologet.*, c. XXXIV.)

« pourquoi vous exercez sur nous toutes sortes de
« cruautés ! Ah ! s'il nous étoit permis de rendre le
« mal pour le mal, une seule nuit et quelques flam-
« beaux suffiroient à notre vengeance. Nous ne
« sommes que d'hier, et nous remplissons tout : vos
« cités, vos îles, vos forteresses, vos camps, vos
« colonies, vos tribus, vos décuries, vos conseils,
« le palais, le sénat, le forum [1]; nous ne vous lais-
« sons que vos temples. »

Je puis me tromper, mon cher ami, mais il me semble que Mme de Staël, en faisant l'histoire de l'esprit philosophique, n'auroit pas dû omettre de pareilles choses. Cette littérature des Pères, qui remplit tous les siècles, depuis Tacite jusqu'à saint Bernard, offroit une carrière immense d'observations. Par exemple, un des noms injurieux que le peuple donnoit aux premiers chrétiens, étoit celui de *philosophe* [2]. On les appeloit aussi *athées* [3], et on les forçoit d'abjurer leur religion en ces termes : Αἶρε τοὺς ἀθέους, *confusion aux athées* [4]. Étrange destinée des chrétiens ! Brûlés sous Néron, pour cause d'athéisme; guillotinés sous Robespierre pour cause de crédulité : lequel des deux tyrans eut raison ? Selon la loi de la *perfectibilité*, ce doit être Robespierre.

On peut remarquer, mon cher ami, d'un bout à l'autre de l'ouvrage de Mme de Staël, des contra-

---

[1] *Apologet.*, cap. XXXVII.
[2] Saint-Just., *Apologet.*; Tert., *Apologet.*, etc.
[3] Athenagor.. *Legat. pro Christ.*; Arnob., lib. I.
[4] Euseb., lib. IV, cap. XV.

dictions singulières. Quelquefois, elle paroît presque *chrétienne,* et je suis prêt à me réjouir. Mais l'instant d'après, la *philosophie* reprend le dessus. Tantôt, inspirée par sa sensibilité naturelle, qui lui dit qu'il n'y a rien de touchant, rien de beau sans religion, elle laisse échapper son âme. Mais, tout à coup l'*argumentation* se réveille et vient contrarier les élans du cœur, l'analyse prend la place de ce vague infini où la pensée aime à se perdre; et l'*entendement* cite à son tribunal des causes qui *ressortissoient* autrefois à ce vieux siége de la vérité, que nos pères gaulois appeloient les *entrailles de l'homme.* Il résulte que le livre de Mme de Staël est pour moi un mélange singulier de vérités et d'erreurs. Ainsi, lorsqu'elle attribue au christianisme la mélancolie qui règne dans le génie des peuples modernes, je suis absolument de son avis; mais quand elle joint à cette cause je ne sais quelle maligne influence du nord, je ne reconnois plus l'auteur qui me paroissoit si judicieux auparavant. Vous voyez, mon cher ami, que je me tiens dans mon sujet, et que je passe maintenant à la littérature moderne.

La religion des Hébreux, née au milieu des foudres et des éclairs, dans les bois d'Horeb et de Sinaï, avoit je ne sais quelle tristesse formidable. La religion chrétienne, en retenant ce que celle de Moïse avoit de sublime, en a adouci les autres traits. Faite pour les misères et pour les besoins de notre cœur, elle est essentiellement tendre et mélancolique. Elle nous représente toujours l'homme comme un voyageur qui passe ici-bas dans une vallée de larmes et qui ne se repose qu'au tombeau. Le Dieu qu'elle offre à nos adorations est le Dieu des infortunés; il a souffert lui-même, les enfants et les foibles sont les objets de sa prédilection, et il chérit ceux qui pleurent.

Les persécutions qu'éprouvèrent les premiers fidèles augmentèrent sans doute leur penchant aux méditations sérieuses. L'invasion des Barbares mit le comble à tant de calamités, et l'esprit humain en reçut une impression de tristesse qui ne s'est jamais effacée. Tous les liens qui attachent à la vie étant brisés à la fois, il ne reste plus que Dieu pour espérance, et les déserts pour refuge. Comme au temps du déluge, les hommes se sauvèrent sur le sommet des montagnes, emportant avec eux les débris des arts et de la civilisation. Les solitudes se remplirent d'anachorètes qui, vêtus de feuilles de palmier, se dévouoient à des pénitences sans fin pour fléchir la colère céleste. De toutes parts s'élevèrent des couvents, où se retirèrent des malheureux trompés par le monde, et des âmes qui aimoient mieux ignorer certains sentiments de l'existence que de s'exposer à les voir cruellement trahis. Une prodigieuse mélancolie dut être le fruit de cette vie monastique; car la mélancolie s'engendre du vague des passions, lorsque ces passions, sans objet, se consument d'elles-mêmes dans un cœur solitaire.

Ce sentiment s'accrut encore par les règles qu'on adopta dans la plupart des communautés. Là, des religieux bêchoient leurs tombeaux, à la lueur de la lune, dans les cimetières de leurs cloîtres; ici, ils n'avoient pour lit qu'un cercueil : plusieurs erroient comme des ombres sur les débris de Memphis et Babylone, accompagnés par des lions qu'ils avoient apprivoisés au son de la harpe de David. Les uns se condamnoient à un perpétuel silence; les autres répétoient, dans un éternel cantique, ou les soupirs de Job, ou les plaintes de Jérémie, ou les pénitences du roi-prophète. Enfin les monastères étoient bâtis dans les sites les plus sauvages : on les trouvoit dispersés sur les cimes du Liban, au milieu des sables de l'Égypte, dans l'épaisseur des forêts des Gaules et sur les grèves des mers britanniques. Oh! comme ils devoient être tristes, les tintements de la cloche religieuse qui, dans le calme des nuits, appeloient les vestales aux veilles et aux prières, et se mêloient, sous les voûtes du temple, aux derniers sons des cantiques et aux foibles bruissements des flots lointains! Combien elles étoient profondes les méditations du solitaire qui, à travers les barreaux de sa fenêtre, rêvoit à l'aspect de la mer, peut-être agitée par l'orage! la tempête sur les flots, le calme dans la retraite! des hommes brisés par des écueils au pied de l'asile de la paix! l'infini de l'autre côté du mur d'une cellule, de même qu'il n'y a que la pierre du tombeau entre l'éternité et la vie!... Toutes ces diverses puissances du malheur, de la religion, des souvenirs, des mœurs, des scènes de la nature, se réunirent pour faire du génie chrétien le génie même de la mélancolie.

Il me paroît donc inutile d'avoir recours aux Barbares du Nord pour expliquer ce caractère de tristesse que Mme de Staël trouve particulièrement dans la littérature angloise et germanique, et qui pourtant n'est pas moins remarquable chez les maîtres de l'école françoise. Ni l'Angleterre, ni l'Allemagne, n'a produit Pascal et Bossuet, ces deux grands modèles de la mélancolie en sentiments et en pensées.

Mais Ossian, mon cher ami, n'est-il pas la grande fontaine du Nord où tous les bardes se sont enivrés de mélancolie, de même que les anciens peignoient Homère sous la figure d'un grand fleuve où tous les petits fleuves venoient remplir leurs urnes ? J'avoue que cette idée de Mme de Staël me plaît fort. J'aime à me représenter les deux aveugles, l'un sur la cime d'une montagne d'Écosse, la tête chauve, la barbe humide, la harpe à la main, et dictant ses lois, du milieu des brouillards, à tout le peuple poétique de la Germanie ; l'autre, assis sur le sommet du Pinde, environné des muses qui tiennent sa lyre, élevant son front couronné sous le beau ciel de la Grèce, et gouvernant avec un sceptre orné de lauriers la patrie du Tasse et celle de Racine.

« Vous abandonnez donc ma cause ? » allez-vous vous écrier ici. Sans doute, mon cher ami ; mais il faut que je vous en dise la raison secrète : *c'est qu'Ossian lui-même est chrétien.* Ossian chrétien ! Convenez que je suis bien heureux d'avoir converti ce barde, et qu'en le faisant entrer dans les rangs de la religion j'enlève un des premiers héros à *l'âge de la mélancolie.*

Il n'y a plus que les étrangers qui soient encore dupes d'Ossian. Toute l'Angleterre est convaincue que les poëmes qui portent ce nom sont l'ouvrage de M. Macpherson lui-même. J'ai été long-temps trompé par cet ingénieux mensonge : enthousiaste d'Ossian comme un jeune homme que j'étois alors, il m'a fallu passer plusieurs années à Londres, parmi les gens de lettres, pour être entièrement désabusé. Mais enfin je n'ai pu résister à la conviction, et les palais de Fingal se sont évanouis pour moi, comme beaucoup d'autres songes.

Vous connoissez toute l'ancienne querelle du docteur Johnson et du traducteur supposé du barde calédonien. M. Macpherson, poussé à bout, ne put jamais montrer le manuscrit de *Fingal*, dont il avoit fait une histoire ridicule, prétendant qu'il l'avoit trouvé dans un vieux coffre chez un paysan; que ce manuscrit étoit en papier et en caractères runiques. Or Johnson démontra que ni le papier ni l'alphabet runique n'étoient en usage en Écosse à l'époque fixée par M. Macpherson. Quant au texte qu'on voit maintenant imprimé avec quelques poëmes de Smith, ou à celui qu'on peut imprimer encore [1], on sait que les poëmes d'Ossian ont été traduits *de l'anglois* dans la langue

---

[1] Quelques journaux anglois ont dit, et des journaux françois ont répété, que le texte véritable d'Ossian alloit enfin paroître; mais ce ne peut être que la version écossoise faite sur le texte même de Macpherson.

calédonienne; car plusieurs montagnards écossois sont devenus complices de la fraude de leur compatriote. C'est ce qui a trompé.

Au reste c'est une chose fort commune en Angleterre que tous ces manuscrits *retrouvés.* On a vu dernièrement une tragédie de Shakespeare, et, ce qui est plus extraordinaire, des ballades du temps de Chaucer, si parfaitement imitées pour le style, le parchemin et les caractères antiques, que tout le monde s'y est mépris. Déjà mille volumes se préparoient pour développer les beautés et prouver l'authenticité de ces merveilleux ouvrages, lorsqu'on surprit l'*éditeur* écrivant et composant lui-même ces poëmes saxons. Les admirateurs en furent quittes pour rire et pour jeter leurs commentaires au feu; mais je ne sais si le jeune homme qui s'étoit exercé dans cet art singulier ne s'est point brûlé la cervelle de désespoir.

Cependant il est certain qu'il existe d'anciens poëmes qui portent le nom d'*Ossian.* Ils sont irlandois ou erses d'origine. C'est l'ouvrage de quelque moine du treizième siècle. Fingal est un géant qui ne fait qu'une enjambée d'Écosse en Irlande; et les héros vont en Terre-Sainte pour expier les meurtres qu'ils ont commis.

Et, pour dire la vérité, il est même incroyable qu'on ait pu se tromper sur l'auteur des poëmes d'Ossian. L'homme du dix-huitième siècle y perce de toutes parts. Je n'en veux pour exemple que l'apostrophe du barde au soleil : « O soleil, lui dit-il, qui es-tu? d'où viens-tu? où vas-tu? ne tomberas-tu point un jour, etc.[1]? »

Mme de Staël, qui reconnoît si bien l'histoire de l'entendement humain, verra qu'il y a là-dedans tant d'idées complexes sous les rapports moraux, physiques et métaphysiques, qu'on ne peut presque sans absurdité les attribuer à un Sauvage. En outre, les notions les plus abstraites du *temps*, de la *durée*, de l'*étendue*, se trouvent à chaque page d'Ossian. J'ai vécu parmi les Sauvages de l'Amérique, et j'ai remarqué qu'ils parlent souvent des temps écoulés, mais jamais des temps à naître. Quelques grains de poussière au fond du tombeau leur restent en témoignage de la vie dans le néant du passé; mais qui peut leur indiquer l'existence dans le néant de l'avenir? Cette anticipation du futur, qui nous est si familière, est néanmoins une des plus fortes abstractions où la pensée de l'homme soit arrivée. Heureux toutefois le Sauvage qui ne sait pas, comme nous, que la douleur est suivie de la douleur, et dont l'âme, sans souvenir et sans prévoyance, ne concentre pas en elle-même, par une sorte d'éternité douloureuse, le passé, le présent et l'avenir!

Mais ce qui prouve incontestablement que M. Macpherson est l'auteur des poëmes d'Ossian, c'est la perfection, ou *le beau idéal de la morale* dans ces poëmes. Ceci mérite quelque développement.

[1] J'écris de mémoire, et je puis me tromper sur quelques mots; mais c'est le sens, et cela suffit.

Le beau idéal est né de la société. Les hommes très près de la nature ne le connoissent pas. Ils se contentent dans leurs chansons de peindre exactement ce qu'ils voient. Mais, comme ils vivent au milieu des déserts, leurs tableaux sont toujours grands et poétiques. Voilà pourquoi vous ne trouvez point de mauvais goût dans leurs compositions. Mais aussi elles sont monotones, et les sentiments qu'ils expriment ne vont pas jusqu'à l'héroïsme.

Le siècle d'Homère s'éloignoit déjà de ces premiers temps. Qu'un Sauvage perce un chevreuil de sa flèche; qu'il le dépouille au milieu de toutes les forêts; qu'il étende la victime sur les charbons du tronc d'un chêne, tout est noble dans cette action. Mais dans la tente d'Achille il y a déjà des bassins, des broches, des couteaux. Un instrument de plus, et Homère tomboit dans la bassesse des descriptions allemandes; ou bien il falloit qu'il cherchât le *beau idéal physique, en commençant à cacher.* Remarquez bien ceci. L'explication suivante va tout éclaircir.

A mesure que la société multiplia les besoins et les commodités de la vie, les poëtes apprirent qu'ils ne devoient plus, comme par le passé, peindre tout aux yeux, mais voiler certaines parties du tableau. Ce premier pas fait, ils virent encore qu'il falloit *choisir;* ensuite, que la chose choisie étoit susceptible d'une forme plus belle et d'un plus bel effet dans telle ou telle position. Toujours cachant et choisissant, retranchant ou ajoutant, ils se trouvèrent peu à peu dans des formes qui n'étoient plus naturelles, mais qui étoient plus belles que celles de la nature, et les artistes appelèrent ces formes *le beau idéal*. On peut donc définir le beau idéal *l'art de choisir et de cacher*.

Le beau idéal *moral* se forma comme le beau idéal *physique*. On déroba à la vue certains mouvements de l'âme, car l'âme a ses honteux besoins et ses bassesses comme le corps. Et je ne puis m'empêcher de remarquer que l'homme est le seul de tous les êtres vivants qui soit susceptible d'être représenté plus parfait que nature et comme approchant de la Divinité. On ne s'avise pas de peindre le beau idéal d'un aigle, d'un lion, etc. Si j'osois m'élever jusqu'au *raisonnement*, mon cher ami ; je vous dirois que j'entrevois ici une grande pensée de l'Auteur des êtres, et une preuve de notre immortalité.

La société où la morale atteignit le plus vite tout son développement, dut atteindre le plus tôt au beau idéal des caractères. Or c'est ce qui distingue éminemment les sociétés formées dans la religion chrétienne. C'est une chose étrange, et cependant rigoureusement vraie, qu'au moyen de l'Évangile la morale avoit acquis chez nos pères son plus haut point de perfection, tandis qu'ils étoient de vrais barbares dans tout le reste.

Je demande à présent où Ossian auroit pris cette morale parfaite qu'il donne partout à ses héros ? Ce n'est pas dans sa religion, puisqu'on convient qu'il n'y a point de religion dans ses ouvrages. Seroit-ce dans la nature même ? et comment le sauvage Ossian, sur un rocher de la Calédonie, tandis que tout étoit cruel, barbare, sanguinaire, grossier autour de lui, seroit-il arrivé en quelques jours à des connoissances morales que Socrate eut à peine dans les siècles les plus éclairés de la Grèce, et que l'Évangile seul a révélées au monde, comme le résultat de quatre mille ans d'observations sur le caractère des hommes? La mémoire de Mme de Staël l'a trahie, lorsqu'elle avance que les poésies scandinaves ont la même couleur que les poésies du prétendu barde écossois. Chacun sait que c'est tout le contraire. Les premières ne respirent que brutalité et vengeances. M. Macpherson lui-même a bien soin de remarquer cette différence, et de mettre en contraste les guerriers de *Morven* et les guerriers de *Lochlin*. L'ode que Mme de Staël rappelle dans une note a même été citée et commentée par le docteur Blair, en opposition aux poésies d'Ossian. Cette ode ressemble beaucoup à la chanson de mort des Iroquois : « Je ne crains point la mort, je suis brave, « que ne puis-je boire dans le crâne de mes ennemis « et leur dévorer le cœur! etc. » Enfin M. Macpherson a fait des fautes en histoire naturelle, qui suffiroient seules pour découvrir le mensonge. Il a planté des chênes où jamais il n'est venu que des bruyères, et fait crier des aigles où l'on n'entend que la voix de la barnache et le sifflement du courlieu.

M. Macpherson étoit membre du parlement d'Angleterre. Il étoit riche; il avoit un fort beau parc dans les montagnes d'Écosse, où, à force d'art et de soin, il étoit parvenu à faire croître quelques arbres; il étoit en outre très bon chrétien et profondément nourri de la lecture de la Bible [1]; il a chanté sa montagne, son parc, et le génie de sa religion.

Cela, sans doute, ne détruit rien du mérite des poëmes de *Temora* et de *Fingal*; ils n'en sont pas moins le vrai modèle d'une sorte de mélancolie du désert, pleine de charmes. J'ai fait venir la petite édition qu'on vient de publier dernièrement en Écosse; et, ne vous en déplaise, mon cher ami, je ne sors plus sans mon Homère de Westain dans une poche, et mon Ossian de *Glascow* dans l'autre. Mais cependant, il résulte de tout ce que je viens de vous dire que le système de Mme de Staël, touchant l'influence d'Ossian sur la littérature du Nord, s'écroule; et quand elle s'obstineroit à croire que le barde écossois a existé, elle a trop d'esprit et de raison pour ne pas sentir que c'est toujours un mauvais système que celui qui repose sur une base aussi contestée [2]. Pour moi, mon cher ami, vous voyez que j'ai tout à gagner par la chute

---

[1] Plusieurs morceaux d'Ossian sont visiblement imités de la Bible, et d'autres traduits d'Homère, tels que la belle expression *the joy of grief;* χρυερῖο τεταρπώμεσθα γόοιο. *Od.*, lib. II, v. 211, *le plaisir de la douleur.* J'observerai qu'Homère a une teinte mélancolique dans le grec que toutes les traductions ont fait disparoître. Je ne crois pas, comme Mme de Staël, qu'il y ait un âge particulier de la mélancolie; mais je crois que tous les grands génies ont été mélancoliques.

[2] D'ailleurs, quand ces poëmes auroient existé avant Macpherson (ce qui est sans vraisemblance), ils n'étoient point rassemblés, et

d'Ossian, et que chassant la *perfectibilité* mélancolique des tragédies de Shakespeare, des *Nuits* de Young, de l'*Héloïse* de Pope, de la *Clarisse* de Richardson, j'y rétablis victorieusement la mélancolie des idées religieuses. Tous ces auteurs étoient chrétiens, et l'on croit même que Shakespeare étoit catholique.

Si j'allois maintenant, mon cher ami, suivre Mme de Staël dans le siècle de Louis XIV, c'est alors que vous me reprocheriez d'être tout-à-fait extravagant. J'avoue que, sur ce sujet, je suis d'une superstition ridicule. J'entre dans une sainte colère quand on veut rapprocher les auteurs du dix-huitième siècle des écrivains du dix-septième; et même, à présent que je vous en parle, ce seul souvenir est prêt à m'emporter *la raison hors des gonds,* comme dit Blaise Pascal. Il faut que je sois bien séduit par le talent de Mme de Staël pour rester muet dans une pareille cause.

Mon ami, nous n'avons pas d'historiens, dit-elle. Je pensois que Bossuet étoit quelque chose! Montesquieu lui-même lui doit son livre de la *Grandeur et de la décadence de l'empire romain,* dont il a trouvé l'abrégé sublime dans la troisième partie du *Discours sur l'Histoire universelle.* Les Hérodote, les Tacite, les Tite-Live sont petits, selon moi, auprès de Bossuet; c'est dire assez que les Guichardin, les Mariana, les Hume, les Robertson, disparoissent

les poëtes célèbres de l'Angleterre ne les connoissoient pas. Gray lui-même, si voisin de nous, dans son ode du *Barde,* ne rappelle pas une seule fois le nom d'Ossian.

devant lui. Quelle revue il fait de la terre ! il est en mille lieux à la fois : patriarche sous le palmier de Tophel, ministre à la cour de Babylone, prêtre à Memphis, législateur à Sparte, citoyen à Athènes et à Rome, il change de temps et de place à son gré ; il passe avec la rapidité et la majesté des siècles. La verge de la loi à la main, avec une autorité incroyable, il chasse pêle-mêle devant lui et juifs et gentils au tombeau ; il vient enfin lui-même à la suite du convoi de tant de générations, et, marchant appuyé sur Isaïe et sur Jérémie, il élève ses lamentations prophétiques à travers la poudre et les débris du genre humain.

Sans religion on peut avoir de l'esprit, mais il est presque impossible d'avoir du génie. Qu'ils me semblent petits la plupart de ces hommes du dix-huitième siècle, qui, au lieu de l'instrument infini dont les Racine et les Bossuet se servoient pour trouver la note fondamentale de leur éloquence, emploient l'échelle d'une étroite philosophie, qui subdivise l'âme en degrés et en minutes, et réduit tout l'univers, Dieu compris, à une simple soustraction du néant !

Tout écrivain qui refuse de croire en un Dieu, auteur de l'univers et juge des hommes, dont il a fait l'âme immortelle, bannit l'infini de ses ouvrages. Il enferme sa pensée dans un cercle de boue, dont il ne sauroit plus sortir. Il ne voit plus rien de noble dans la nature. Tout s'y opère par d'impurs moyens de corruption et de régénération. Le vaste abîme n'est qu'un peu d'eau *bitu-*

mineuse; les montagnes sont de petites protubérances de pierres *calcaires* ou *vitrescibles.* Ces deux admirables flambeaux des cieux, dont l'un s'éteint quand l'autre s'allume, afin d'éclairer nos travaux et nos veilles, ne sont que deux masses pesantes formées au hasard par je ne sais quelle agrégation fortuite de matière. Ainsi, tout est désenchanté, tout est mis à découvert par l'incrédule : il vous dira même qu'il sait ce que c'est que l'homme ; et si vous voulez l'en croire, il vous expliquera d'où vient la pensée, et ce qui fait que votre cœur se remue au récit d'une belle action; tant il a compris facilement ce que les plus grands génies n'ont pu comprendre ! Mais approchez et voyez en quoi consistent les hautes lumières de la philosophie ! Regardez au fond de ce tombeau ; contemplez ce cadavre enseveli, cette statue du néant, voilée d'un linceul : c'est tout l'homme de l'athée.

Voilà une lettre bien longue, mon cher ami, et cependant je ne vous ai pas dit la moitié des choses que j'aurois à vous dire.

On m'appellera capucin, mais vous savez que Didérot aimoit fort les capucins. Quant à vous, en votre qualité de poëte, pourquoi seriez-vous effrayé d'une barbe blanche ? Il y a long-temps qu'Homère a réconcilié les muses avec elle. Quoi qu'il en soit, il est temps de mettre fin à cette épître. Mais, comme vous savez que nous autres papistes avons la fureur de vouloir convertir notre prochain, je vous avouerai en confidence que je donnerois beaucoup de choses pour voir Mme de Staël se ranger sous les drapeaux de la religion. Voici ce que j'oserois lui dire si j'avois l'honneur de la connoître :

« Vous êtes sans doute une femme supérieure :
« votre tête est forte, et votre imagination quel-
« quefois pleine de charmes, témoin ce que vous
« dites d'Herminie déguisée en guerrier. Votre ex-
« pression a souvent de l'éclat et de l'élévation.

« Mais, malgré tous ces avantages, votre ouvrage
« est bien loin d'être ce qu'il auroit pu devenir.
« Le système en est monotone, sans mouvement, et
« trop mêlé d'expressions métaphysiques. Le so-
« phisme des idées repousse, l'érudition ne satisfait
« pas, et le cœur surtout est trop sacrifié à la pen-
« sée. D'où proviennent ces défauts ? de votre phi-
« losophie. C'est la partie éloquente qui manque
« essentiellement à votre ouvrage. Or, il n'y a point
« d'éloquence sans religion. L'homme a tellement
« besoin d'une éternité d'espérance, que vous avez
« été obligée de vous en former une sur la terre
« par votre système de *perfectibilité*, pour rem-
« placer cet *infini*, que vous refusez de voir dans le
« ciel. Si vous êtes sensible à la renommée, revenez
« aux idées religieuses. Je suis convaincu que vous
« avez en vous le germe d'un ouvrage beaucoup
« plus beau que tous ceux que vous nous avez donnés
« jusqu'à présent. Votre talent n'est qu'à demi dé-
« veloppé; la philosophie l'étouffe; et si vous demeu-
« rez dans vos opinions, vous ne parviendrez point
« à la hauteur où vous pouviez atteindre en suivant

« la route qui a conduit Pascal, Bossuet et Racine
« à l'immortalité. »

Voilà comme je parlerois à Mme de Staël sous les rapports de la gloire. Quand je viendrois à l'article du bonheur, pour rendre mes sermons moins ennuyeux, je varierois ma manière. J'emprunterois cette langue des forêts qui m'est permise en ma qualité de Sauvage. Je dirois à ma néophyte:

« Vous paroissez n'être pas heureuse : vous vous
« plaignez souvent, dans votre ouvrage, de man-
« quer de cœurs qui vous entendent. Sachez qu'il y
« a de certaines âmes qui cherchent en vain dans la
« nature les âmes auxquelles elles sont faites pour
« s'unir, et qui sont condamnées par le grand Esprit
« à une sorte de veuvage éternel.

« Si c'est là votre mal, la religion seule peut le
« guérir. Le mot *philosophie*, dans le langage de
« l'Europe, me semble correspondre au mot *soli-*
« *tude* dans l'idiome des Sauvages. Or, comment la
« *philosophie* remplira-t-elle le vide de vos jours ?
« Comble-t-on le désert avec le désert ?

« Il y avoit une femme des monts Apalaches qui
« disoit : Il n'y a point de bons génies, car je suis
« malheureuse, et tous les habitants des cabanes
« sont malheureux. Je n'ai point encore rencontré
« d'homme, quel que fût son air de félicité, qui
« n'entretînt une plaie cachée. Le cœur le plus se-
« rein en apparence ressemble au puits naturel de
« la savane *Alachua* : la surface vous en paroît
« calme et pure; mais lorsque vous regardez au
« fond du bassin tranquille, vous apercevez un

« large crocodile que le puits nourrit dans ses
« ondes.

« La femme alla consulter le jongleur du désert
« de *Scambre* pour savoir s'il y avoit de bons gé-
« nies. Le jongleur lui répondit : Roseau du fleuve,
« qui est-ce qui t'appuiera s'il n'y a pas de bons
« génies ? Tu dois y croire par cela seul que tu es
« malheureuse. Que feras-tu de la vie si tu es sans
« bonheur ; et encore sans espérance ? Occupe-toi,
« remplis secrètement la solitude de tes jours par
« des bienfaits. Sois l'astre de l'infortune ; répands
« tes clartés modestes dans les ombres ; sois témoin
« des pleurs qui coulent en silence ; et que les misé-
« rables puissent attacher les yeux sur toi sans être
« éblouis. Voilà le seul moyen de trouver ce bon-
« heur qui te manque. Le grand Esprit ne t'a frappée
« que pour te rendre sensible aux maux de tes
« frères, et pour que tu cherches à les soulager.
« Si notre cœur est comme le puits du crocodile,
« il est aussi comme ces arbres qui ne donnent leur
« baume pour les blessures des hommes que lorsque
« le fer les a blessés eux-mêmes.

« Le jongleur du désert de *Scambre*, ayant ainsi
« parlé à la femme des monts Apalaches, rentra
« dans le creux de son rocher. »

Adieu, mon cher ami, je vous aime et vous embrasse de tout mon cœur.

(*L'Auteur du Génie du Christianisme.*)

FIN DE LA LETTRE A M. DE FONTANES.

REMARQUES CRITIQUES.

EXTRAITS CRITIQUES
DU GÉNIE DU CHRISTIANISME,

PAR M. DE FONTANES.

PREMIER EXTRAIT.

Cet ouvrage long-temps attendu, et commencé dans des jours d'oppression et de douleur, paroît quand tous les maux se réparent, et quand toutes les persécutions finissent. Il ne pouvoit être publié dans des circonstances plus favorables. C'étoit à l'époque où la tyrannie renversoit tous les monuments religieux, c'étoit au bruit de tous les blasphèmes, et pour ainsi dire en présence de l'athéisme triomphant, que l'auteur se plaisoit à retracer les augustes souvenirs de la religion. Celui qui, dans ce temps-là, sur les ruines des temples du christianisme, en rappeloit l'ancienne gloire, eût-il pu deviner qu'à peine arrivé au terme de son travail, il verroit se rouvrir ces mêmes temples? certes, nous osons l'affirmer, la prédiction d'un tel événement eût excité la rage ou le mépris de ceux qui gouvernoient alors la France, et qui se vantoient d'anéantir par leurs lois les croyances religieuses que la nature et l'habitude ont si profondément gravées dans les cœurs. Mais, en dépit de toutes les menaces et de toutes les injures, l'opinion préparoit ce retour salutaire, et le nouvel orateur du christianisme va retrouver tout ce qu'il regrettoit. Du fond de la solitude où son imagination s'étoit réfugiée, il entendoit naguère la chute de nos autels. Il peut assister maintenant à leurs solennités renouvelées. La religion, dont la majesté s'est accrue par ses souffrances, revient d'un long exil dans ses sanctuaires déserts, au milieu de la victoire et de la paix dont elle affermit l'ouvrage. Toutes les consolations l'accompagnent, les haines et les douleurs s'apaisent à sa présence. Les vœux qu'elle formoit depuis douze cents ans pour la prospérité de cet empire seront encore entendus, et son autorité confirmera les nouvelles grandeurs de la France, au nom du Dieu qui, chez toutes les nations, est le premier auteur de tout pouvoir, le plus sûr appui de la morale, et par conséquent le seul gage de la félicité publique.

On accueillera donc avec un intérêt universel le jeune écrivain qui ose rétablir l'autorité des ancêtres et les traditions des âges. Son entreprise doit plaire à tous, et n'alarmer personne; car il s'occupe encore plus d'attacher l'âme, que de forcer la conviction. Il cherche les tableaux sublimes plus que les raisonnements victorieux : il sent et ne dispute pas; il veut unir tous les cœurs par le charme des mêmes émotions, et non séparer les esprits par des controverses interminables : en un mot, on diroit que le premier livre offert en hommage à la religion renaissante fut inspiré par cet esprit de paix qui vient de rapprocher toutes les consciences.

On sent trop que le plan d'un pareil ouvrage doit différer suivant l'esprit des siècles, le genre des lecteurs et les facultés de l'écrivain. Le zèle et le talent peuvent prendre des routes opposées pour arriver au même but.

Le génie audacieux de Pascal vouloit abattre l'incrédule sous les luttes du raisonnement. Sûr de lui-même, il osoit se mesurer avec l'orgueil de la raison humaine; et, quoiqu'il sût bien que cet orgueil est infini, l'athlète chrétien se sentoit assez fort pour le terrasser. Mais le seul Pascal pouvoit exécuter le plan qu'il avoit conçu, et la mort l'a frappé malheureusement au pied de l'édifice qu'il commençoit avec tant de grandeur. Racine le fils s'est traîné foiblement sur le dessin tracé par un si grand maître. Il a mêlé dans son poëme les méditations de Pascal et de Bossuet. Mais sa muse, si j'ose le dire, a été comme abattue en présence de ces deux grands hommes, et n'a pu porter tout le poids de leurs pensées. Il ébauche ce qu'ils ont peint; il n'est qu'élégant lorsqu'ils sont sublimes; mais il n'en est pas moins un versificateur très habile; et, plus d'une fois, on croit entendre dans les vers du poëme de *la Religion* les sons affoiblis de cette lyre qui nous charme dans *Esther* et dans *Athalie*.

L'auteur du *Génie du Christianisme* n'a point

suivi la même route que ses prédécesseurs. Il n'a point voulu rassembler les preuves théologiques de la religion, mais le tableau de ses bienfaits; il appelle à son secours le sentiment, et non l'argumentation. Il veut faire aimer tout ce qui est utile. Tel est son plan, comme nous avons pu le saisir dans une première lecture faite à la hâte. C'est ainsi qu'il s'explique lui-même :

« Nous osons croire, etc. » (*Voy*. tom. I, pag. 23 à 25.)

Les espérances que donne ce début ne sont point trompeuses. A quelque page qu'on s'arrête, on est touché par d'aimables rêveries, ou frappé par de grandes images. Il ne faut jamais oublier que cet ouvrage est moins fait pour les docteurs que pour les poëtes. Ceux qu'avoient prévenus les plaisanteries de l'incrédulité moderne s'étonneront de leur erreur en découvrant les beautés du système religieux : elles sont toutes développées par l'auteur.

Il considère, dans sa première partie, les mystères du christianisme. Plus une religion est mystérieuse, et plus elle est conforme à la nature humaine. Notre imagination aime surtout ce qu'elle devine, et croit découvrir davantage quand elle ne voit rien qu'à demi. Il montre ensuite les sacrements institués pour les divers besoins de l'homme, depuis la naissance jusqu'à la mort. C'est par eux que le chrétien communique sans cesse avec le ciel, et qu'il voit tous les préceptes de la morale sous des images sensibles. Bravons de froids sarcasmes, et ne craignons point de citer, en présence d'une philosophie dédaigneuse, ces descriptions si nouvelles et si touchantes. Voici, par exemple, comme l'auteur peint le sacrement de l'Extrême-Onction.

(*Voy.* le tome I, pag. 101 et suiv.)

Les peintres avoient souvent représenté ces scènes religieuses; et même les sacrements du Poussin sont au nombre de ses chefs-d'œuvre. Les hommes les moins crédules aiment ces images dans la peinture; elles doivent donc leur plaire aussi dans une description éloquente.

Continuons le développement de cet ouvrage, et que les lecteurs songent qu'un tel sujet a son langage propre et ses expressions consacrées.

Les mystères sont les spectacles de la foi. Les sacrements expliquent par des bienfaits visibles les propriétés cachées des mystères. En dernière analyse, tous les dogmes révélés ne servent qu'à confirmer ceux de l'immortalité de l'âme et de l'existence de Dieu, qui ne seroient point suffisamment attestés par les merveilles de la nature. Cependant l'auteur est loin de négliger les preuves qui se tirent des harmonies du ciel et de la terre; on croit même que cette partie de son ouvrage est une de celles qui auront le succès le plus universel. Il a du moins un avantage réel sur ceux qui décrivent ordinairement la nature. Au lieu des livres et des cabinets, il a eu pour écoles et pour spectacles, les mers, les montagnes, et les forêts du Nouveau-Monde. De là viennent peut-être la richesse et la naïveté de quelques uns de ses tableaux, dessinés devant le modèle.

Mais si le christianisme, à travers la sainte obscurité de ses mystères, frappe si puissamment l'imagination, quels effets ne doit-il pas encore aux pompes de son culte extérieur! Ici les tableaux se succèdent en foule, et le choix seroit difficile.

« Tantôt l'auteur remonte à l'antiquité des fêtes chrétiennes; tantôt il peint leur caractère sublime ou tendre, joyeux ou funèbre, consolant ou terrible, qui se varie avec toutes les scènes de l'année et de la vie humaine, auxquelles il est approprié. Il suit les solennités religieuses dans la ville et dans les champs, dans les cathédrales fameuses et dans l'église rustique, sur les tombes de marbre qui remplissent Westminster ou Saint-Denis, et sur le gazon qui couvre les sépultures du hameau.

« Les rites du christianisme sont souvent tournés en ridicule, et ceux du paganisme, au contraire, inspirent le plus vif enthousiasme. Cependant les plus belles cérémonies de l'antiquité se conservent encore dans notre religion, qui les a seulement dirigées vers une fin plus digne de l'homme. Tel est, par exemple, le jour des Rogations.

« Ce jour rappelle absolument la fête de l'antique Cérès, qui rassembla, dit-on, les premiers hommes en société, autour de la première moisson. Tibulle a décrit en vers charmants cette pompe champêtre comme elle existoit chez les Romains. On trouve aussi la même description dans le *Génie du Christianisme*. Les gens de goût ne seront peut-être pas fâchés de comparer quelques traits des deux tableaux, et de juger ainsi l'esprit de deux cultes séparés par dix-huit siècles.

Tibulle *invite d'abord Cérès et Bacchus à ceindre leurs fronts d'épis dorés et de grappes rougies. Il veut que les champs reposent avec le laboureur.*

> Bacche, veni, dulcisque tuis et cornibus uva
> Pendeat : et spicis tempora cinge, Ceres.
> Luce sacrâ requiescat humus, requiescat arator, etc.

Et pourquoi commande-t-il ce repos sacré? parce que *tel est l'usage antique.*

> Ritus ut à prisco traditus exstat avo.

Remarquez bien que les chantres aimables de l'amour, comme les plus sages législateurs, attestent aussi les pratiques du vieux temps.

Au reste, Tibulle est un casuiste très sévère. Il veut qu'on *vienne avec un cœur chaste aux fêtes publiques. Il repousse d'un ton indigné tous ceux qui la veille n'ont pas oublié Vénus.*

> Vos quoque abesse procul jubeo, discedite ab aris,
> Queis tulit hesternâ gaudia nocte Venus.

Il nous apprend ailleurs que dans ces grandes solennités, Délie se condamnoit à la retraite. Il la peint consultant tous les jours les prêtres d'Isis, les devins juifs, les augures latins : il parle autant de la piété crédule que de l'amour de sa maîtresse; et c'est pour cela qu'il la chérissoit peut-être. Dans tous les temps et dans tous les pays, le culte de l'Amour est un peu superstitieux; quand il cesse de l'être, tous ses enchantements sont finis.

« Dieux de nos pères! s'écrie le poëte, nous purifions nos champs et nos pasteurs. Écartez tous les maux de nos foyers! »

>   Dii patrii! purgamus agros, purgamus agrestes:
>   Vos mala de nostris pellite limitibus.

Mais, pour mériter la faveur des Dieux des champs, il a soin de reconnoître et de chanter les bienfaits dont ils ont déjà comblé les hommes.

« Ces Dieux instruisirent nos ancêtres à calmer leur faim par des aliments plus doux que le gland des forêts, à couvrir une cabane de chaume et de feuillage, à soumettre au joug les taureaux, et à suspendre le chariot sur la roue. Alors les fruits sauvages furent dédaignés. On greffa le pommier, et les jardins s'abreuvèrent d'une eau fertile, etc. »

>   His vita magistris
>   Desuevit quernâ pellere glande famem.
>   Illi etiam tauros primi docuisse feruntur
>   Servitium, et plaustro supposuisse rotam.
>   Tunc victus abiêre feri, tunc insita pomus,
>   Tunc bibit irriguas fertilis hortus aquas.

Cette harmonie est pleine de grâce. Les vers de Tibulle retentissent doucement à l'oreille, comme les vents frais et les douces pluies de la saison qu'il décrit. Mais tant de gravité religieuse ne dure pas long-temps. Le poëte élégiaque reprend bientôt son caractère. Il place le berceau de l'Amour dans les champs, au milieu des troupeaux et des cavales indomptées. De là il lui fait blesser l'adolescent et le vieillard ; et, cédant de plus en plus au délire qui l'emporte, *il peint la jeune fille qui trompe ses surveillants, et qui, d'une main incertaine et d'un pied suspendu par la crainte, cherche la route qui doit la conduire au lit de son amant.*

> Hoc duce, custodes furtim transgressa jacentes,
> Ad juvenem tenebris sola puella venit,
> Et pedibus prætentat iter suspensa timore,
> Explorat cæcas cui manus ante vias.

Ce petit tableau est achevé, mais le culte de la chaste Cérès est déjà bien loin. Quand Tibulle écrivit ces vers, Délie sortoit vraisemblablement de sa retraite pieuse et revenoit auprès de lui. Le poëte au moins se hâte de faire descendre la troupe des Songes, et le Sommeil avec ses ailes rembrunies.

> Postque venit tacitus fuscis circumdatus alis
> Somnus, et incerto Somnia nigra pede.

Nous avons vu les jeux de l'imagination de Tibulle ; voyons maintenant les graves tableaux du christianisme, et jugeons s'ils n'ont pas aussi leur charme particulier.

(*Voy*. tom. III, pag. 172 et suiv.)

L'esprit du christianisme n'a-t-il pas mis dans cette dernière peinture, outre l'avantage moral, quelque chose de plus tendre et de plus attachant ? Quelle institution dans les villages romains pouvoit ressembler à celle de ce bon curé, qui veille entre le temple du Dieu vivant et la demeure des morts ? La marche religieuse *dans ces chemins ombragés, et coupés profondément par la roue des chars rustiques,* n'est-elle pas d'une grande vérité ? N'aime-t-on pas *ces voix inconnues qui s'élèvent dans le silence des bois,* et qui semblent être celles des génies ministres de la fécondité ? Ne rêve-t-on pas délicieusement à la voix de ce *rossignol* qui chante les beaux jours, non loin des *vieillards* qui regardent un tombeau ? Je ne crois pas qu'on attribue ces jugements aux illusions de l'amitié. J'en appelle à tous ceux qui, ayant reçu plus de lumière que moi, voudront examiner sans aucun esprit de secte et de prévention.

Nous avons abandonné la marche de l'auteur pour admirer ses beautés. Il faut la reprendre et la suivre jusqu'au bout.

Si la religion est auguste et touchante dans ses mystères et dans ses cérémonies, elle l'est bien plus encore dans les dévouements magnanimes et dans les vertus extraordinaires qu'elle inspire. C'est là que le sujet donne de nouvelles forces à la voix de l'auteur; il peint la religion occupée à placer en quelque sorte, sur toutes les routes du malheur, des sentinelles vigilantes, pour l'épier et le secourir. Ici, la sœur *hospitalière* veille aux besoins du soldat mourant; ici, la sœur *grise* cherche l'infortune dans les réduits les plus secrets. Non loin, les sœurs *de la Miséricorde* reçoivent dans leurs bras la fille prostituée, avec des paroles qui lui laissent le repentir, et lui permettent l'espérance.

La piété fonde les hospices, dote les colléges, dirige avec gloire tous les travaux de l'éducation; protége dans les monastères les arts qui fuient devant les Barbares; conserve et explique les vieux manuscrits dépositaires de tout le génie des anciens, sans lesquels nous serions si peu de chose; parcourt l'Europe en versant les bienfaits; défriche partout les terres arides, et, en multipliant les moissons, multiplie enfin le peuple des campagnes. Mais voici un plus grand spectacle. Du fond de leurs cellules, des hommes intrépides volent à de saintes conquêtes. Ils courent à travers tous les dangers, jusqu'aux extrémités de la terre, et se la partagent pour *gagner des âmes*, c'est-à-dire pour civiliser des hommes. Les uns s'exposent aux feux des bûchers, parmi les hordes errantes du Canada; leurs vertus subjuguent les Barbares, et maintiennent après un siècle, dans ces contrées qui ont passé sous le joug de l'Angleterre, le respect et l'amour du nom françois. Ceux-ci descendent sur les sables où fut Carthage, pour redemander à un peuple féroce des captifs qu'ils n'ont jamais vus, mais qu'ils regardent comme leurs frères; ils ont même quelquefois poussé l'héroïsme jusqu'à prendre la place du prisonnier que leurs dons ne suffisoient pas à racheter. Ces héros d'une espèce toute nouvelle poussent encore plus loin, s'il est possible, l'enthousiasme de l'humanité. Ils s'enferment dans des bagnes infects. Ils veillent près du lit des pestiférés et s'exposent mille fois à mourir pour consoler des mourants. Enfin, les miracles des anciennes législations se renouvellent, et le génie de Lycurgue et de Numa semble être redescendu, après trois mille ans, dans les bois du Paraguay.

Je ne puis me refuser encore au plaisir de citer quelques fragments sur les missions des Jésuites dans ce pays, qu'ils gouvernèrent avec tant de gloire.

« Arrivés à *Buenos-Ayres*, etc. » (*Voy*. tom. IV, pag. 33 et suiv.)

Il n'est pas besoin de faire sentir le charme et la nouveauté de ces peintures; mais il est bon d'observer qu'à l'égard du gouvernement paternel des Jésuites, le défenseur du christianisme ne dit rien que Montesquieu ne confirme, et que Raynal, dans ces derniers temps, n'ait été contraint d'avouer. Je rapporterai les propres mots de ce dernier.

« Lorsqu'en 1768 les missions du Paraguay sortirent des mains des Jésuites, elles étoient arrivées à un point de civilisation le plus grand peut-être où on puisse conduire les nations nouvelles. On y observoit les lois. Il y régnoit une police exacte. Les mœurs y étoient pures. Une heureuse fraternité y unissoit tous les cœurs. Tous les arts de nécessité y étoient perfectionnés; on en connoissoit plusieurs d'agréables. L'abondance y étoit universelle, etc., etc.[1] »

En développant l'influence des vertus du christianisme, sur les sociétés qu'il a renouvelées, l'auteur s'est aperçu que cette religion a plus ou

[1] *Histoire philosophique des Deux Indes*, tom. IV, p. 323, édition de 1780.

moins imprimé son génie dans toutes les littératures modernes, et qu'elle y a porté de nouvelles richesses, dont on peut faire encore un heureux emploi. Cette observation a fait naître une espèce de poétique chrétienne, qui peut être considérée comme la seconde partie de cet ouvrage; mais il y a tant de points de vue à saisir et tant de questions délicates à traiter dans un pareil sujet, qu'on en rendra compte une autre fois.

Le christianisme a donné de nouveaux freins et de nouveaux aiguillons au cœur humain. C'est sous ce point de vue que l'auteur envisage dans les arts, et surtout dans la poésie des peuples modernes, les effets de toutes les passions. Lui-même a voulu peindre leur vague et leur inconstance dans le cœur d'un jeune homme qu'il appelle *René*, et qui ne sait où fixer ses inquiétudes. Ce roman est compris dans les études poétiques de la dernière partie. On y retrouve tout le talent qu'on aime dans *Atala*. On parlera des études poétiques dans un second extrait de cet ouvrage, qui paroît avec tant d'éclat et sous de si heureux auspices.

SECOND EXTRAIT [1].

Quand un talent original paroît pour la première fois, il jette toujours un grand éclat. Ses ennemis ne sont point encore rassemblés, et leur

---

[1] Ce second extrait ne parut qu'après les critiques de *la Décade philosophique.* (*Note des Éditeurs.*)

voix ne peut imposer silence à l'enthousiasme. Mais quand ce même talent agrandi se développe dans une composition plus vaste et plus difficile, ses juges deviennent plus sévères et ses succès sont plus disputés : c'est que la haine a eu le temps de prendre ses mesures, et de protester contre l'admiration publique. Tous les écrivains faits pour obtenir la gloire sont condamnés à cette épreuve nécessaire, qui doit plus les enorgueillir que les décourager : ils doivent surtout s'attendre à de longs combats, s'ils ont attaqué le système d'une faction dominante; car on leur fait expier alors, et la supériorité de leur talent, et l'audace de leurs opinions.

Ces remarques s'appliquent naturellement à l'auteur du *Génie du Christianisme*. Les beautés d'*Atala*, son premier essai, ont été vivement senties. La sévérité des censeurs, en relevant avec amertume quelques défauts si faciles à corriger, n'a pu affoiblir l'effet de cette production d'un genre tout nouveau. La critique a donc réuni tous ses efforts contre le second ouvrage du même écrivain, et cette fois elle a pu se promettre quelques avantages, puisqu'elle a pour auxiliaires toutes les opinions anti-religieuses de ce dix-huitième siècle, qui, d'un bout de l'Europe à l'autre, et surtout au milieu de la France, a déchaîné tant d'ennemis contre le christianisme.

On a d'abord attaqué le plan suivi par l'auteur. Plusieurs de ceux qui n'avoient jamais jugé nos dogmes religieux que sur les bouffonneries du *doc-*

teur *Zapata* et des aumôniers du roi de Prusse[1], ont tout à coup changé de langage. Ils ne contestent plus à la doctrine et aux pompes de l'Église romaine leurs effets touchants et sublimes; ils conviennent que l'éloquence et la poésie en peuvent tirer de puissantes émotions et de riches tableaux. Mais, après cet aveu remarquable, quelques uns, prenant le ton d'un zèle au moins équivoque, ajoutent qu'il ne faut pas développer avec trop d'éclat les beautés poétiques du christianisme, de peur d'ôter à ses dogmes et à sa morale leur importance et leur gravité. Ils affectent de craindre que l'imagination ne répande à la fois ses enchantements et ses erreurs sur une doctrine qui doit édifier plutôt que plaire.

Parmi ces critiques, il est sans doute quelques hommes vraiment pieux, et de bonne foi : c'est à eux surtout qu'il faut répondre. J'ose croire que leur sévérité sera désarmée après quelques réflexions que je leur soumets.

Les arguments théologiques, les savantes controverses, les instructions édifiantes, pouvoient suffire à des siècles éminemment religieux. Des traités austères, tels que ceux de *Nicole* et d'*Abbadie*, étoient lus avec empressement par les mêmes hommes qui goûtoient le mieux le génie et les grâces de Racine et de La Fontaine, leurs contemporains. Alors, dans les cercles de la ville et parmi les intrigues de la cour, dans le sénat et dans

[1] *Voyez* la collection des *OEuvres de Voltaire* et sa *Bible expliquée*, etc.

l'armée, on agitoit les mêmes questions que dans l'Église. Il ne faut point s'en étonner : la religion chrétienne, à cette époque, sembloit à tous l'objet le plus important. Le petit nombre de ceux qui osoient l'attaquer dans ses premières bases n'obtenoit que le mépris ou l'horreur. Le nom du Dieu qui l'avoit fondée imprimoit une égale vénération à toutes les sectes rivales dont elle étoit la mère, et qui combattoient dans son sein. Ces sectes, divisées sur quelques points, s'accordoient sur les dogmes fondamentaux. Leurs disputes avoient, en conséquence, ce caractère et ces mouvements passionnés que mettent toujours dans leurs débats les membres d'une famille divisée. Rappelez-vous, en effet, les anecdotes de ces jours célèbres; voyez dans le palais de la duchesse de Longueville les redoutables chefs de Port-Royal méditer de nouvelles attaques contre les Jésuites rassemblés à Versailles, sous la protection du Père Lachaise. La France étoit attentive à ces querelles, et se décidoit pour l'un ou pour l'autre parti. Apprenoit-on que le ministre Claude et l'évêque de Meaux étoient en présence, on contemploit avec curiosité l'approche des deux athlètes, et tous les cœurs s'intéressoient au dénouement du combat; car la renommée publioit que le prix du vainqueur devoit être la conversion de quelques personnages fameux. Le salut de Turenne (on parloit ainsi dans ce temps-là), le salut de Turenne étoit attaché peut-être à cette grande conférence; et ne sait-on pas que la dévotion de cet illustre capitaine devint aussi fameuse que sa valeur, et que ses soldats racontoient ses actes de piété comme ses victoires?

Mais ce n'étoit pas seulement au sein de la France que les esprits étoient si fort émus par ces spectacles et ces luttes théologiques : ce goût étoit celui de l'Europe entière. Leibnitz et Newton, dignes tous deux de se disputer les plus belles découvertes de la géométrie moderne, s'honoroient d inscrire leur nom parmi ceux des défenseurs du christianisme. Leibnitz en vouloit réunir toutes les communions; Newton, en éclairant les ténèbres de la chronologie, confirmoit celle de Moïse. Si, par exemple, on voyoit paroître un livre tel que l'*Histoire des Variations*, toute la république chrétienne étoit émue. Rome jetoit des cris d'admiration et de joie, tandis que des bords de la Tamise et du fond des marais de la Hollande on entendoit s'élever les clameurs injurieuses du calvinisme qui se débattoit sans cesse sous les foudres de Bossuet, et qui en étoit sans cesse écrasé.

Aujourd'hui les plus effrayantes catastrophes nous trouvent insensibles; on foule indifféremment les débris des trônes et des empires : alors les ruines d'un monastère qu'avoient illustré le nom de Pascal et les vertus de quelques filles pieuses excitoient un attendrissement universel. Que dis-je? la peur de déplaire à Louis XIV n'empêchoit point ses favoris de plaindre et d'honorer le docteur Arnauld, exilé par son ordre. Racine et Boileau, tout courtisans qu'on les suppose, adressoient des vers et des éloges à cet illustre opprimé, et même ils osoient les lire devant le monarque dont la grande âme pardonnoit cette noble franchise. Ainsi, les plus petits événements, quand ils tenoient au christianisme, avoient quelque chose de respectable et de sacré. L'esprit de la religion étoit partout, dans l'État et dans la famille, dans le cœur et dans les discours, dans toutes les affaires sérieuses, et jusque dans les jeux domestiques. En voulez-vous de nombreux exemples, parcourez les *Lettres de madame de Sévigné*.

Cette femme illustre vit dans sa terre des *Rochers*, au fond de la Bretagne; et loin de tout ce qu'elle aime. Elle veut échapper à l'ennui de la solitude, et retrouver dans ses lectures le charme des sociétés de Paris. Hé bien! quels sont les ouvrages que son goût préfère? Elle choisit les *Essais de Morale de Nicole*. Elle a pour lecteur son fils, qui revient de l'armée. Ce jeune homme, dont l'esprit et les grâces s'étoient fait remarquer de *Ninon*, juge très bien le janséniste *Nicole*; et dans ces soirées studieuses, qu'il passe à côté de la plus aimable des mères, il oublie les séductions de cette *Champmêlé* qu'il avoit aimée, et dont la voix étoit, dit-on, aussi tendre que les vers du poëte qui fut son maître. Observez bien que Mme de Sévigné, dans toutes ses lettres à sa fille, parle avec admiration des *Essais de Morale*, et qu'en écrivant à *Pauline*, sa petite-fille, elle répète avec cette expression vive et heureuse qui lui appartient : « *Si vous n'aimez pas ces solides lectures, votre goût aura toujours les pâles couleurs.* » Dans une autre occasion, elle se trouve à *Baville*, chez le président *de Lamoignon*, au milieu de la société la plus polie et la plus éclairée. Quel est celui qu'elle distingue dans ce choix de la bonne compagnie du plus brillant de tous les siècles? *Un homme d'un esprit charmant et d'une facilité fort aimable.* Je rapporte ses propres expressions. Mais devinez quel est cet homme? C'est le Père *Bourdaloue*.

Certes, quand les traités de *Nicole* et les conversations de *Bourdaloue* font les délices des femmes les plus renommées par leur esprit et par leur beauté, les apologistes du christianisme n'ont pas besoin de relever son prix et son éclat aux yeux de l'imagination : il est facile d'attirer l'attention et le respect, dès qu'on parle d'une doctrine qui fait le fond habituel des pensées et des sentiments de tout un peuple. Mais quand cette doctrine, en proie aux dérisions d'un siècle entier, perd la plus grande partie de son influence, il faut, pour la rétablir, apprendre d'abord au vulgaire que ce qu'on lui peignit comme ridicule est plein de charme et de majesté. Quand on défigura la religion sous tant d'indignes travestissements, on doit venger sa beauté méconnue, et l'offrir à l'admiration. Lorsqu'on ne cessa de montrer le christianisme comme un culte inepte et barbare qui a long-temps abruti les peuples, n'est-il pas juste de prouver que les peuples lui doivent les plus beaux développements de la civilisation?

C'est la tâche importante que M. de Chateaubriand s'est imposée. Il a su la remplir avec gloire.

Le genre de ses adversaires a déterminé le choix de ses armes. Fort de son talent et de sa cause, il rend à l'incrédulité tous ses dédains, et lui reproche surtout d'avoir affoibli les facultés de l'esprit humain, qu'elle se vante d'avoir agrandies.

« Il y a eu, dit-il, dans notre âge, etc. » (*Voy*. tom. III, pag. 94 à 95.)

C'est ainsi que le talent de l'auteur est profondément empreint à chaque page de son livre. Ce talent est reconnu de ceux qui le jugent avec le plus de rigueur ; mais, en s'appesantissant sur les défauts qu'on remarque dans quelques phrases, ils ont passé bien légèrement sur les beautés qui éclatent dans des livres entiers. Quand le pinceau est si neuf et si abondant, on pardonne des traits superflus, incorrects ou trop hardis. Que de fois, et surtout dans la quatrième partie, l'expression égale la grandeur du sujet ! C'est là qu'elle est touchante comme les bienfaits du christianisme, et riche comme ses merveilles. Au reste, cette quatrième partie a réuni tous les suffrages ; et dans toutes les autres on trouve un grand nombre de morceaux du même éclat. On a déjà cité dans le premier extrait plusieurs descriptions du culte romain. Ces fragments suffisent pour justifier nos éloges. Il reste à faire connoître la partie critique de l'ouvrage, où l'auteur a opposé les chefs-d'œuvre littéraires des siècles chrétiens à ceux de l'antiquité païenne, et le génie des Grecs à celui des Hébreux. Je choisis le parallèle des beautés d'Homère et de la Bible. Ce rapprochement fut indiqué plus d'une fois par des hommes pieux; le grave Fleury lui-même, dans son savant ouvrage sur *les Mœurs des Israélites*, semble retrouver quelquefois les crayons d'Homère et la grâce naïve des scènes de l'Odyssée. Aussi Fénelon aimoit-il beaucoup ce livre de Fleury. M. de Chateaubriand, à son tour, me paroît avoir saisi des rapports nouveaux dans ces deux monuments du premier âge. Voici comme il les juge :

« Nos termes de comparaison, etc. » (*Voy.* tom. II, pag. 266 et suiv.)

Il y a dans ces remarques, si je ne me trompe, un mélange d'imagination, de sentiment et de finesse qu'il est bien rare de trouver dans les poétiques les plus vantées. Les vues critiques de l'auteur, dans d'autres chapitres encore, me paroissent avoir les plus féconds résultats et la plus piquante nouveauté. Il prouve très bien que le christianisme, en perfectionnant les idées morales, fournit à la poésie moderne une espèce de *beau idéal* que ne pouvoient connoître les anciens. Je crois qu'à beaucoup d'égards son opinion est fondée. Racine avoue lui-même qu'il n'auroit pu faire supporter son Andromaque, si, comme dans Euripide, elle eût tremblé pour *Molossus*; et non pour *Astyanax*, pour le fils de *Pyrrhus*, et non pour celui d'*Hector. On ne croit point*, dit-il très bien, *qu'elle doive aimer un autre mari que le premier*[1]. Virgile l'avoit déjà senti confusément; et, dans le troisième livre de l'Énéide, il cherche à sauver, autant

---

[1] *Voyez* la préface d'*Andromaque*.

qu'il peut, l'honneur d'Andromaque. Elle rougit et baisse les yeux devant Énée, qui débarque en Épire;

<blockquote>Dejecit vultum, et demissâ voce locuta est, etc.</blockquote>

Puis, d'une voix embarrassée, elle raconte que le fils d'Achille, en la quittant pour Hermione, l'a fait épouser au troyen Hélénus;

<blockquote>Me famulam, famuloque Heleno transmisit habendam, etc.</blockquote>

Mais, en dépit de cette rougeur et de cet embarras que lui donne Virgile, la veuve d'Hector ne paroît point assez justifiée à J.-B. Rousseau, qui la cite auprès de la matrone d'Éphèse, dans une ode charmante :

<blockquote>Andromaque, en moins d'un lustre,
Remplaça deux fois Hector.</blockquote>

Racine s'est bien gardé de suivre en tout les traditions connues. Chez lui Andromaque ressemble précisément à ces veuves des premiers siècles chrétiens, où l'idée d'un second mariage eût semblé profane et presque coupable; à ces *Paules* et à ces *Marcelles*, qui, retirées dans un cloître, indifférentes à tous les spectacles du monde, et toujours vêtues de deuil, ne regardoient plus que le tombeau de l'époux à qui elles avoient promis leur foi, et le ciel où leurs premiers nœuds devoient se rejoindre éternellement. Il est donc vrai que le caractère de la veuve d'Hector, en prenant les couleurs sévères du christianisme, devient plus pur et plus touchant que dans l'antiquité même.

Sous l'empire d'une religion qui commande au désir tant de sacrifices, il doit y avoir plus de luttes entre le devoir et les passions. Dès-lors le génie qui les observe saura peindre avec des traits plus déchirants les combats du cœur, ses foiblesses et ses remords. Ainsi donc, à génie égal, un poëte élevé, comme Racine, dans la plus sévère école du christianisme, peindra le repentir de Phèdre criminelle avec une énergie que ne peuvent inspirer les dogmes d'une religion moins réprimante. Les orages d'une âme pieuse et tendre à la fois, qui est tour à tour partagée entre Dieu et son amant, une Héloïse que les souvenirs de la volupté poursuivent dans le sein de la pénitence, une Zaïre éprise de l'objet que son culte lui ordonne de haïr, le cloître et le monde, les illusions de la terre et les menaces du ciel, tous ces contrastes si dramatiques sont des beautés particulières au christianisme. Il donne non seulement des nuances plus fortes à la peinture des passions déjà connues, mais il les enrichit encore de caractères absolument nouveaux.

Ceux qui savent étudier dans les mœurs des peuples et des siècles le caractère des différentes littératures, les critiques dont le coup d'œil a quelque étendue, avoueront sans doute cette influence de nos opinions religieuses sur le talent de nos plus illustres écrivains. Mais peut-être on ne trouvera pas la même justesse dans toutes les observations de M. de Chateaubriand, ou du moins quelques unes ne seront admises qu'avec des restrictions nécessaires. On lui accordera difficilement que les machines poétiques tirées du christianisme puissent avoir le même effet que celles de la mythologie. Il est vrai qu'il ne se dissimule point les objections qui se présentent contre ce système.

« Nous avons à combattre, dit-il, un des plus anciens préjugés de l'école. Toutes les autorités sont contre nous, et l'on peut nous citer vingt vers de l'*Art poétique* qui nous condamnent. » Après cet aveu, il compare sous le point de vue poétique le Ciel des chrétiens à l'Olympe, le Tartare à notre Enfer, nos anges aux dieux subalternes du paganisme, et nos saints à ses demi-dieux.

On ne peut sans doute assigner de bornes au génie. Ce que Boileau jugeoit impraticable sera peut-être tenté quelque jour avec succès. Milton, à qui le goût fait tant de reproches, montre pourtant jusqu'à quel point la majesté des livres saints élève l'imagination poétique. Mais est-ce assez pour justifier l'opinion de ceux qui

>   Pensent faire agir Dieu, les saints et les prophètes,
>   Comme les dieux éclos du cerveau des poëtes?

En effet, si Milton est sublime, ce n'est point quand il peint la Divinité reposant dans elle-même, et jouissant de sa propre gloire au milieu des chœurs célestes qui la chantent éternellement. Alors le poëte est gêné par la précision des dogmes théologiques, et son enthousiasme se refroidit.

C'est dans le caractère de Satan qu'il s'est élevé au-dessus de lui-même. On en devine bientôt la raison : c'est que Satan, déchiré par l'orgueil et le remords, par les sentiments opposés de sa misère présente et de son antique gloire, a précisément, et même à un plus haut degré, toutes les passions des dieux de la mythologie. C'est un sujet rebelle qui rugit dans sa chaîne; c'est un roi détrôné qui médite de nouvelles vengeances; en un mot, c'est, avec des traits plus hardis, un Encelade frappé de la foudre, un Prométhée qui défie encore Jupiter, sur le roc où l'enchaîne la nécessité. Quelques traits de ce personnage avoient été indiqués dans les prophètes, mais d'une manière assez vague pour que l'auteur moderne, en le peignant, eût toute la liberté nécessaire à l'invention poétique. Satan, tel qu'il est conçu par Milton, ne prouve donc rien contre ces vers de Boileau :

> De la foi d'un chrétien les mystères terribles,
> D'*ornements égayés* ne sont point susceptibles.

Remarquez bien cette expression *d'ornements égayés*. Boileau l'a placée encore plus haut, en parlant de l'effet heureux des fables anciennes dans la poésie épique :

> Ainsi, dans cet amas de nobles fictions,
> Le poëte *s'égaye* en mille inventions,
> Orne, élève, *embellit*, *agrandit* toutes choses,
> Et trouve sous sa main des fleurs toujours écloses.

Mais ces fleurs ne croissent que sur les autels d'une religion douce et riante. La majesté du christianisme est trop sévère pour souffrir de tels ornements. Si on veut *l'embellir*, on la dégrade. Comment *agrandir* ce qui est infini? Comment *égayer* une religion qui a révélé toutes les misères de l'homme? D'ailleurs, le christianisme a des traditions précises et des dogmes invariables, dont ne s'accommode point un art qui ne vit que de fictions. Si la mythologie fut si favorable aux poëtes, c'est qu'elle étoit pour eux la source éternelle des ingénieux mensonges. Homère, Hésiode, Ovide, racontent souvent, avec des circonstances très diverses, les généalogies et les aventures de leurs dieux. La variété de leur récit favorise singulièrement l'essor et l'indépendance de l'imagination. Ces dieux qu'elle enfanta se prêtent à tous ses caprices, et se multiplient même quand il lui plaît. Long-temps après Homère, Apulée raconte la fable de Psyché; soudain Vénus a une rivale, et l'Olympe une déesse de plus. On sent que de telles licences sont interdites dans une religion où tout doit inspirer le respect et combattre les sens, où les faits et la doctrine sont immuables comme la vérité.

Mais si la gravité du christianisme ne peut descendre jusqu'aux jeux de la mythologie, celle-ci, au contraire, prenant toutes les formes du génie poétique dont elle est la fille, peut imiter les effets majestueux du christianisme[1]. Je suppose qu'on eût un poëme épique de Platon, qui, comme on sait, voulut dans sa jeunesse être le rival d'Homère, et qui ne fut le premier des philosophes qu'après

---

[1] On peut douter de cela, surtout dans l'éloquence et dans la poésie dramatique. (*Note des Éditeurs.*)

avoir essayé vainement d'être le premier des poëtes: croit-on qu'il n'eût pas su introduire dans les fictions mythologiques quelques unes de ces idées sublimes qui sembloient presque chrétiennes aux premiers Pères de l'Église [1]? Et ce que Platon n'a pas fait, ne fut-il pas exécuté plus d'une fois par Fénelon? L'Élysée, par exemple, tel qu'il est peint dans le *Télémaque*, n'appartient point au système du paganisme, mais à celui d'une religion qui n'admet qu'une joie sainte et des voluptés pures comme elle [2]. M. de Chateaubriand l'observe lui-même avec d'autres critiques. On retrouve, en effet, dans cette description, les élans passionnés d'une âme tendre qui portoit l'amour divin jusqu'à l'excès; mais ce morceau n'est pas le seul où l'auteur a répandu l'esprit du christianisme. Je n'en indiquerai qu'un autre exemple.

Le fils d'Ulysse, séparé quelque temps de Minerve, qui le conduit sous la figure de Mentor, est seul dans l'île de Chypre, en proie à toutes les séductions de Vénus et de son âge; il est prêt à succomber. Tout à coup, au fond d'un bocage, paroît la figure austère de ce même Mentor, qui crie d'une voix forte à son élève: *Fuyez cette terre dangereuse.* Les accents de la Divinité cachée ren-

---

[1] Sans doute un beau génie comme Platon auroit pu spiritualiser la mythologie; mais sa divine imagination, en atteignant aux grandes idées métaphysiques, seroit, par cela même, sortie de l'ordre des idées mythologiques; elle seroit devenue presque chrétienne. L'auteur auroit donc pu réclamer en sa faveur l'exemple que le critique veut citer contre lui. (*Note des Éditeurs.*)

[2] *Voyez* la note suivante.

dent au cœur amolli du jeune homme son courage
et ses vertus. Il se réjouit de retrouver enfin l'ami
qu'il regrette depuis si long-temps ; mais Mentor lui
annonce qu'il faut se quitter encore, et lui parle
en ces mots :

« Le cruel Métophis, qui me fit esclave avec
vous en Égypte, me vendit à des Arabes. Ceux-ci
étant allés à Damas en Syrie, pour leur commerce,
voulurent se défaire de moi, croyant tirer une
grande somme d'un voyageur nommé Hazaël, qui
cherchoit un esclave grec. Hazaël m'attend ; adieu,
cher Télémaque : un esclave qui craint les dieux
doit suivre fidèlement son maître. »

Il y a des beautés de plusieurs genres dans cet
épisode. Tout le monde remarquera sans peine
que Minerve ne vient point secourir Télémaque
quand il est captif aux extrémités de l'Égypte, ou
quand il combat Adraste au milieu de tous les
dangers. C'est contre la volupté seule qu'elle ac-
court le défendre ; c'est alors qu'il en a le plus
grand besoin. Une telle allégorie est belle, sans
doute, mais le reste cache des vérités plus sublimes
encore. La fille du Maître des dieux, la Sagesse
divine elle-même, se soumet sans murmure à tous les
opprobres de la servitude, et les ennoblit par une
pieuse résignation. N'est-ce pas déguiser, sous des
noms mythologiques, ce qu'il y a de plus élevé
dans la théologie chrétienne [1] ? et quelles plus

---

[1] Oserons-nous faire remarquer que ces exemples sont plus en
faveur du système que soutient l'auteur, que favorables à l'opinion
du critique ?   (*Note des Éditeurs.*)

grandes leçons peuvent être données au roi que veut instruire Minerve ! Elle lui apprend le respect qu'il doit à tous les hommes, en les montrant tous égaux devant le ciel, et surtout en acceptant elle-même les plus viles fonctions de la société. Mais lorsqu'elle réprime avec tant de soin l'orgueil de la puissance souveraine, voyez comme elle apaise les ressentiments séditieux de la mauvaise fortune, en inspirant à l'esclave la crainte des dieux qui récompenseront sa fidélité. Peut-on expliquer sous des images plus heureuses toute l'harmonie sociale, et les devoirs réciproques des divers états qui l'entretiennent? Ah! sans doute ces instructions puisées à la source du *vrai* et du *beau*, sont dignes d'avoir pour interprète Minerve même, c'est-à-dire l'intelligence qui gouverne l'univers. Comparez à cette morale, si utile et si touchante, les maximes d'éducation qu'a trop répandues le style véhément et passionné de J.-J. Rousseau; lisez sans prévention *Émile* et *Télémaque*, et jugez la philosophie des deux siècles, indépendamment de tous les autres mérites de Fénelon.

On peut conclure de ces réflexions que, dans le merveilleux de l'épopée, tous les avantages poétiques sont en faveur des fables anciennes, puisqu'elles sont toujours plus riantes que le christianisme, et peuvent quelquefois être aussi graves que lui.

M. de Chateaubriand fait encore d'autres reproches à la mythologie, et l'on ne dira pas qu'il la condamne par défaut d'imagination, car il en prodigue toutes les richesses dans le morceau suivant :

« Le plus grand et le premier vice de la mythologie, etc. » (*Voyez* tome II, pages 166 et suiv.)

Je crois qu'en répandant sur ce chapitre l'éclat des plus vives images, l'auteur a confondu quelques objets qu'il faut distinguer.

Les esprits tournés à la contemplation religieuse doivent sans doute se passionner pour tous les grands spectacles qui leur parlent de la puissance divine. Une piété tendre et vive peut accroître encore cet enthousiasme qui saisit le poëte à la vue des cieux, des mers et des campagnes; je sais même que certains tableaux du christianisme s'associent très heureusement aux scènes de la nature, et surtout à celles qui ont un caractère majestueux, touchant ou sublime. Le désert où sont ensevelies Thèbes, Palmyre et Babylone, me frappera d'une plus profonde émotion, si j'y vois la pénitence et la prière à genoux sur des ruines, si, dans quelques décombres de ces villes agitées autrefois par toutes les passions, un anachorète vit en paix avec Dieu, et médite sur la mort aux mêmes lieux où tant de grandeurs coupables ont disparu. Le Solitaire qui attend le lever du soleil sur le sommet du Liban me rendra plus sensible à la merveille de la lumière et de la création renaissante, s'il répète, au retour du matin, le cantique où David célébroit les œuvres de Dieu sur la même montagne. C'est alors que les cieux et le firmament, *qui racontent la gloire de l'Éternel*[1], auront pour moi plus de grandeur que ceux où se promène le char d'Apollon. Mais il ne faut rien exagérer : plus le christianisme est sublime, moins il lui faut chercher des beautés qui ne sont pas les siennes, et dont il n'a pas besoin. Est-il vrai, par exemple, que *lui seul*, *en chassant les Faunes, les Satyres et les Nymphes, ait rendu aux grottes leur silence, et aux bois leur rêverie ? qu'il ait exhaussé le dôme des forêts, et qu'il les ait remplies d'une divinité immense, etc., etc.?* Mais les bois du Druide n'avoient-ils pas ce caractère solennel et sacré? Ne sait-on pas que l'ancien peuple Celte n'avoit que des dieux immatériels et invisibles, et qu'il donnoit ordinairement leur nom à l'endroit le plus caché des forêts, comme nous l'apprend Tacite? Il n'adoroit qu'en esprit ce lieu plein d'une majesté cachée, et n'osoit même y lever les yeux : *lucos ac nemora consecrant, deorumque nominibus appellant secretum illud, quod solâ reverentiâ vident*[2].

[1] *Cœli enarrant gloriam Dei.*
[2] *De moribus Germanorum.*

M. de Chateaubriand ne veut pas prouver ici que la religion chrétienne est la source de la poésie descriptive, mais que la mythologie détruisoit ce genre de poésie; et, comme le critique, il apporte pour preuve que les peuples qui ne connoissoient pas la mythologie avoient une poésie descriptive. Voici les propres paroles de l'auteur :

« Quant à ces dieux vagues que les anciens plaçoient dans les bois déserts et sur les sites agrestes, ils étoient d'un bel effet sans doute; mais ils ne tenoient plus au système mythologique : l'esprit humain retomboit ici dans la religion naturelle. Ce que le voyageur tremblant adoroit en passant dans ces solitudes, étoit quelque chose d'*ignoré*, quelque chose dont il ne savoit point le nom, et qu'il appeloit la *Divinité du lieu*; quelquefois il lui donnoit le nom de

Or, malgré tous les anathèmes que prononce M. de Chateaubriand contre la mythologie, je pense qu'un homme né avec un aussi beau talent que le sien eût pu trouver le même enthousiasme et les mêmes rêveries dans ces bois de Delphes, où les antres, les trépieds et les chênes étoient prophétiques. La fable ne disoit-elle pas que deux aigles, envoyés par Jupiter, et partis des extrémités du monde, en volant avec une égale vitesse, s'étoient rencontrés au milieu de l'univers, dans l'endroit même où le temple de Delphes avoit été bâti? C'étoit là que la divinité, toujours présente, recevoit les hommages de toutes les nations ; c'est de là qu'elle jetoit un coup d'œil égal sur toutes les parties de la terre soumise à son empire. D'aussi belles traditions pouvoient, sans doute, inspirer le poëte, et ce lieu chéri des Muses étoit, comme on voit, sous l'influence immédiate du ciel. Des crayons vulgaires ont trop usé, j'en conviens, les images mythologiques ; mais le peintre aimera

Pan, et Pan étoit le *Dieu universel.* Ces grandes émotions qu'inspire la nature sauvage n'ont point cessé d'exister, et les bois conservent encore pour nous leur formidable divinité.

« Enfin, il est si vrai que l'*allégorie physique* ou *les dieux de la fable* détruisoient les charmes de la nature, que les anciens n'ont point eu de vrais peintres de paysage, par la même raison qu'ils n'avoient point de poésie descriptive. Or, chez les autres peuples idolâtres, qui ont ignoré le système mythologique, cette poésie a plus ou moins été connue ; c'est ce que prouvent les poëmes sanskrits, les contes arabes, les Edda, les chansons des Nègres et des Sauvages. Mais, comme les nations infidèles ont toujours mêlé leur fausse religion (et par conséquent leur mauvais goût) à leurs ouvrages, ce n'est que sous le christianisme qu'on a su peindre la nature dans sa vérité. »

(*Note des Éditeurs.*)

toujours l'attitude de ce fleuve appuyé sur son urne couronnée de fruits. Et que d'idées morales les anciens savoient attacher à ces emblèmes poétiques! Inachus étoit un roi bienfaisant, ami de son peuple dont il étoit aimé. Près d'expirer, il demande aux dieux de rendre sa mort utile à ses sujets. Les dieux exaucent sa prière, ils le changent en fleuve, et, sous cette nouvelle forme, ses eaux versent encore l'abondance au pays dont ses vertus avoient fait le bonheur. De telles fables feront toujours les délices du genre humain. M. de Chateaubriand a trop de sentiment et d'imagination pour briser l'urne d'Inachus, et pour ne pas aimer sa métamorphose.

Quant à la poésie descriptive, les anciens n'en ont jamais fait un genre à part; ils l'ont sagement mêlée au tissu d'une composition épique ou didactique. Je crois qu'à cet égard ils méritent des éloges, et non des reproches[1]. Mais cette question méri-

---

[1] C'est ce que dit l'auteur lui-même dans une de ses notes.

« Nous ne voulons qu'éclaircir ce mot *descriptif*, afin qu'on ne l'interprète pas dans un sens différent que celui que nous lui donnons. Quelques personnes ont été choquées de notre assertion, faute d'avoir bien compris ce que nous voulions dire. Certainement les poëtes de l'antiquité ont des morceaux *descriptifs*; il seroit absurde de le nier, surtout si l'on donne la plus grande extension à l'expression, et qu'on entende par là des descriptions de vêtements, de repas, d'armées, de cérémonies, etc., etc.; mais ce genre de *description* est totalement différent du nôtre: en général, les anciens ont peint les *mœurs*, nous peignons les *choses*; Virgile décrit la *maison rustique*, Théocrite les *bergers*, et Thomson les *bois* et les *déserts*. Quand les Grecs et les Latins ont dit quelques mots d'un paysage, ce n'a jamais été que pour y placer des personnages et faire rapidement un fond de tableau; mais ils n'ont jamais représenté nuement, comme nous, les

teroit un article tout entier ; et celui-ci est déjà
trop long. Au reste, le progrès des sciences naturelles, plus que le christianisme, a dû nécessairement agrandir, pour les modernes, le spectacle des
phénomènes de la nature *. Quand le télescope de
Galilée et d'Herschel recule les immensités du ciel,
il faut bien que l'Olympe s'abaisse; et c'est alors
que la Muse de l'épopée, s'égarant avec Newton

Dans des soleils sans nombre et des mondes sans fin,

s'écrie avec un enthousiasme digne de ces nouveaux prodiges :

Par-delà tous ces cieux, le Dieu des cieux réside.

Mais si tout le monde n'aperçoit pas également
les beautés poétiques du christianisme, personne
ne conteste ses bienfaits, et c'est en les peignant
que l'auteur est surtout admirable. On me saura
gré de citer encore la peinture d'un Religieux allant
annoncer la sentence aux criminels dans les prisons.

---

fleuves, les montagnes et les forêts : c'est tout ce que nous prétendons
dire ici. Peut-être objectera-t-on que les anciens avoient raison de
regarder la poésie descriptive comme l'objet *accessoire*, et non comme
l'objet *principal* du tableau ; je le pense aussi, et l'on a fait de nos
jours un étrange abus du genre descriptif ; mais il n'en est pas moins
vrai que c'est un moyen de plus entre nos mains, et qu'il a étendu la
sphère des images poétiques, sans nous priver de la peinture des
mœurs et des passions, telle qu'elle existoit pour les anciens. »
(*Note des Éditeurs.*)

* Cela est vrai, mais parce que la religion des chrétiens ne s'oppose pas à ces connoissances physiques, tandis que chez les anciens,
quoiqu'il y eût certainement de grands philosophes et de grands
géomètres, la mythologie ou la religion des peuples étoit un obstacle
invincible à voir la nature telle qu'elle est. (*Note des Éditeurs.*)

« On a vu, dit-il, dans ces actes de dévouement, etc. » (*Voy.* tom. III, pag. 280.)

Le lecteur impartial ne trouvera point qu'on ait trop loué l'ouvrage qui renferme de pareilles beautés. Les opinions courageusement professées par l'auteur lui obtiendront encore plus d'estime que son rare talent. Il est juste en effet que la faveur publique environne les écrivains qui remettent en honneur les principes sur lesquels repose l'ordre social. C'est ainsi qu'en Angleterre, après les ravages produits par les funestes doctrines de *Hobbes*, de *Collins* et de *Toland*, on accueillit avec enthousiasme les livres où le docteur *Clarke* développa les preuves de l'existence de Dieu et de l'immortalité de l'âme. Les Anglois, tout pleins encore des souvenirs de la guerre civile, et long-temps divisés par les controverses politiques, se réunirent tous pour bénir l'écrivain qui leur donnoit des espérances éternelles, et qui venoit enfin justifier cette Providence qu'avoient fait méconnoître à quelques uns les succes du crime et le long règne de l'anarchie.

L'empereur Marc-Aurèle, en remerciant les dieux de tous les bienfaits qu'ils avoient répandus sur lui dès ses premières années, met au nombre de leurs plus grandes faveurs son peu de goût pour les fausses sciences de son siècle. *Une grande marque de soin des Immortels pour moi, c'est,* ajoute-t-il, *qu'ayant eu une très grande passion pour la philosophie, je ne suis tombé entre les mains d'aucun sophiste, que je ne me suis point amusé à lire leurs livres ni à démêler les vaines subtilités de leurs raisonnements.* Heureux dorénavant les souverains et les peuples qui pourront se rendre le même témoignage! A mesure que les écrits des sophistes auront moins de partisans, l'auteur du *Génie du Christianisme* en trouvera davantage. Au reste, il a déjà eu la double gloire de soulever contre lui et des critiques obscurs et des critiques distingués. Ces derniers sont, à mon sens, ceux dont il doit être le plus fier. Un ouvrage n'est point encore éprouvé quand il triomphe des censures de Visé et de Subligny; mais sa gloire est complète quand il résiste aux dégoûts de Sévigné et aux épigrammes de Fontenelle.

Il ne m'appartient point de marquer le rang de cet ouvrage; mais des hommes dont je respecte l'autorité pensent que le *Génie du Christianisme* est une production d'un caractère original que ses beautés feront vivre, un monument à jamais honorable pour la main qui l'éleva, et pour le commencement du dix-neuvième siècle qui l'a vu naître.

Fontanes.

RAPPORT

SUR

LE GÉNIE DU CHRISTIANISME,

FAIT PAR ORDRE DE LA CLASSE DE LA LANGUE ET DE LA LITTÉRATURE FRANÇOISES;

PAR M. LE COMTE DARU.

(Année 1811.)

Le génie d'une institution en est, ce me semble, ce qui constitue son caractère particulier, l'esprit du fondateur, l'objet vers lequel l'institution paroît principalement dirigée. Si on me dit que l'esprit des institutions romaines étoit de resserrer les liens qui unissent l'homme à sa famille, le citoyen à sa patrie; si on me dit que le génie du christianisme est la perfection des vertus humaines, je concevrai que les fondateurs de cette religion, de cette république, ont eu tel ou tel objet; mais si, après m'avoir annoncé qu'on va m'exposer le *Génie du Christianisme*, on traduit cette expression par celle-ci, ou *Beautés poétiques et morales de la Religion chrétienne*, je me demanderai comment on a pu croire que l'intérêt de la poésie étoit entré pour quelque chose dans l'objet d'une pareille institution, et je m'étonnerai qu'on rapetisse un sujet aussi grave en le considérant sous d'aussi frivoles rapports. Sans doute un effet peut être le résultat d'une combinaison, sans être entré dans les fins que l'auteur s'étoit proposées; mais alors ce n'est plus qu'un accident qui n'appartient point au génie, à l'esprit de la chose dont il dérive.

Cette observation, qui ne s'applique qu'au titre de l'ouvrage, ne mériteroit pas d'être énoncée, si dans une pareille matière il n'importoit de commencer par bien savoir ce que l'auteur entend démontrer.

Un homme de bon sens avoit dit :

De la foi d'un chrétien, les mystères terribles,
D'ornements égayés ne sont point susceptibles.

Un homme de talent s'est proposé de prouver que les dogmes et les préceptes du christianisme n'étoient pas moins favorables à la poésie que ces mythologies créées exprès pour elle, et qui lui ont fourni de si charmantes images. Jusque-là, on auroit pu ne voir dans ce système que le paradoxe ingénieux d'un écrivain qui cherchoit à se frayer des routes nouvelles; mais la gravité, la mélancolie, l'élévation même de son style, avertissent bientôt que ce n'est point des frivoles intérêts de la littérature qu'il veut s'occuper : c'est dans l'intérêt de la religion qu'il examine si elle est favorable à la poésie, et c'est dans les modèles qu'elle lui fournit, dans les richesses qu'elle lui présente, qu'il trouve une nouvelle preuve de son origine céleste, de sa vérité.

Une pareille conséquence sembleroit d'abord faire sortir cet ouvrage du domaine de la critique littéraire ; car si la divinité de la religion tenoit à ses beautés poétiques, ce seroit douter de la religion, que de nier son affinité avec la poésie. Mais, de bonne foi, pourroit-on se former sérieusement un semblable scrupule? et lorsqu'on élève sa pensée à ces méditations par lesquelles il a été permis à l'homme d'arriver jusqu'aux pieds de son Créateur, peut-on faire dépendre sa foi de quelques circonstances futiles? peut-on, en recevant les lois éternelles, compter pour quelque chose les avantages qu'elles prêtent à un art créé par notre vanité, pour le plaisir d'un instant et la gloire d'un jour?

Je ne sais si ceux à qui leurs lumières permettent de défendre une cause aussi grave avec des armes dignes d'elle, ont pensé que c'étoit servir la religion avec tout le respect qui lui est dû, que de la présenter sous des rapports purement humains et même frivoles. Mais ce n'est pas dans ses rapports avec la religion que je dois moi-même examiner l'ouvrage dont il s'agit. Je n'oublie point d'ailleurs que l'auteur a voulu justifier son entreprise, en disant qu'assez d'autres avoient travaillé à convaincre, qu'il vouloit persuader ; que Dieu ne défend pas les routes fleuries, quand elles servent à revenir à lui, et qu'il étoit temps de répondre à ceux qui accusent le christianisme d'être ennemi des arts, des lettres et de la beauté.

Quand cela seroit, cela ne prouveroit rien contre le christianisme. Le législateur du goût est celui qui s'est énoncé sur cet objet de la manière la plus positive; mais il a dit seulement que le merveilleux de la religion n'étoit guère propre à entrer dans la poésie, et la raison qu'il en donne, c'est le respect même dû à la religion. Quand il se seroit trompé, ce seroit une erreur de son goût, mais non de sa foi. Si d'autres ont accusé le culte de n'être favorable ni aux lettres ni aux arts, toutes les nations chrétiennes ont vu leurs plus beaux génies répondre par des chefs-d'œuvre à cette inculpation. Le Tasse, Milton, Corneille, Racine, J.-B. Rousseau, Voltaire lui-même, ont déjà prouvé par des faits que le christianisme pouvoit aussi agrandir le domaine de la poésie et de l'imagination.

Si on a dit que les mystères, la morale du christianisme, repoussoient absolument toute alliance avec les arts, c'est une erreur réfutée par les écrivains que je viens de nommer.

Si on a prétendu que telle religion, qu'assurément personne ne donne pour vraie, étoit plus propre que la nôtre à jeter du charme sur les ouvrages de l'imagination, ce peut être l'objet d'une discussion dans laquelle la religion n'est point intéressée.

Je crains bien d'être obligé d'arriver à cette conséquence qu'on a supposé une exagération pour avoir le plaisir de la combattre, et je suis très disposé à excuser cet artifice oratoire.

M. de Chateaubriand a voulu faire comme ce

philosophe devant qui on nioit le mouvement; il a marché. Il a composé sur la religion un ouvrage littéraire, et c'est sous ce point de vue qu'il est permis de l'examiner.

Je traitois tout à l'heure la littérature d'art frivole, mais je la considérois alors comparativement à l'objet le plus grave qui puisse occuper les méditations des hommes. Maintenant, je serois injuste si je n'y voyois qu'une vaine combinaison de mots; une raison saine en est la première base, et en discutant le mérite d'un livre de littérature, on ignore tous les droits de l'art, si on ne considère dans l'ouvrage que les formes dont l'auteur a revêtu ses pensées. Il faut nécessairement, pour que le jugement soit solide, arriver jusqu'aux pensées elles-mêmes, et examiner cet ordre d'où dérivent leur justesse, leur correspondance, leur clarté.

Ceci nous oblige d'analyser rapidement l'ouvrage de M. de Chateaubriand.

L'auteur annonce qu'il divise son ouvrage en quatre parties:

La première traite des dogmes et de la doctrine;

La deuxième et la troisième renferment la poétique entière du christianisme, ou les rapports de cette religion avec la poésie, la littérature et les arts;

La quatrième contient le culte, c'est-à-dire tout ce qui concerne les cérémonies de l'église.

De cette division, l'auteur a eu l'intention de tirer trois sortes de preuves :

Ce que le christianisme offre de touchant pour le cœur dans ses mystères et ses dogmes;

Ce que l'esprit lui doit de jouissances ;

Ce que le culte, les institutions religieuses, les faits, ont de convaincant pour la raison.

On voit du premier coup d'œil que la deuxième partie appartient à un ordre de choses tout différent des deux autres ; et il en résulte, ce me semble, un défaut d'unité dans le ton de l'ouvrage, dont tous les lecteurs s'aperçoivent peut-être sans pouvoir s'en rendre raison.

Examinons quelques unes des preuves que l'auteur a développées dans sa première partie ; mais en faisant remarquer celles qui ne nous paroissent pas dignes d'un pareil sujet, l'équité veut que nous ajoutions que toutes ne méritent pas la même critique.

L'auteur commence par des considérations sur les mystères. Au sujet de la Trinité, il dit : « Nous « croyons entrevoir dans la nature même une sorte « de preuve physique de la Trinité. Elle est l'ar-« chétype de l'univers, ou, si l'on veut, sa divine « charpente. Ne seroit-il pas possible que la forme « extérieure et matérielle participât de l'arche inté-« rieure et spirituelle qui la soutient, de même « que Platon représentoit les choses corporelles « comme l'ombre des pensées de Dieu ? Le nombre « de trois semble être dans la nature le terme par « excellence. Le trois n'est point engendré, et en-« gendre toutes les autres fractions, ce qui le fai-« soit appeler le *nombre sans mère* par Pythagore.

« On peut découvrir quelque tradition obscure « de la Trinité, jusque dans les fables du poly-

« théisme. Les Grâces l'avoient prise pour leur
« terme; elle existoit au Tartare pour la vie et la
« mort de l'homme, et pour la vengeance céleste;
« enfin, trois dieux frères composoient, en se
« réunissant, la puissance entière de l'univers.

« Les philosophes divisoient l'homme moral en
« trois parts, et les Pères de l'Église ont cru re-
« trouver l'image de la Trinité spirituelle dans
« l'âme de l'homme. »

Je viens de transcrire toute la partie de raisonnement qui compose ce chapitre. Le reste est une très belle citation de Bossuet, et une peinture poétique des trois personnes de la Trinité. J'avoue que je ne crois point la foi intéressée à s'appuyer sur de telles preuves; je ne comprends pas, à beaucoup près, tout ce que je viens de citer, mais je comprends encore moins que les propriétés du nombre trois et les inventions des poëtes, comme les trois Parques, les trois Grâces, les trois Juges des enfers, puissent sérieusement être comparés à un mystère devant lequel la raison de l'homme ne peut que s'humilier.

Faire de tels rapprochements, c'est s'écarter de la nature des preuves qu'admet un sujet aussi grave.

Dans le chapitre de la *Rédemption*, l'auteur s'est plus sagement renfermé dans la nature de son sujet. Il développe, dans de très-belles pages, de hautes pensées sur la dégénération de l'homme, qui explique le penchant vicieux de la nature toujours combattu par la voix secrète de la conscience. Mais plus on est satisfait de la suite de ses raison-

nemens, plus on est étonné de l'entendre s'écrier :
« Si ce parfait modèle du bon fils, cet exemple des
« amis fidèles, si cette retraite au mont des Oli-
« viers, ce calice amer, cette sueur de sang, cette
« douceur d'âme, cette sublimité d'esprit, cette
« croix, ce voile déchiré, ce rocher fendu, ces
« ténèbres de la nature, si ce Dieu expirant pour
« les hommes ne peut ni ravir notre cœur, ni en-
« flammer nos pensées, il est à craindre qu'on ne
« trouve jamais dans nos ouvrages, comme dans
« ceux du poëte, des miracles éclatants; *speciosa*
« *miracula.* »

Ainsi, après avoir appliqué toutes les forces de la raison à prouver le plus grand des mystères, la peine qu'il prédit aux incrédules, c'est qu'ils seront condamnés à ne faire que de mauvais vers. Heureusement cette peine ne s'étend pas dans l'autre vie.

Après les mystères, l'auteur traite des sacremens; il cherche dans ces institutions divines ce qu'elles ont de touchant pour le cœur, de brillant pour l'imagination. Souvent son talent le sert fort heureusement pour peindre des tableaux qu'il faut admirer, mais souvent aussi il oublie quel est son véritable objet, et considère son sujet sous des rapports purement humains ou même fabuleux, pour attribuer ensuite le charme qu'il a su y répandre, à ce sentiment auguste et religieux qui auroit dû y dominer.

Par exemple, la cérémonie du baptême a un caractère touchant qu'on ne peut méconnoître.

« Voyez, dit M. de Chateaubriand, le néophyte
« debout au milieu des ondes du Jourdain, le Soli-
« taire du rocher verse l'eau lustrale sur sa tête;
« le fleuve des patriarches, les chameaux de ses
« rivages, le temple de Jérusalem, les cèdres du
« Liban, paroissent attentifs; ou plutôt regardez ce
« jeune enfant sur les fontaines sacrées, une fa-
« mille pleine de joie l'environne; elle renonce
« pour lui au péché; elle lui donne le nom de son
« aïeul qui devient immortel par cette renaissance
« perpétuée par l'amour de race en race. Déjà le
« père, dont le cœur bondit d'allégresse, s'em-
« presse de reprendre son fils pour le reporter à
« une épouse impatiente, qui compte sous les ri-
« deaux tous les coups de la cloche baptismale. On
« entoure le lit maternel, des pleurs d'attendrisse-
« ment et de religion coulent de tous les yeux, le
« nom nouveau du bel enfant, le nom antique de
« son ancêtre est répété de bouche en bouche, et
« chacun, mêlant le souvenir du passé aux joies
« présentes, croit reconnoître le bon vieillard dans
« l'enfant qui fait revivre sa mémoire. Tels sont les
« tableaux que présente le sacrement de baptême. »

Assurément ce tableau est tracé par un homme
de talent; mais pourquoi cet homme de talent ne
s'est-il pas aperçu que cette joie, ces noms donnés,
cette ressemblance remarquée, sont des circonstances purement humaines; que ces circonstances
doivent se retrouver dans toutes les cérémonies par
lesquelles les divers peuples célèbrent la naissance
d'un enfant? C'est qu'il vouloit faire un tableau;

et qu'il a oublié qu'il s'agissoit de fournir une preuve de la divinité du baptême.

Sans doute cet homme nouveau lavé dans la piscine de la tache héréditaire, les engagements que ses parents prennent pour lui, les bons exemples, les saintes instructions qu'ils lui promettent, leur reconnoissance envers le Dieu qui le leur a donné, la foiblesse de cet enfant né pour la douleur et promis à la vertu, sa présentation à l'autel, son agrégation dans la grande famille chrétienne, ces circonstances caractérisent plus particulièrement le baptême que l'eau lustrale et les chameaux du Jourdain.

Le sage du monde se borneroit à dire à cet enfant : Tu pleures, et tout ce qui t'environne est dans la joie : puisses-tu traverser la vie de manière que, lorsque la mort arrivera, tout pleure autour de toi, et que toi seul tu conserves ta sérénité ! Le prêtre chrétien lui promet déjà une autre vie.

Lorsque l'auteur ajoute : « S'il n'y a pas dans ce « premier acte de la vie chrétienne un mélange « divin de théologie, de morale, de mystère et de « simplicité, rien ne sera jamais divin en religion ; » on regrette qu'il n'ait pas conservé lui-même, dans son ouvrage, ce précieux caractère de simplicité qui est si persuasif. Les ornements étrangers au sujet prouvent que l'esprit se partage entre le désir de briller et celui de convaincre. Il n'étoit pas nécessaire de comparer « la *Confirmation*, qui « soutient nos pas tremblants, à ces sceptres qui « passoient de race en race chez les rois antiques,

« et sur lesquels les Évandre et les Nestor, pas-
« teurs des hommes, s'appuyoient en jugeant les
« peuples. »

Mais surtout les ornements ambitieux, en annonçant le dessein qu'on a de nous éblouir, nous avertissent de nous tenir en garde contre cette illusion.

Au sujet de l'*Ordre* et du *Mariage*, l'auteur veut prouver que la virginité est l'état de perfection ; il s'adresse d'abord aux moralistes, et il leur dit : « Que le Rédempteur naquit d'une Vierge ; « pour nous enseigner que, sous les rapports poli- « tiques et naturels, la terre étoit arrivée à son « complément d'habitants, et que, loin de multi- « plier les générations, il faudroit désormais les « restreindre ; que les États ne périssent jamais « par le défaut, mais par le trop grand nombre « d'hommes. » Après divers raisonnements à ce sujet : « Voilà, ajoute-t-il, ce que nous avons à « répondre aux moralistes touchant le célibat des « prêtres. Voyons si nous trouverons quelque chose « pour les poëtes : ici, il nous faut d'autres raisons, « d'autres autorités et un autre style. »

D'abord, on ne voit pas pourquoi l'auteur prend la peine d'adresser une démonstration aux poëtes, qu'il ne peut espérer de convaincre par l'exemple de Minerve et de Vénus-Uranie, puisqu'ils savent fort bien à quoi s'en tenir sur ces deux divinités. Mais il ajoute : « Considérée sous les autres rap- « ports, la virginité n'est pas moins aimable. Dans « les trois règnes de la nature, elle est la source

« des grâces et la perfection de la beauté. Les
« poëtes, que nous voulons surtout convaincre ici,
« nous serviront d'autorité contre eux-mêmes. Ne
« se plaisent-ils pas à reproduire partout l'idée de
« la virginité comme un charme à leurs descrip-
« tions et à leurs tableaux? Ils la retrouvent ainsi
« au milieu des campagnes, dans les roses du prin-
« temps et dans la neige de l'hiver, et c'est ainsi
« qu'ils la placent aux deux extrémités de la vie;
« sur les lèvres de l'enfant et sur les cheveux du
« vieillard ; ils la mêlent encore aux mystères de la
« tombe, et ils nous parlent de l'antiquité qui
« consacroit aux mânes des arbres sans semence,
« parce que la mort est stérile, ou parce que dans
« une autre vie les sexes sont inconnus, et que
« l'âme est une vierge immortelle ; enfin ils nous
« disent que, parmi les animaux, ceux qui se rap-
« prochent le plus de notre intelligence sont voués
« à la chasteté. Ne croiroit-on pas en effet recon-
« noître dans la ruche des abeilles le modèle de ces
« monastères, où des vestales composent un miel
« céleste avec la fleur des vertus ?

« Quant aux beaux-arts, la virginité en fait
« également les charmes : les Muses lui doivent
« leur éternelle jeunesse. »

L'intention très louable de l'auteur a été ici de
rendre la virginité aimable ; mais il a senti sûre-
ment avant nous que de tels raisonnements ne
prouveront rien à ceux qui auront de la peine à
comprendre ce que c'est que la virginité du bouton
de rose, de la neige et des cheveux du vieillard, et

quel rapport il y a entre tout cela et la virginité dans sa véritable acception.

L'auteur continue : « Le vieillard chaste est une
« sorte de divinité. Priam, vieux comme le mont
« Ida, et blanchi comme le chêne du Gargare;
« Priam, dans son palais au milieu de ses cinquante
« fils, présente le spectacle le plus auguste de la
« paternité. Mais un Platon, sans épouse et sans
« famille, assis au pied d'un temple sur la pointe
« d'un cap battu des flots; un Platon, enseignant
« l'existence de Dieu à ses disciples, est un être bien
« plus divin. Il ne tient point à la terre; il semble
« appartenir à ces démons, à ces intelligences su-
« périeures dont il nous parle dans ses écrits.

« Ainsi la virginité, remontant depuis le dernier
« anneau de la chaîne des êtres jusqu'à l'homme,
« passe bientôt de l'homme aux anges, et des anges
« à Dieu, où elle se perd. Dieu brille à jamais
« unique dans les espaces de l'éternité comme le
« soleil, son image dans le temps. Concluons donc
« que les poëtes et les hommes du goût le plus
« délicat ne peuvent objecter rien de raisonnable
« contre le célibat du prêtre, puisque la virginité
« fait partie du souvenir dans les choses antiques,
« des charmes dans l'amitié, du mystère dans la
« tombe, de l'innocence dans le berceau, de l'en-
« chantement dans la jeunesse, de l'humanité dans
« le Religieux, de la sainteté dans le prêtre et dans
« le vieillard, et de la divinité dans les anges et
« dans Dieu même. »

L'analyse que l'auteur vient de faire de ce chapitre me dispense de faire remarquer comment, à propos de la virginité, il cite pour exemple les plantes, les abeilles, la neige, Dieu, et Platon, à qui je me souviens d'avoir entendu reprocher plus d'une foiblesse; car il aima, dit-on, la vieille Archéanasse, la courtisane Xantippe. Il écrivoit à Dion : « Tu rends mon âme folle d'amour, » Et au jeune Aster : « Je voudrois être le ciel, afin d'être « tout yeux pour te regarder. » Je sais que la vie de Platon est d'ailleurs très belle; mais il n'y a pas là de quoi être cité pour sa continence.

Après les mystères et les sacrements, l'auteur considère les vertus et les lois morales qui appartiennent au christianisme.

Ici, son sujet présentoit une plus heureuse analogie avec le système de son travail. Les profonds mystères de la religion ne souffrent point l'emploi des raisonnements purement humains, ni même les ornements qui contrastent avec la gravité des choses saintes.

La morale, au contraire, plus à la portée de notre foible intelligence, permet quelquefois à l'imagination de l'embellir.

M. de Chateaubriand n'a consacré à cette partie de son sujet que peu de pages : il parle rapidement de la foi, de l'espérance et de la charité, et rapproche, plutôt qu'il ne les compare, les préceptes du Décalogue et ceux qu'ont enseignés les principaux législateurs de l'antiquité.

Il s'empresse de rentrer dans les voies ardues et périlleuses; il entreprend de disputer la cosmogonie de Moïse, la chute de l'homme. Je n'ai garde de le suivre dans l'examen de ses preuves chronologiques et astronomiques, qui tendent à établir que le monde n'est pas si ancien que l'ont cru certains philosophes. C'est dans ce livre qu'il fait une description du déluge, très belle à quelques égards, mais tachée de quelques expressions bizarres sur lesquelles le goût et la raison ne peuvent point transiger.

Il se fait à lui-même l'objection que les géologues tirent (pour prouver l'ancienneté du globe) de ces minéraux qui sont le produit d'un travail si lent de la nature. Voici sa réponse : « Le monde fut
« créé avec toutes les marques de vétusté que nous
« lui voyons. » A la bonne heure, il n'est pas plus difficile de concevoir la création d'un chêne que celle d'un gland; mais voici la raison qu'il en donne : « Si le monde n'eût été à la fois jeune et
« vieux, le grand, le sérieux, le moral, disparois-
« soient de la nature, car ces sentiments tiennent
« par essence aux choses antiques ; chaque site eût
« perdu ses merveilles ; le rocher en ruine n'eût
« plus pendu sur l'abîme avec ses longues grami-
« nées, etc. Mais Dieu ne fut pas un si méchant
« dessinateur des bocages d'Éden que les incrédules
« le prétendent. L'homme-roi naquit lui-même
« à trente années, afin de s'accorder par sa majesté
« avec les antiques grandeurs de son nouvel em-
« pire ; de même que sa compagne compta, sans
« doute, seize printemps, qu'elle n'avoit pourtant
« point vécu, pour être en harmonie avec les

« fleurs, les petits oiseaux, l'innocence, les amours,
« et toute la jeune partie de l'univers. »

Pour arriver à prouver les récompenses et les peines de l'autre vie, l'auteur établit l'existence de Dieu et l'immortalité de l'âme.

Il prouve l'existence de Dieu par les merveilles de la nature. Cette sorte de preuves appartient en général à toutes les religions; mais c'est un sujet riche et favorable au talent que l'auteur de cet ouvrage aime à montrer pour les descriptions.

Le spectacle général de l'univers, l'organisation des animaux et des plantes, l'instinct des animaux, l'homme physique, sont les sujets qui lui fournissent des observations, nous ne dirons pas toujours exactes, parce que nous ne sommes point capable d'en juger, mais toujours plus ou moins ingénieuses; souvent des descriptions éloquentes, et, plus rarement que dans les autres parties de l'ouvrage, des exagérations, des fautes contre la simplicité et le goût.

Parmi ces dernières, on peut citer « une vallée
« vide de la Providence, et l'oiseau qui semble le
« véritable emblème du chrétien ici-bas. — La
« corneille qui, immobile et comme pleine de
« pensées, abandonne de temps en temps aux vents
« des monosyllabes prophétiques. — Lorsqu'au
« coucher du soleil le courli siffle sur la pointe d'un
« rocher, que le bruit sourd des vagues l'accom-
« pagne en formant la basse du concert, c'est une
« des harmonies les plus mélancoliques qu'on puisse
« entendre. »

Mais il est juste d'indiquer aussi la belle description de la prière du soir à bord d'un vaisseau, et des passages charmants sur les oiseaux voyageurs.

Après la nature physique, M. de Chateaubriand examine le moral de l'homme. Le premier sentiment qu'il considère en lui est l'amour de la patrie : ce chapitre est un des meilleurs de l'ouvrage. Les suivants traitent du désir de bonheur, de la conscience, des remords, de l'immortalité de l'âme, du danger et de l'inutilité de l'athéisme.

Jusque-là ses observations ne s'appliquent pas spécialement au christianisme, car il nous cite Alexandre et César comme des exemples de héros religieux ; mais il rentre dans son sujet en traitant des récompenses et des peines de l'autre vie, du jugement dernier et du bonheur des justes : ces derniers chapitres sont extrêmement courts et peu remarquables. Ce qui nous a paru l'être davantage dans le livre sur l'homme moral, est une peinture de la femme incrédule, c'est-à-dire athée, au lit de mort.

Après avoir peint l'abandon de cette femme dans sa vieillesse : « Oh ! qu'alors la solitude est pro-
« fonde, lorsque la Divinité et les hommes se sont
« retirés à la fois ! Elle meurt, cette femme ; elle
« expire entre les bras d'une garde payée, ou d'un
« homme dégoûté par ses souffrances, qui trouve
« qu'elle a résisté au mal bien des jours. Un chétif
« cercueil renferme toute l'infortunée.

« On ne voit à ses funérailles ni une fille éche-
« velée, ni des gendres et des petits-fils en pleurs,

« digné pompe qui, avec la bénédiction du peuple
« et le chant des prêtres, accompagne au tombeau
« la mère de famille. Peut-être, seulement, quel-
« que fils inconnu, qui ignore le honteux secret
« de sa naissance, rencontre par hasard le convoi,
« s'étonne de l'abandon de cette bière, et demande
« le nom du mort aux quatre porteurs, qui vont
« jeter aux vers le cadavre qui leur fut promis par
« la femme athée. »

Ce dernier trait me paroît d'une grande force; ce fils inconnu qui rencontre le cercueil de sa mère, et qui n'éprouve que la curiosité de l'indifférence.

Ici se termine l'analyse de la première partie de cet ouvrage.

La poétique du christianisme est l'objet de la deuxième et de la troisième partie. Par ces mots, il faut entendre les beautés que la poésie peut devoir à la religion, ou, comme le dit l'auteur, les effets du christianisme dans la poésie. Ici, M. de Chateaubriand va entreprendre de comparer des poëtes de l'antiquité avec des poëtes chrétiens; et l'on voit d'avance qu'après avoir prouvé, dans les circonstances données, la supériorité de ceux-ci, il faudra avoir soin d'en montrer la cause dans la religion du poëte.

Mais si on va plus loin, si on veut que la supériorité de l'écrivain soit une preuve de la vérité de cette religion même, voyez quelle dangereuse conséquence découleroit de ces prémisses.

Homère, Virgile, Milton, le Tasse, voilà de

grands noms ; mais enfin on peut hésiter dans le choix. Je ne contesterai point, si l'on veut, que Milton est loin par-delà les Homère et les Virgile; mais si malheureusement on s'avisoit de trouver qu'Homère est plus riche de poésie que le Tasse et Milton, la religion des Grecs se trouveroit établie sur une preuve qui manqueroit à la nôtre ; et si Homère avoit encore ces défenseurs zélés que nous lui avons connus, il ne faudroit pas désespérer de voir une madame Dacier se faire brûler pour sa gloire.

Il faut donc écarter cette considération qui intéresse la divinité du christianisme dans la gloire des poëtes chrétiens, et il est fâcheux d'avouer que c'est par cette considération que les deux volumes, dont nous allons entreprendre l'examen, tiennent au sujet.

Les réflexions préliminaires de l'auteur sont, en général, frappantes par leur justesse et leur sagacité. Son parallèle d'Homère, de Virgile et du Tasse est plein de goût. On aime à l'entendre dire :
« qu'il faut prendre garde d'abuser des hardiesses
« du style; que quand on les recherche, elles ne
« deviennent plus qu'un jeu de mots puéril aussi
« pernicieux à la langue qu'au bon goût ;' qu'on
« tombe dans d'étranges erreurs par horreur de
« l'imitation, qui conduit à l'honneur d'être mé-
« diocrement original et barbare à votre manière. »

Le *Paradis perdu* étoit le poëme le plus digne des observations de l'auteur, dans l'objet qu'il se proposoit. Ce poëme rappelle bien quelquefois les réflexions que je viens de transcrire; mais il y a de la grandeur, de la force et un genre de beautés jusqu'alors inconnues, dont il est évident que la religion a fourni au moins une partie.

Le *Saint-Louis* du Père Lemoine, la *Pucelle* de Chapelain, le *Moïse sauvé* de Saint-Amand, le *David* de Coras, ne méritoient guère que M. de Chateaubriand en fît mention, parce que ces sujets chrétiens n'ont malheureusement produit que de fort mauvais poëmes, ce qu'il seroit assurément très injuste d'imputer à la religion des auteurs; et ce qu'il y a de malheureux encore, c'est que ces ouvrages rappellent le fameux anathème de Boileau, parce que c'est précisément contre eux qu'il a été lancé.

L'*Araucana*, la *Lusiade*, le *Messie*, la *Mort d'Abel*, étoient plus dignes d'arrêter le lecteur. Mais dans le premier de ces poëmes, il n'y a point de merveilleux chrétien; le second offre un mélange bizarre du christianisme et de la fable : on y trouve la vierge Marie et Bacchus.

M. de Chateaubriand reconnoît dans la *Henriade* un plan sage, une narration vive et pressée, de beaux vers, une diction élégante, un goût pur, un style correct. Assurément, il y a beaucoup de critiques de qui on n'oseroit espérer de semblables concessions; mais l'auteur ajoute que ces qualités si importantes ne suffisent pas pour constituer une épopée, et il a raison.

Ce seroit une dispute de mots d'examiner si ce poëme a assez de ce merveilleux, de cette machine poétique, pour mériter le nom d'épopée. Le fait est que ce merveilleux y est moins heureusement employé que dans les grandes épopées d'Homère, du Tasse et de Milton. M. de Chateaubriand regrette de n'y pas trouver « de vieux châteaux, avec « des machicoulis, des souterrains, des tours ver- « dies par le lierre, et pleines d'histoires merveil- « leuses, des druides, des tournois; mais Voltaire, « ajoute-t-il, a brisé la corde la plus harmonieuse « de sa lyre en refusant de chanter cette milice « sacrée, cette armée des martyrs et des anges dont « ses talents auroient pu tirer un parti admirable. »

Nous sommes bien loin de contester le parti que le talent auroit pu tirer de ces moyens; mais nous devons faire remarquer que les vieux châteaux et les druides ne seroient point des ornements fournis par le christianisme. Au reste, on doit cette justice à M. de Chateaubriand, de dire qu'il parle de Voltaire avec beaucoup de justice, de goût et de décence. Il sépare fort bien l'homme de talent et l'homme de parti, et c'est un mérite dont il lui faut tenir compte dans un siècle où nous sommes élevés jusqu'au mépris d'un si beau génie.

M. de Chateaubriand a droit aux mêmes égards de la part de ses critiques; et, en déplorant l'abus qu'il a quelquefois fait de son talent, il seroit injuste de fermer les yeux sur ce talent même et de ne pas ajouter que, dans ses erreurs, la noblesse de ses intentions, l'élévation de son caractère, ne se démentent jamais.

Je l'ai suivi dans l'analyse rapide qu'il a faite des

principaux poëmes dont le christianisme a fourni le merveilleux.

Quelques uns sont reconnus pour de mauvais ouvrages; dans quelques autres, l'emploi du christianisme n'a pas été heureux, ou se trouve indignement allié à d'autres fictions. Il resteroit donc à dire quelles sont les beautés de Milton, du Tasse et de Klopstock, dont on est redevable à la religion chrétienne (et il y en a beaucoup, sans doute); mais il faudroit ensuite comparer ces beautés à celles d'Homère, à celles que ces poètes eux-mêmes doivent à l'ancienne mythologie, et c'est ce que l'auteur n'a point entrepris. On feroit une assez longue énumération des beautés que M. de Chateaubriand lui-même doit à l'imitation des auteurs qui n'étoient pas chrétiens; d'où il résulte que cette partie de son livre prouve beaucoup moins qu'il n'avoit annoncé.

Voilà la série des propositions :

Milton, le Tasse et Klopstock sont, à quelques égards, supérieurs à Homère et à Virgile;

Ils doivent leur supériorité au christianisme;

Donc le christianisme est plus favorable à la poésie que la religion d'Homère et de Virgile.

On voit de quelle controverse chacune de ces propositions est susceptible, même après les démonstrations de M. de Chateaubriand.

Après ce coup d'œil jeté sur les poëmes dont le christianisme a fourni le sujet, l'auteur examine l'influence de cette religion sur la peinture des caractères, et, choisissant de beaux tableaux dans la littérature ancienne et moderne, il compare la manière dont les poètes païens et chrétiens ont peint les *époux*, c'est-à-dire Ulysse et Pénélope, Adam et Ève ; le *père*, c'est-à-dire Priam et Lusignan ; la *mère*, ou Andromaque ; le *fils*, ou Gusman ; la *fille*, Iphigénie et Zaïre ; le *prêtre*, Joad et la Sibylle ; les guerriers d'Homère et les chevaliers du Tasse : puis il en vient aux passions. Didon est le modèle qu'il choisit dans l'antiquité ; les femmes chrétiennes qu'il lui oppose sont Phèdre, la Julie de J.-J. Rousseau, la Clémentine de Richardson et Héloïse.

Sans doute on ne peut se défendre de quelque étonnement en voyant opposer à l'antiquité des caractères dont elle-même a fourni le modèle ; mais en considérant les peintures que nous a tracées d'Andromaque, de Phèdre et d'Iphigénie, un poète aussi connu par son respect pour la religion que par son amour pour les anciens, l'auteur s'est attaché à montrer combien il a adouci de traits et corrigé les vices par la délicatesse du sentiment.

Ces observations donnent lieu à une foule d'aperçus ingénieux, mais qui ne sont pas toujours également justes ; ce qui l'est encore moins, c'est de confondre deux causes qu'il falloit distinguer.

Si on entreprenoit de prouver les bienfaits du christianisme, on auroit à citer l'abolition de l'esclavage, la charité recommandée, les passions contenues, la morale épurée, l'orgueil humilié, le pauvre replacé au rang des hommes. M. de Chateaubriand développe lui-même tous ces bienfaits d'une manière admirable dans la suite de son ouvrage.

On ne peut douter que la civilisation, en polissant l'espèce humaine, n'ait perfectionné le beau idéal des caractères, c'est-à-dire le modèle proposé à notre imitation. De là cette délicatesse des hommes toutes les fois qu'il s'agit de juger les autres, et les efforts des artistes pour ne pas blesser cette délicatesse dans les caractères qu'ils peignent d'imagination.

Sans doute la religion a eu une grande influence sur la civilisation; mais son influence sur l'art n'est pas immédiate, et c'est parce que les mœurs ont changé que les artistes se sont perfectionnés avec les mœurs. Lamotte développe fort bien cette observation. « Si la poésie consiste, dit-il, dans
« l'imitation d'une nature choisie, il s'ensuit que
« celui qui la choisit le mieux, en imitant d'ailleurs
« aussi bien que les autres, est le plus grand poète
« de son temps. Il s'ensuit aussi qu'à mesure que
« le monde s'embellit par les arts, et qu'il se per-
« fectionne par la morale, la matière poétique en
« devient plus belle, et qu'à dispositions égales les
« poètes doivent être meilleurs. » De là des traits que Racine a donnés à Phèdre et à Andromaque, et qu'Euripide n'auroit jamais soupçonnés. Il les a peintes non moins tendres, mais plus délicates; de même qu'involontairement il a quelquefois donné à ses héros quelques ressemblances avec les hommes de la cour de Louis XIV; et l'on sait que les auteurs des grands romans qui parurent à cette

époque poussèrent un peu loin cette imitation de mœurs contemporaines.

Ensuite chacun des spectateurs ne voit, dans les physionomies des personnages, que le trait qui tient à ses propres penchants, à ses habitudes, pour en faire le trait principal.

M. de Chateaubriand appelle Phèdre une épouse chrétienne; c'est ainsi que le grand Arnauld trouvoit dans ce rôle un bel exemple des combats de la passion et de la grâce.

Mais qu'est-ce que tout cela prouve? que les mœurs se sont, je ne dirai pas perfectionnées, mais polies; car les mêmes vices existent : la peinture en est plus ingénieuse, voilà tout.

Au reste, je ne prétends pas juger ici un siècle : c'est bien assez d'avoir à dire mon avis sur un livre; mais il me semble qu'en ceci l'auteur a forcé les rapports du fait et des conséquences pour faire entrer cette matière dans son sujet.

La preuve que cet effet est indépendant de la religion, c'est qu'il peut exister sans elle. Voyez Homère et Virgile. Leur religion est la même, et cependant le poète de la cour d'Auguste a corrigé les héros de leur jactance, de leur cruauté, et il ne tiendroit qu'à nous d'appeler le pieux Énée, le guerrier, le père, l'amant chrétien.

Il y a plus, c'est qu'il ne faudroit pas toujours faire intervenir la religion dans les passions des hommes parce qu'alors on l'en rendroit responsable : c'est ce qui arriva au sujet de Phèdre, et voici comment le fils de l'auteur l'en a justifié.

« Je ne dois point finir l'examen de cette pièce
« sans détruire l'injuste soupçon de quelques per-
« sonnes qui prétendent qu'elle inspire un prin-
« cipe de morale très dangereux, parce que ces
« personnes s'imaginent y voir le ciel autour du
« crime.

« Le langage que Phèdre tient dans cette pièce
« est le langage ordinaire des païens. Quoique con-
« vaincus qu'ils étoient libres (vérité que nous
« sentons toujours en nous-mêmes), dans la vio-
« lence de leurs passions, ils les imputoient à quel-
« que dieu, et opposoient cette prompte excuse à
« leurs remords. »

En voilà beaucoup sur ce rôle de Phèdre qu'on ne s'attendoit guère à voir citer comme un caractère chrétien.

Avant de quitter ce livre, il peut ne pas être inutile de relever quelques propositions qu'on pourroit appeler des hérésies, en empruntant une expression dans la nature de ce sujet.

« La plus belle moitié de la poésie, la partie
« dramatique, ne recevoit aucun secours du po-
« lythéisme. »

L'auteur oublie quel parti la tragédie ancienne a tiré du dogme de la fatalité; et si les effets de ce genre de tragédie sont encore puissants sur notre théâtre, il faut reconnoître qu'ils devoient l'être bien davantage chez les Grecs; d'où on pourroit conclure que la tragédie a perdu au changement de religion.

« Il nous semble que *Zaïre*, comme tragédie,

« est plus intéressante qu'*Iphigénie*. » Voltaire n'auroit jamais reçu un plus bel éloge.

« Racine et Virgile sont tous deux timides dans
« les caractères d'hommes, tous deux parfaits dans
« les caractères de femmes. »

Cela peut être un peu vrai de Virgile; mais Oreste, Mithridate, Acomat, Burrhus, Narcisse, Néron, sont des créations de Racine, et ne passent point pour des caractères foiblement tracés.

« Il nous semble que les personnages mis en
« action dans la *Jérusalem* sont fort supérieurs à
« ceux de l'*Iliade*. Le Tasse, en peignant le che-
« valier, trace le modèle du parfait guerrier;
« tandis qu'Homère, en représentant les hommes
« des temps héroïques, n'a fait que des espèces de
« monstres. C'est que le christianisme a fourni,
« dès sa naissance, le beau idéal moral, ou le beau
« idéal des caractères, et que le polythéisme n'a
« pu donner cet avantage au chantre d'Ilion. C'est
« ce qui fait la beauté des temps chevaleresques;
« et ce qui leur donne la supériorité tant sur les
« siècles héroïques que sur les siècles tout-à-fait
« modernes. »

Il y a de la vérité dans cette observation; mais elle est trop absolue. Sans doute les chevaliers sont des personnages très heureusement nés pour la poésie; mais sont-ils plus poétiques que les héros d'Homère ? c'est une autre question.

On remarque chez les héros anciens plus de variété de physionomie. Ils sont moralement moins bons sans doute, mais leurs défauts mêmes ne sont pas indifférents à la poésie : la colère d'Achille, la rudesse d'Ajax, l'impiété de Diomède, la fausseté d'Ulysse, ont fourni au poète une source de beautés. Les vieillards sont tous beaux dans Homère. Priam, Nestor, se distinguent à des caractères particuliers. Les femmes, depuis Hécube jusqu'à Hélène, présentent toutes les gradations des sentiments et des caractères qui appartiennent à leur sexe. Ajoutez que les guerriers d'Homère sont bien autrement éloquents que ceux du Tasse. Sans doute la plus grande partie de ces avantages n'est due qu'au talent du poète; et voilà pourquoi ce ne seroit pas raisonner juste que d'en tirer un argument en faveur du polythéisme.

« Les vertus des chevaliers, dit M. de Chateau-
« briand, sont des vertus véritablement chré-
« tiennes. » Toutes les vertus, sans doute, appartiennent à la religion, et sont perfectionnées par elle; mais la foi, la sincérité, le désintéressement, la vaillance, la protection accordée à la foiblesse, ont caractérisé des guerriers de diverses religions; et quand elles appartiendroient exclusivement à la chevalerie, il ne faudroit pas oublier que le mahométisme a eu des chevaliers non moins délicats en amour, non moins généreux que les chevaliers chrétiens.

Tous ces exemples ne prouvent pas davantage que ceux que l'auteur a choisis dans les romans; car si l'éloquence de la dévote Julie prouvoit quelque chose, le caractère de l'incrédule Wolmar auroit aussi son poids; et comme malheureusement ils ont eu le même secrétaire, les lettres de Wolmar ne manquent pas d'éloquence.

En général, dans tous les ouvrages modernes qui ont pour objet la peinture des passions, on les a représentées exaltées par la contrainte, et cela, non parce que la religion ordonne de les réprimer, mais parce que les observations faites sur l'art nous ont appris le parti qu'on peut tirer, l'effet qu'on doit attendre de ce jeu de deux contre-poids qui tiennent le spectateur dans l'incertitude du triomphe ou du sacrifice de la passion.

Ce système avoit été aperçu par les anciens; le quatrième chant de l'*Énéide* en est un exemple; mais les modernes en ont perfectionné la théorie, et depuis le Cid jusqu'à Zaïre, vous voyez les personnages éminemment tragiques entre la passion et le devoir.

L'auteur compte parmi les avantages poétiques qui sont dus au christianisme, l'enthousiasme religieux si favorable à la poésie. Mais est-ce une expression convenable que de l'appeler *le Christianisme considéré comme passion?* Ce mot *passion* ne se prend-il pas en général en mauvaise part, lorsqu'il exprime une force qui nous maîtrise, un penchant irrésistible qui est ordinairement désordonné? Cet enthousiasme a sans doute fourni de beaux sujets; l'auteur ajoute un chapitre sur *le vague des passions.* « Il reste à parler, dit-
« il, d'un état de l'âme qui, ce me semble, n'a
« pas encore été bien observé, c'est celui qui
« précède le développement des passions, lorsque

« nos facultés, jeunes, actives, entières, mais ren-
« fermées, ne se sont exercées que sur elles-mêmes,
« sans but et sans objet. Plus les peuples avan-
« cent en civilisation, plus cet état du vague des
« passions augmente. Il reste encore des désirs,
« et l'on n'a plus d'illusions. L'imagination est
« riche, abondante et merveilleuse, l'existence
« pauvre, sèche et désenchantée. On habite avec
« un cœur plein un monde vide; et, sans avoir
« usé de rien, on est désabusé de tout : l'amertume
« que cet état de l'âme répand sur la vie est in-
« croyable. Les anciens ont peu connu cette in-
« quiétude secrète. »

L'auteur n'entend pas attribuer l'existence de cette maladie à la religion; mais alors on pourroit demander à propos de quoi il l'a fait entrer dans le génie du christianisme. Il s'étonne que les écrivains modernes n'aient pas encore songé à peindre cette singulière position de l'âme; et à défaut d'autres exemples, il nous raconte la vie de René. Ce jeune homme a parcouru la Grèce, l'Italie, la France, l'Angleterre, il a tout vu d'un œil dédaigneux, comme ces gens de lettres dont le goût ressemble au dégoût. Le malheur de n'avoir pu trouver dans le monde rien de digne de son admiration que « *les sons de la cloche lointaine, qui appeloit au temple l'homme des champs* », détermine cet infortuné à méditer un suicide. Une sœur, compagne de son enfance, le fait consentir à vivre; mais elle s'arrache bientôt de ses bras pour se jeter dans un monastère, où René apprend que la cause de cette fuite est un amour incestueux. Cette histoire des malheurs de René seroit peut-être, aux yeux du moraliste, peu louable, par l'intérêt même qu'elle inspire, si elle n'étoit terminée par un discours très sage du missionnaire à qui elle est racontée, et qui dit à René : « Rien ne mérite dans cette histoire la pitié qu'on « vous montre ici; je vois un jeune homme entêté « de chimères, à qui tout déplaît, et qui s'est « soustrait aux charges de la société pour se livrer « à d'inutiles rêveries. On n'est point un homme « supérieur, parce qu'on aperçoit le monde sous « un jour odieux. »

Ces paroles sont assurément fort belles et fort raisonnables; mais il en résulte que le vague des passions est une maladie très dangereuse.

L'auteur revient à la poésie, et nous apprend que la mythologie rapetissoit la nature, en détruisoit les véritables charmes, et que les anciens n'ont pas connu la poésie descriptive.

M. de Chateaubriand est un admirateur trop éclairé des anciens pour que nous croyions nécessaire de lui rappeler que c'est dans leurs ouvrages qu'il faut encore aller chercher les plus belles peintures de cette nature, dans laquelle ils ne voyoient, selon lui, qu'*une uniforme machine d'opéra.*

Quant à la poésie descriptive, c'est un mot nouveau, et il ne faut pas disputer sur les mots; mais il me semble qu'Homère, Virgile et Boileau ont excellé dans cette partie de l'art, qui consiste à peindre les objets. Il est peut-être vrai aussi qu'ils ont fait de la poésie descriptive sans le savoir, car ils ne décrivoient pas pour décrire; et je pense qu'à cela près on pourroit, sans leur faire trop de grâce, les proposer pour modèles à ceux qui entreprennent une suite de descriptions.

Cependant M. de Chateaubriand nous dit : « Les « apôtres avoient à peine commencé de prêcher « l'Évangile au monde, qu'on vit naître la poésie « descriptive : tout rentra dans la vérité devant « celui qui tient la place de la vérité sur la terre. »

Ceci auroit besoin d'une explication. Assurément les apôtres ne s'étoient point occupés des intérêts de la poésie, et malheureusement les poètes qui parurent dans le monde immédiatement après eux n'étoient que des auteurs païens, qui, même en poésie descriptive, passent pour être fort inférieurs à Homère et à Virgile.

L'auteur veut-il parler « des *anachorètes* qui « écrivirent de la *douceur du rocher* et des *délices* « *de la contemplation?* »

Tout le monde n'est pas à portée d'en juger. Les Pères, qui vinrent après les anachorètes, ont été quelquefois très éloquents; mais ils ont assez généralement écrit en prose, et cela étoit en effet très convenable à leur objet. Si, dans leurs ouvrages, il y a de beaux tableaux de la nature, il faut reconnoître que plusieurs d'entre eux se sont écartés de cette nature pour suivre le mauvais goût de leur siècle.

Il me semble qu'ici le bon goût veut qu'on ajoute que, si les anciens n'ont pas poussé jusqu'à l'abus le talent qu'ils avoient pour la description, c'est un mérite de plus, et une preuve non-seulement qu'ils ont excellé dans cet art, mais qu'ils ont su l'apprécier, l'appliquer à son véritable usage, et qu'ils en ont connu les bornes.

Il y a entre leurs peintures et le genre de poésie descriptive actuellement en honneur parmi les modernes, une différence essentielle. Chez eux, la description est vive, pittoresque, parce qu'elle n'est pas trop fréquente, et animée par un sentiment, parce qu'elle est amenée par le sujet. Chez les poètes qui décrivent pour décrire, la main est moins hardie, le trait plus minutieux. On admire le mécanisme du vers plutôt que l'inspiration du poète, parce que le sentiment ne peut guère naître d'une suite de descriptions; cela n'empêche pas qu'il n'y ait dans quelques ouvrages modernes des descriptions admirables : mais il me paroît qu'en général il y a dans ces poëmes une recherche que le talent des auteurs a bien de la peine à déguiser.

M. de Chateaubriand a pris soin de nous expliquer qu'en général les anciens ont peint les mœurs et que nous peignons les choses, qu'il pense qu'ils avoient raison de regarder la poésie descriptive comme l'accessoire; mais, dans ce cas, pourquoi prendre tant de peine à prouver que cette poésie, purement descriptive, est un bienfait dont nous sommes redevables au christianisme?

Une autre proposition de M. de Chateaubriand qui pourroit être susceptible d'une assez longue controverse, c'est que les divinités chrétiennes

ont poétiquement la supériorité sur celles du paganisme. Il faut convenir que ce sont là de ces choses qui se prouvent par les faits, et que les personnages divins que nous a peints Homère peuvent conserver leur place jusqu'à ce qu'on ait mis heureusement en action dans un poëme « ces
« prophètes, ces fils de la vision avec une barbe
« argentée descendant sur leur poitrine immor-
« telle, et l'esprit divin éclatant dans leurs regards,
« — ou l'ange des rêveries du cœur, — ou bien
« l'ange de la nuit reposant au milieu des cieux,
« où il ressemble à la lune endormie sur un nuage,
« et dont les talons et le front sont un peu rougis
« de la pourpre de l'aurore et de celle du crépus-
« cule ; — ou bien l'ange des saintes amours qui
« donne aux vierges un regard céleste ; — ou enfin
« l'ange des harmonies qui leur fait présent des
« grâces. » Jusque-là Boileau me paroît avoir eu raison, et je doute qu'il approuvât ces expressions mystiques dans un ouvrage littéraire, surtout si elles n'y étoient pas employées avec une grande sobriété. L'auteur compare quelques phrases d'Homère et de Milton, de Virgile et de Racine. Au sujet du songe d'Athalie, il ajoute : « Cette ombre
« d'une mère qui se baisse vers le lit de sa fille comme
« pour s'y cacher, et qui se transforme tout à coup
« en os et en chair meurtris, est une de ces beautés
« vagues, de ces circonstances terribles de la vraie
« nature du fantôme. » Je n'ai garde de rien contester de tout cela ; c'est une de ces ressemblances dont tout le monde n'a pas été à portée de juger.

L'Enfer est le théâtre où triomphe le génie poétique du christianisme. Milton et le Dante ont fourni de belles pages; mais, en vérité, il y en a dans le nombre, même de celles que M. de Chateaubriand a citées, que je ne puis caractériser que d'inintelligibles. Par exemple : « Un reptile en-
« flammé parut s'échapper vers les deux autres
« coupables; il étoit noir et luisant comme l'ébène :
« il frappa l'un d'eux au nombril, premier passage
« des aliments dans nous, et tomba vers ses pieds
« étendu. L'homme frappé ne le vit point et ne
« cria point; mais, immobile et debout, il bâilloit
« comme aux approches du sommeil ou d'une brû-
« lante fièvre. Il bâilloit et *fixoit* le reptile qui le
« *fixoit* lui-même ; tous deux se contemploient; la
« bouche de l'un et la blessure de l'autre fumoient
« comme deux soupiraux, et les deux fumées s'éle-
« voient ensemble.

« Je vis la croupe de l'un se fendre et se diviser,
« et les jambes de l'autre s'unir sans intervalle :
« ici la peau s'étendre et s'amollir, et là se durcir
« en écailles; ensuite les bras du coupable décrois-
« sant à ses côtés, le monstre allongea deux de ses
« pieds vers ses flancs, et les deux autres réunis
« plus bas lui donnèrent le sexe que perdoit l'om-
« bre malheureuse. »

« Tel peut, dit M. de Chateaubriand (première
« édition) [1], devenir un enfer chrétien sous un
« pinceau habile. Si tout ceci ne forme pas un corps

[1] L'auteur du *Génie du Christianisme* a supprimé ces citations, et modifié ces éloges dans les éditions suivantes.

« de preuves sans réplique en faveur des beautés
« poétiques du christianisme, jamais rien ne sera
« prouvé en littérature. »

Hélas! il faut en convenir, il y a bien peu de choses démontrées en littérature; toutes les vérités y sont de sentiment, et voilà pourquoi on dispute, voilà pourquoi tout le monde a le droit de juger. L'auteur, obligé d'avouer que le paradis n'a pas été peint avec le même succès, s'étonne qu'avec autant d'avantages les poètes chrétiens aient échoué dans la peinture du ciel, et il ajoute : « Que,
« pour éviter la froideur qui résulte de l'éternelle et
« toujours semblable félicité des justes, on pourroit
« essayer d'établir dans le ciel une espérance, une
« attente quelconque de plus de bonheur, ou d'une
« époque inconnue dans la révolution des êtres. »

Ceci me rappelle quatre petits vers :

> Ami, le bonheur se compose
> De biens présents, de souvenirs;
> Et pour avoir tous les plaisirs,
> Il faut regretter quelque chose.

Le fond de cette pensée est très vrai; mais l'auteur de ces vers ne parle point du bonheur du paradis, ni de la nature parfaite des justes.

M. de Chateaubriand a consacré un livre à comparer la *Bible* et *Homère*. On sait que, dans deux grands ouvrages, on peut trouver des morceaux qui viennent à l'appui de telle ou telle opinion. En général, cette partie ne nous a pas paru traitée avec cette sagacité qui se fait remarquer dans beaucoup d'autres endroits de l'ouvrage.

Nous n'osons guère entreprendre d'examiner l'influence du christianisme sur la musique, la peinture et l'architecture, parce qu'il est également incontestable, et que le culte a donné à ces beaux-arts des occasions de s'exercer, et que leur origine est antérieure à ce culte même.

M. de Chateaubriand révoque en doute cette tradition de l'antiquité qui attribuoit à l'amour l'invention de la peinture; il est très possible, en effet, que cette tradition ne soit qu'une fable ingénieuse; mais est-ce bien sérieusement, qu'après avoir nié l'aventure de Dibutade, on ajoute: « L'école chrétienne a cherché un autre maître, « elle le reconnoît dans cet artiste qui, pétrissant « un peu de limon entre ses mains puissantes, « prononça ces paroles: *Faisons l'homme à notre* « *image;* donc pour nous, le premier trait du « dessin a existé dans l'idée éternelle de Dieu, et « la première statue que vit le monde fut cette « fameuse argile animée du souffle du Créateur. »

Platon, comme M. de Chateaubriand, auroit reconnu Dieu pour le premier principe des arts, mais Platon auroit toléré une fiction ingénieuse qui en attribue la découverte au sentiment, et Platon savoit bien que la création du modèle ne pouvoit qu'être antérieure à la statue.

Toutes ces choses-là peuvent être des sujets de dispute fort indifférents, j'ajoute et fort inutiles, car on ne parvient guère à des démonstrations, et quand on y parviendroit, quelle conséquence seroit-on autorisé à en tirer?

Malheureusement le scepticisme trouve beaucoup à s'exercer dans toutes les questions qui tiennent aux choses de l'imagination, du goût ou du sentiment.

On ne doit pas s'en étonner, car M. de Chateaubriand nous apprend lui-même, d'après Hobbes, « qu'il n'y a pas moins de sujets de doute en ma-
« thématiques qu'en physique et en morale (*con-*
« *tra geometras sive contra phastum professo-*
« *rum*); et que ce qu'on appelle vérité mathéma-
« tique se réduit, selon Buffon, à des identités
« d'idées, et n'a aucune réalité. »

D'après cela, personne n'est plus en droit de se plaindre du doute qu'on oppose à ses assertions. « Les esprits géométriques sont souvent faux, dit
« l'auteur, parce qu'ils veulent trouver partout
« des vérités absolues, tandis qu'en morale et en
« politique les vérités sont relatives. En mathé-
« matiques on ne doit regarder que le principe,
« en morale que la conséquence. »

Cela est fort bien dit, et il en résulte, ce me semble, que les vérités ne peuvent guère être absolues, parce qu'elles sont, en général, complexes, et que de cette variété de rapports on peut tirer des conséquences très diverses. De là vient la tentation à laquelle notre auteur a succombé plus d'une fois, tout comme un autre, de négliger une partie des rapports pour tirer des conséquences plus décisives, d'altérer un peu la vérité pour viser à l'effet.

Par exemple, une infinité de circonstances ont contribué à modifier les productions des arts : il peut être plus piquant, mais il n'est pas juste de trouver dans une seule cause la raison de ces différences.

Les bons esprits ne se permettent guère d'annoncer des vérités absolues, de trouver des causes uniques; mais ils ne se croient pas obligés non plus de se payer des raisons plus ou moins ingénieuses que fournit l'imagination.

C'est encore le désir de viser à l'effet qui fait qu'on s'écarte de la vérité dans le style. Ce n'est point la nature qui inspire ces locutions énigmatiques, dont la nouveauté étonne et ne satisfait pas toujours; ces métaphores singulières ou forcées, ce luxe de grands mots pour des sujets quelquefois très simples, et cette hardiesse dédaigneuse qui consiste à braver l'usage par l'emploi de quelques locutions trop familières.

Tout cela compose le style tendu, dont le plus grand malheur est de réclamer continuellement l'admiration, de sacrifier la clarté des idées à l'éclat qu'on veut leur donner, et de manquer souvent son effet, précisément parce qu'on veut en produire toujours.

Si l'on vous demandoit quel style vous croyez le plus propre à un ouvrage de démonstration, de raisonnement, de morale, de sentiment, et à une narration d'aventures héroïques, de combats, de fables, de passions, vous ne vous aviseriez pas de penser que le philosophe dût laisser le style simple au poète. Eh bien! voyez si vous feriez entrer quatre pages du *Télémaque* dans le *Génie du*

Christianisme sans faire ressortir ou l'extrême simplicité de l'un, ou le luxe de poésie qui domine dans l'autre. L'écrivain du grand siècle, nourri de la lecture des anciens, conseillé par le goût le plus pur, imagina de raconter les aventures du fils d'Ulysse. Si cette histoire eût été écrite par Racine ou Boileau, on y trouveroit vraisemblablement la richesse du style, la hardiesse des figures qui caractérisent *le Lutrin*, *Phèdre*, *Iphigénie*; mais Fénelon, ne voulant écrire qu'en prose, sentit qu'il ne devoit chercher que les effets qu'on peut attendre de l'instrument dont il avoit à se servir. Il renonça tout-à-fait au luxe des phrases pour chercher dans la beauté et la douceur de sa narration les effets qu'il avoit à produire. Je sens bien que la nature de son talent dut influer sur ce choix, et qu'il ne dépendoit peut-être pas de lui de jeter des phrases à la manière de Bossuet. Mais ce n'en étoit pas ici la place. Voltaire lui a reproché sa prose un peu traînante, c'est-à-dire, son extrême simplicité, et cette critique est remarquable de la part d'un prosateur qui, ayant écrit à peu près sur tous les sujets, n'a pas une seule phrase obscure ou ambitieuse à se reprocher.

Et veut-on savoir à quoi j'attribue cette sagesse de Voltaire dans la prose? C'est qu'il étoit poète, c'est qu'il connoissoit les moyens, les effets, les limites des deux arts : c'est un grand seigneur poli qui se montre sans hauteur, parce qu'on ne peut pas lui contester son rang.

Nous voyons des prosateurs qui transportent la

poésie dans la prose, qui font des poëmes en prose. Mais la prose de M. Delille est toujours naturelle; celle de M. de Fontanes, dans des sujets plus élevés, conserve toujours cette simplicité qui est elle-même un des caractères de la véritable grandeur; c'est que l'un et l'autre savent faire de beaux vers.

Il ne suffit pas de faire du beau, il faut savoir le montrer à sa place. Nous avons entendu un homme, aussi recommandable par son goût que par son talent, louer beaucoup cette phrase : « Les reines ont été vues pleurant comme de « simples femmes, et l'on s'est étonné de la quan- « tité de larmes que contiennent les yeux des « rois. » Effectivement, si on lisoit ces paroles dans une oraison funèbre, on admireroit avec raison cet artifice de style par lequel l'auteur rappelle les joies et la pompe dont les rois ont été environnés, et exprime d'une manière neuve et énergique une vérité triviale. Mais si j'entendois un pauvre missionnaire du désert exhortant à la mort une fille étendue sur un lit de feuilles, en présence d'un jeune Sauvage, parler des reines, et en parler avec ces formes oratoires qu'il faut réserver pour un grand concours d'auditeurs, je lui dirois : Vous parlez très bien, mais ce n'est point d'inspiration, c'est de réminiscence : vous ne cherchez pas à imiter la nature, mais Bossuet.

L'imitation des grands maîtres n'est pas toujours louable, pas toujours également heureuse. Depuis long-temps les poètes ont cherché à exprimer d'une manière pittoresque ce silence général dont l'effet est si puissant sur l'âme. Par un de ces procédés qui sont si familiers à leur art, ils ont transporté au silence, qui n'est en soi qu'une abstraction, les qualités qui ne lui sont pas propres : le poëte latin avoit dit ; *les lieux silencieux au loin.* Là il n'y a point de figure. Milton, pour exprimer que toute la nature écoute dans le silence et le ravissement, dit : *Le silence est ravi*, ce que M. Delille a traduit ainsi :

> Il chante, l'air répond, et le silence écoute.

Le même M. Delille a dit :

> Il ne voit que la nuit, n'entend que le silence.

Ce poète n'est pas moins hardi, lorsque par une figure il applique au silence ce qui ne doit se dire que de la parole :

> Sa réponse est dictée, et même son silence.

La Fontaine donne au silence une épithète qui fait image :

> Fuyez les bois et leur vaste silence.

Dans tous ces exemples plus ou moins heureux, l'intention de l'auteur est sensible; on se rend raison de la hardiesse de l'expression; mais lorsque M. de Chateaubriand parle *des premiers silences de la nuit,* on ne comprend pas ce pluriel, parce qu'on ne peut pas supposer plusieurs silences, comme on supposeroit plusieurs bruits divers : plus il y a silence, au contraire, plus il y a unité.

Reprenons le cours de l'ouvrage. L'auteur traite un peu sévèrement les géomètres, les chimistes, les naturalistes, quoique assurément il y ait parmi eux des hommes aussi éminents par leur piété que par leur savoir; mais, autant que j'ai pu en juger, le reproche porte sur ce qu'ils n'ont pas lié la cause de la science à celle de la religion ; d'où il résulte, selon notre auteur, que *les sciences amènent nécessairement les âges irréligieux* : « Que cette
« fureur de ramener nos connoissances à des signes
« physiques, de ne voir dans les races diverses de
« la création que des doigts, des dents, des becs,
« pourroit conduire insensiblement la jeunesse au
« matérialisme. »

Je n'ai pas le droit de me porter pour défenseur des sciences, mais je me permettrai de représenter que ces méthodes nouvelles consistent, dit-on, à constater des faits, et à n'admettre que des conséquences rigoureuses. Cette manière de raisonner écarte tous les rapports que l'imagination se plaît à établir, mais elle ne les nie pas. Le physicien, comme le géomètre, raisonne d'après des abstractions ; et de ce que l'homme est classé parmi les mammifères, il ne s'ensuit point que, sous d'autres rapports, il ait perdu la place qu'il occupoit à la tête de la création.

M. de Chateaubriand nous apprend ailleurs qu'il avoit conçu le projet de composer une histoire naturelle religieuse, pour l'opposer à tous les livres scientifiques modernes, où l'on ne voit plus que la matière. Personne ne désapprouvera que, des observations faites sur la nature, on tire des conséquences d'un ordre supérieur; mais on est en droit de demander que l'exposition des faits soit exacte, et la conséquence bien déduite.

Or, je doute que les naturalistes se croient obligés d'admettre les observations suivantes : « La « chèvre a quelque chose de tremblant et de sau- « vage dans la voix, comme les rochers et les « ruines où elle aime à se suspendre. — Le cheval « belliqueux imite les sons grêles du clairon. — « Presque tous les animaux qui vivent de sang « ont un cri particulier qui ressemble à celui de « leurs victimes. — L'épervier glapit comme le « lapin, et miaule comme les jeunes chats. — Le « chat lui-même a une espèce de murmure sem- « blable à celui des petits oiseaux de nos jardins. — « Le loup bêle, mugit ou aboie. — Le renard « glousse et crie. — Le tigre a le mugissement du « taureau, et l'ours marin une sorte d'affreux « râlement, tel que le bruit des rescifs battus des « vagues où il cherche sa proie. Cette loi est fort « étonnante et cache peut-être un secret terrible. »

Voyez jusqu'où peut conduire cette manière d'observer. « On peut remarquer que la première « voyelle de l'alphabet se retrouve dans presque « tous les mots qui peignent les scènes de la cam- « pagne, comme dans *charrue*, *vache*, *cheval*, « *laboureur*, *vallée*, *montagne*, *arbre*, *pâturage*, « *laitage*, etc., et dans les épithètes qui ordinai-

« rement accompagnent ces noms, telles que *pe-*
« *sante, champêtre, laborieux, grasse, agreste,*
« *frais, délectable,* etc. Cette observation tombe
« avec la même justesse sur tous les idiomes connus.
« Le son A convient au calme d'un cœur champê-
« tre et à la paix des tableaux rustiques. L'accent
« d'une âme passionnée est aigu, sifflant, préci-
« pité; l'A est trop long pour elle. Il faut une
« bouche pastorale qui puisse prendre le temps de
« le prononcer avec lenteur. Mais, toutefois, il
« entre bien encore dans les plaintes, dans les
« larmes amoureuses, et dans les naïfs *hélas!* d'un
« chévrier. Enfin la nature fait entendre cette
« lettre rurale dans ses bruits, et une oreille atten-
« tive peut la reconnoître diversement accentuée
« dans les murmures de certains ombrages, comme
« dans celui du tremble et du lierre, dans la pre-
« mière voix ou dans la finale du bêlement des
« troupeaux, et la nuit dans les aboiements du
« chien rustique. »

Je ne crois pas que l'on puisse pousser plus loin le commentaire à propos d'un vers de Théocrite.

Revenons aux sciences. Si elles devoient conduire à l'irréligion, l'Église ne mériteroit que de la reconnoissance, pour en avoir quelquefois ralenti les progrès, mais il ne seroit pas juste de considérer, comme un système fixe et permanent de l'Église, quelques erreurs du gouvernement pontifical qui ne pouvoit guère être plus exempt de préjugés que les autres gouvernements.

Quand on a dix-huit siècles d'histoire à feuilleter, on n'est pas embarrassé d'y trouver des faits contradictoires.

On citera tel pape, tel parlement qui, obéissant à l'esprit de leur temps, ont condamné une découverte utile; mais cela n'empêchera pas que les gens d'église, les gens de loi, n'aient contribué aux progrès des lumières, et que les gouvernements en général n'aient encouragé ces progrès.

La métaphysique et la morale doivent certainement beaucoup au christianisme, et M. de Chateaubriand le prouve très bien.

Il est plus embarrassé lorsqu'il entreprend de démontrer que le christianisme n'est pas moins favorable au génie de l'histoire. Les historiens grecs et latins paroissent soutenir la gloire de l'antiquité contre les modernes avec plus d'avantages que les poètes. On leur oppose quelques historiens anglois, Machiavel, Montesquieu, Voltaire, et surtout Bossuet : « Hume, Robertson et Gibbon, « dit notre auteur, ont plus ou moins suivi ou « Salluste, ou Tacite. Mais ce dernier historien a « produit deux hommes aussi grands que lui-même, « Machiavel et Montesquieu. »

« Néanmoins Tacite doit être choisi pour modèle « avec précaution; il y a moins d'inconvénients à « s'attacher à Tite-Live. L'éloquence du premier « lui est trop particulière pour être tentée par qui- « conque n'a pas son génie. Tacite, Machiavel et « Montesquieu ont formé une école dangereuse, « en introduisant ces mots ambitieux, ces phrases « sèches, ces tours prompts qui, sous une appa-

« rence de brièveté, touchent à l'obscur et au
« mauvais goût.

« Laissons donc ce style à ces génies immortels
« qui, pour d'autres causes, se sont créé un genre
« à part, genre qu'eux seuls pouvoient soutenir,
« et qu'il est périlleux d'imiter. Rappelons-nous
« que les écrivains des beaux siècles littéraires ont
« ignoré cette concision affectée d'idées et de lan-
« gage. Les pensées de Tite-Live et de Bossuet sont
« abondantes et enchaînées les unes aux autres.
« Chaque mot, chez eux, naît du mot qui le pré-
« cède, et devient le germe du mot qui va le suivre.
« Ce n'est pas par bonds, par intervalles et en ligne
« droite que coulent les grands fleuves (si nous
« pouvons employer cette image), ils amènent
« longuement de leur source un flot qui grossit
« sans cesse : leurs détours sont larges dans les
« plaines, ils embrassent de leurs orbes immenses
« les cités et les forêts, et portent à l'Océan agrandi
« des eaux capables de combler ses gouffres. »

Ce passage nous paroît à la fois très juste et très
beau ; mais on sent qu'il y auroit encore bien des
choses à éclaircir avant de se décider pour la supériorité des historiens modernes.

A propos de Philippe de Comines, M. de Chateaubriand dit : « Le vieux seigneur gaulois, avec
« l'Évangile et sa foi dans les ermites, a laissé,
« tout ignorant qu'il étoit, des Mémoires pleins
« d'enseignement. » Cela est vrai, mais n'y a-t-il
pas quelque exagération à ajouter ? « Chez les
« anciens, il falloit être docte pour écrire ; parmi

« nous, un simple chrétien, livré pour seule étude
« à l'amour de Dieu, a souvent composé un admi-
« rable volume. »

Si l'auteur n'eût entendu parler que des livres inspirés et qui sont en effet aussi beaux que bons, il n'y auroit rien à dire; mais s'il considère les écrivains religieux comme auteurs, son assertion pourroit, littérairement parlant, être moins générale, et si on citoit en preuve l'Imitation de Jésus-Christ, *le livre le plus beau*, disoit Fontenelle, *qui soit sorti de la main des hommes, puisque l'Évangile n'en vient pas*, on pourroit représenter que cet exemple ne prouve rien, puisqu'on n'est pas sûr d'en connoître le véritable auteur.

Après avoir comparé les historiens, M. de Chateaubriand compare les orateurs. Il n'est pas douteux que la religion n'ait donné naissance à un nouveau genre d'éloquence, et que, parmi les orateurs chrétiens, il n'y ait des hommes que notre littérature oppose avec orgueil à l'antiquité. Toute cette partie du livre est fort belle; mais l'abbé d'Olivet n'auroit point pardonné une phrase où l'auteur dit, « qu'on lit une fois, deux fois peut-
« être, les *Verrines*, les *Catilinaires* de Cicéron,
« l'*Oraison pour la couronne*, et les *Philippiques*
« de Démosthènes. »

Il attribue à l'incrédulité la décadence du goût et du génie. Voilà une de ces questions complexes qui ne peuvent pas être décidées par quelques assertions. Il me semble qu'un esprit juste reconnoît que l'incrédulité, en faisant disparoître tous les rapports entre la terre et le ciel, doit diminuer la sensibilité et éteindre l'imagination; mais d'abord il faut, pour arriver à ce résultat, pousser l'idée de l'incrédulité jusqu'à ce système absurde qui nie l'existence de Dieu. En second lieu, beaucoup d'autres causes peuvent influer sur la décadence du goût et du génie.

« On aura beau chercher, dit M. de Chateau-
« briand, à ravaler le génie de Bossuet et de Racine,
« il aura le sort de cette grande figure d'Homère
« qu'on aperçoit derrière les âges. »

Je ne crois pas qu'il soit tout-à-fait juste d'accuser les littérateurs modernes d'avoir cherché à ravaler le génie de Bossuet et de Racine.

Est-il bien vrai encore que « l'incrédulité intro-
« duise nécessairement l'esprit raisonneur, les
« définitions abstraites, le style scientifique, et
« avec lui le néologisme, choses mortelles au goût
« et à l'éloquence? »

Les anciens philosophes, qui n'étoient pas des incrédules, Platon, Aristote, ne se sont-ils pas créé une langue qu'on a appelée depuis le jargon de l'école? Toutes les disputes, même celles de théologie, n'ont-elles pas excité l'esprit raisonneur?

« Il y a eu dans notre âge, à quelques exceptions
« près, continue l'auteur, une sorte d'avortement
« général des talents. On diroit même que l'im-
« piété, qui rend tout stérile, se manifeste aussi
« par l'appauvrissement de la nature physique.
« Jetez les yeux sur les générations qui succédèrent

« au siècle de Louis XIV ; où sont ces hommes aux
« figures calmes et majestueuses, au port et au
« vêtement nobles, au langage épuré, à l'air guer-
« rier et classique, conquérant et inspiré des arts?
« On les cherche et on ne les trouve plus. De petits
« hommes inconnus se promènent, comme des
« pygmées, sous les hauts portiques des monu-
« ments d'un autre âge. Sur leur front dur respi-
« rent l'égoïsme et le mépris de Dieu; ils ont perdu
« et la noblesse de l'habit et la pureté du langage.
« On les prendroit, non pour les fils, mais pour
« les baladins de la grande race qui les a précédés. »

Ce morceau nous a paru manquer d'un peu
d'onction; c'est ainsi qu'auroit pu s'exprimer le
vénérable Sully, arrivant à la cour de Louis XIII.

On voit bien qu'il y a quelque exagération à reprocher à la génération présente les changements
survenus dans le costume et l'appauvrissement de
la nature physique. Est-il bien certain que, sous
le rapport physique, l'espèce ait dégénéré? Et
quant au reproche d'impiété adressé à toute une
génération, comment le concilier avec cet autre
passage du même livre?

« Enfin, de nos jours même et sous nos propres
« yeux, est-ce des athées qui ont abaissé la cime
« des Pyrénées et des Alpes, effrayé le Rhin et le
« Danube, subjugué le Nil, fait trembler le Bos-
« phore; qui ont vaincu aux champs de Fleurus et
« d'Arcole; aux lignes de Weissembourg et au pied
« des Pyramides, dans les vallées de Pampelune et
« dans les plaines de la Bavière, qui ont mis sous

« leur joug l'Allemagne et l'Italie, le Brabant et la
« Suisse, les îles de la Batavie, et celles de la Grèce,
« Munich et Rome, Amsterdam et Malte, Mayence
« et le Caire? Est-ce des athées qui ont gagné plus
« de soixante batailles rangées, et pris plus de cent
« forteresses, qui ont rendu vaine la coalition de
« huit grands Empires, et fait trembler les Souve-
« rains des Indes derrière toutes les solitudes de
« l'Asie? Est-ce des athées qui ont accompli tant
« de prodiges? ou bien est-ce des paysans chré-
« tiens, de braves officiers qui avoient pratiqué
« toute leur vie les devoirs de la religion? — On ne
« voit pas que ces grands esprits qui ne pouvoient
« s'abaisser jusqu'à croire en Dieu, se souciassent
« beaucoup d'aller aux combats. Qu'il eût été beau
« pourtant de voir une armée d'incrédules aux
« prises avec ces Cosaques qui pensent monter au
« ciel en mourant sur le champ de bataille! »

L'auteur a supprimé ce passage dans les nouvelles
éditions de son ouvrage, mais les faits subsistent
et paroissent permettre à la génération qui les a
opérés de lire sans rougir l'*Histoire militaire du
Siècle de Louis XIV*.

Après ce livre sur les arts, la philosophie, l'histoire et l'éloquence, l'auteur traite des harmonies
de la religion avec les scènes de la nature et les
passions du cœur humain.

Il n'y a pas long-temps que ce système des harmonies a été découvert, et les lecteurs qui sont
bien aises de comprendre tout ce qu'on leur dit,
surtout quand c'est un philosophe qui parle, au-

roient bien quelques doutes à proposer à l'auteur des *Études de la Nature*, sur la légitimité de cette expression. Mais comme ces harmonies sont des rapports que l'imagination saisit entre les objets moraux et physiques, on se laisse entraîner par cette enchanteresse, et on se garde bien de disputer sur les mots.

Les couvents, les ruines, les dévotions populaires sont les objets sur lesquels l'imagination de l'auteur s'exerce tour à tour, et quelquefois il fait parcourir au lecteur des pages charmantes.

Quant aux harmonies du christianisme avec les passions, M. de Chateaubriand a adopté, pour les traiter, la forme du roman. Atala a été vouée, par sa mère, à la virginité; elle devient amoureuse d'un jeune Sauvage, et dans un moment où elle craint de succomber aux transports de son amant, elle avale du poison pour ne pas condamner aux feux éternels l'âme de sa mère.

Ce sacrifice est infiniment touchant, les récits de la passion et de la catastrophe sont d'un beau pathétique; le missionnaire est là pour faire ressortir la moralité de l'ouvrage, et ces trois personnages sont peints avec les couleurs qui leur sont propres, comme la nature qui les environne l'est avec une grande richesse de style et d'imagination. Le style de ce roman a bien les défauts généraux que nous avons déjà eu occasion de relever dans les autres parties de cet ouvrage; ils y sont même plus fréquents, mais en même temps moins remarquables, parce qu'ici l'auteur parle à l'imagination, et l'imagination n'est pas pointilleuse comme la raison.

Ce roman a été l'objet de tant de critiques, qu'il seroit inutile aujourd'hui d'y revenir : je pense qu'on ne peut y méconnoître deux qualités essentielles, les deux qualités qui font vivre un ouvrage, l'intérêt du sujet et le mérite du style. Tout ce que je demande, c'est qu'on ne justifie point le luxe des phrases ambitieuses qu'on peut y relever, en disant que c'est de la prose poétique; car en fait de poëmes en prose, je suis obligé de confesser mon incrédulité, mon impiété.

Nous voici arrivés à la dernière partie de l'ouvrage.

L'auteur décrit d'abord ce qu'ont de majestueux, de touchant, les diverses cérémonies du culte : un livre est consacré aux tombeaux, un autre au clergé; et, dans les trois derniers, on trouve le tableau des missions, des ordres de chevalerie, et des bienfaits que la société doit à la religion.

On voit, d'après ce seul exposé, qu'ici il ne s'agit plus de considérer la religion sous le rapport des arts, et par conséquent de développer, d'une manière qui n'est pas toujours également satisfaisante, les avantages qu'elle leur prête. Tout, dans cette partie, appartient bien réellement au sujet, et toutes les conséquences principales sont d'une vérité incontestable; car ce n'est pas ici le lieu de discuter l'utilité des ordres monastiques, et on sent que c'est une concession préliminaire qu'il est juste de faire à l'auteur. Au reste, il ne la réclameroit pas; car il entend bien justifier sous tous les rapports ces sortes d'institutions.

De cet heureux accord qu'il y a entre l'objet que l'auteur a proposé et la nature de ses développemens et de ses preuves, il résulte que les ornemens naissent de la matière elle-même; que l'écrivain n'est plus obligé de fatiguer son imagination pour chercher çà et là ce que son sujet ne lui fournissoit point; que son esprit devient plus juste, son style plus sage, et par conséquent son livre plus éloquent. Il l'est beaucoup dans divers endroits, et ce seroit altérer le plaisir qu'on éprouve à rendre justice à un écrivain, à se rappeler les jouissances qu'on lui doit, que de citer quelques phrases bizarres, quelques idées étranges qui lui sont encore échappées lorsqu'il n'en avoit nul besoin pour étonner son lecteur.

En parlant des Religieux qui accompagnent à la mort des criminels qu'on envoie au supplice, il dit : « Quel honneur, quel profit revenoit à ces moines « de tant de sacrifices, sinon la dérision du monde « et les injures même des prisonniers qu'ils conso- « loient? mais du moins les hommes, tout ingrats « qu'ils sont, avoient confessé leur nullité dans « ces grandes rencontres de la vie, puisqu'ils les « avoient abandonnées à la religion, seul véritable « secours au dernier degré du malheur. O apôtres « de Jésus-Christ! de quelles catastrophes n'étiez- « vous pas témoins, vous qui, près du bourreau, « ne craigniez point de vous couvrir du sang des « misérables, et qui étiez leur dernier ami! Voici

« un des plus hauts spectacles de la terre. Aux deux
« coins de cet échafaud, les deux justices sont en
« présence : la justice humaine et la justice divine ;
« l'une, implacable et appuyée sur un glaive, est
« accompagnée du désespoir ; l'autre, tenant un
« voile trempé de pleurs, se montre entre la pitié
« et l'espérance : l'une a pour ministre un homme
« de sang ; l'autre, un homme de paix : l'une con-
« damne, l'autre absout ; innocente ou coupable,
« la première dit à la victime : *Meurs* ; la seconde
« lui crie : *Fils de l'innocence ou du repentir,*
« *montez au ciel.* »

Cet admirable passage rachèteroit bien des fautes de style ; avec un peu de goût on évite ces fautes, mais ce n'est pas avec du goût seulement qu'on écrit des morceaux si éloquents. Le livre des *Missions* est plein d'onction et d'intérêt ; celui *des bienfaits du christianisme* présente beaucoup d'idées grandes et fortes, et l'on regrette que cette partie, la dernière de toutes, ne constitue pas le corps de l'ouvrage.

Si maintenant nous jetons un coup d'œil sur la carrière que l'auteur nous a fait parcourir, nous remarquerons que, pour remplir son objet, qui étoit de prouver l'excellence de la religion chrétienne, il a voulu montrer qu'elle étoit favorable aux lettres, aux beaux-arts, plus que le polythéisme. Ce système l'a engagé dans des routes fleuries, mais périlleuses, où il s'est quelquefois égaré. La résolution prise de décider ce qui étoit susceptible d'interminables controverses, l'a obligé de se contenter de quelques aperçus ingénieux, en négligeant mille rapports sous lesquels il ne pouvoit, sans compromettre le succès de sa thèse, envisager une question aussi complexe que l'étoit celle-ci.

De là des conclusions que la raison se refuse d'admettre, et une nature de preuves que le sujet même ne comportoit pas : de là des efforts de l'imagination pour venir au secours du raisonnement, et le désir de compenser, par l'effet du style, ce qui manque à cette partie de l'ouvrage en force véritable et en solidité : de là les défauts mêmes de ce style trop hardi pour être juste, trop ambitieux pour être puissant.

Mais dans cette partie même du livre, l'équité veut qu'on remarque que toutes les pensées sont d'un ordre élevé, les sentiments nobles, les dissertations littéraires ordinairement neuves et pleines de sagacité, l'élocution libre et fière, et presque toujours animée par le sentiment.

Et lorsque l'on considère ensuite qu'une autre partie de l'ouvrage mérite, sous les rapports de l'ordre, de la clarté, de la justesse, des éloges susceptibles de peu de restrictions ; lorsqu'on y trouve à la fois plus de simplicité et d'éloquence, de belles formes de style, des tableaux de la nature riches de couleurs neuves et brillantes, des peintures énergiques de nos passions, des descriptions charmantes, des pensées aussi vraies que fortes, des sentiments touchants et des passages admirables, on ne doit plus s'étonner qu'un pareil livre ait été lu avidement, traduit dans toutes les langues, vanté avec enthousiasme, et l'on se demande alors si ce n'est pas un soin trop minutieux que celui qu'on a pris d'en relever et d'en expliquer les défauts ; mais ce soin étoit une tâche que le devoir imposoit, et que le goût n'aurait pas choisie. L'intérêt des lettres veut qu'en recommandant à l'estime publique les ouvrages qui en sont dignes, on avertisse de leur imperfection ; car la foule des imitateurs est là toute prête à s'emparer de la manière d'un auteur, sans pouvoir lui emprunter son talent ; et dans une occasion solennelle, où celui qui est le dispensateur de la gloire, daigne, parmi tant d'autres soins, s'occuper de distribuer des palmes aux beaux-arts, le corps littéraire à qui il a confié la noble fonction d'apprécier le mérite des talents rivaux, ne pouvoit être juste qu'en faisant la part de la critique, comme celle de l'éloge.

OPINION

DE M. P. L. LACRETELLE.

Si l'on s'arrête au sujet de cet ouvrage, il est au-dessus d'un simple intérêt littéraire; il est d'une haute importance pour les sociétés humaines : c'est un traité et un tableau de toute la religion chrétienne.

En ne considérant dans le *Génie du Christianisme* qu'un ouvrage de littérature, il est encore remarquable par le système de tout subordonner dans les littératures à l'influence de la religion chrétienne, de lui créer une nouvelle source de gloire et de puissance par la conquête de la poésie, de l'éloquence, de la philosophie, qui n'auroient plus ailleurs le principe de leurs beautés, de leurs services, de leurs succès; il l'est encore par deux romans d'une couleur singulière, introduits dans l'ouvrage sans lui appartenir; il l'est enfin par un très beau talent qui s'y fait reconnoître, et par un style souvent bizarre, qui paroît moins tenir à un défaut dans le talent de l'auteur, qu'à une combinaison dans son but.

Mais si on pouvoit consentir à ne juger cet ouvrage que par son prodigieux succès, il faudroit, avant même tout examen, le réputer une de ces productions de premier ordre qui donnent une impulsion à tout un siècle, qui marquent à une haute distinction l'époque qui en fut illustrée; en un mot, une de ces productions qui naissent immortelles.

Nous ne remplirions pas dignement la mission qui nous est déférée, si nous accordions trop à cette mesure d'appréciation. Nous le savons, il est de la destinée des plus beaux et des meilleurs ouvrages, même quand ils sont appropriés à leur temps, et quand les circonstances leur sont favorables, de voir leur juste réputation se former, s'agrandir, se fixer par des lectures répétées, par des balancements dans les opinions contraires, par des jugements toujours plus éclairés. Il n'en est autrement que pour ces productions qui ont le périlleux avantage de tomber dans le cours désordonné de certaines idées, certaines affections, dans cet enthousiasme de parti qui ne dépasse toute mesure sur l'objet auquel il s'applique que parce qu'il a un but au-delà. Alors point de bornes au succès, et difficilement la proportion est gardée entre le succès et le mérite.

Nous pouvons tous nous rendre témoignage des causes accidentelles qui ont environné la publication de cet ouvrage d'une faveur extraordinaire; je dis des causes accidentelles, et je vais expliquer mon idée.

Je ne dois rien anticiper sur le résultat de mon examen; mais je puis déjà conjecturer les deux sortes de réprobation, opposées l'une à l'autre, que ce livre eût éprouvées à deux époques dont l'esprit dominant nous est bien connu.

Supposons le *Génie du Christianisme* soumis au jugement des Bossuet et des Fénelon, des Racine et des Boileau, des Pascal et des La Bruyère : la pensée fondamentale de cet ouvrage, le dessein développé en cinq volumes de faire de la religion la plus belle des poésies passées, présentes et à venir, n'eût-elle pas paru une sorte de profanation devant ces hommes pour qui et par qui la religion avoit toute sa puissance, toute sa majesté, toute sa sainteté ?

Descendons l'ouvrage au siècle suivant; livrons à l'examen des Montesquieu, des Voltaire, des Fontenelle, des Buffon, de ces écrivains qui commencèrent à ne pas soumettre tout leur esprit aux doctrines religieuses : qu'en eussent-ils pensé, qu'en eût-on pensé sous ces arbitres de l'opinion ? N'eût-il pas risqué de périr sous ce genre de plaisanterie dont on ne se relevoit pas ?

Il falloit donc, pour un tel succès, un temps devenu étranger, et à cette grave pureté de la foi, et à ces accablantes dérisions de l'indépendance religieuse : on peut même dire qu'à ces deux époques cet ouvrage n'eût pas été fait, ou qu'il eût été fait tout autrement.

Félicitons-nous des avantages de l'époque actuelle où nous pouvons échapper à tout excès, soit dans le blâme, soit dans l'éloge; où déjà se sont affoiblies les exagérations des partis contraires, et où, lorsque les autels sont relevés, et la liberté des cultes est fondée, nous pouvons et nous devons également respecter et chérir, en les séparant, les droits de la religion et ceux de la philosophie. Souvenons-nous que nous parlons dans le temple de toutes les gloires littéraires; qu'ici se réunissent par une admiration commune tous les grands noms de deux beaux siècles; et que nos regards ne peuvent parcourir cette enceinte sans voir, à côté les unes des autres, les statues de Bossuet et de Montesquieu, de Fénelon et de Voltaire.

Dans le *Génie du Christianisme*, une seule vue, une seule pensée, un seul résultat, une source unique des beautés et des défauts, se font sentir du commencement à la fin. L'auteur rapporte tout à la religion chrétienne, voit tout en elle, n'apprécie rien que par elle, ou en fait tout émaner directement ou indirectement.

Arrêté par le refus continuel de mon sens intime de se prêter à une telle manière de traiter un grand et beau sujet; effrayé en même temps de la nécessité d'avoir à diminuer les justes hommages rendus à l'objet le plus vénérable, pour mettre en liberté mes pensées, et conserver à ma discussion l'énergie que je ne dois pas lui ôter, je me suis senti entraîné à déplacer le genre de la logique de l'auteur. J'ai choisi un autre sujet sur lequel j'applique cette logique; j'ai adopté celui-là même pour lequel mes études et mes foibles travaux doivent m'avoir donné une prédilection naturelle; en un mot, je me suis représenté, pour la défense de ce qu'on appelle *la philosophie moderne*, un ouvrage calqué

trait pour trait sur le *Génie du Christianisme.*
C'est sur cette apologie enthousiaste de la philosophie que j'ai transposé les réflexions critiques, que je n'aurois pu développer qu'avec embarras et contrainte sur l'ouvrage de M. de Chateaubriand. J'espère qu'en faveur du motif, l'Académie voudra bien se prêter à ce cadre, dans lequel se produira la partie qui m'a été pénible du travail qu'elle m'a imposé.

Aux dogmes de la religion, mon philosophe oppose les principes dont il fait les bases de la philosophie. Comme les dogmes émanés de Dieu sont éternels, les vérités nées de l'ordre des choses le sont aussi. C'est ainsi que la philosophie a commencé avec le monde, quoiqu'elle n'ait reçu son complément que dans le dix-huitième siècle.

Long-temps elle se voila sous des figures et des emblèmes; ce sont là ses *mystères.* Il faut donc la chercher dans les cosmogonies, dans les mythologies, dans toutes les institutions primordiales, dans les acquisitions successives de la société.

Partout où une belle idée, un beau sentiment, une belle action, se rencontrent, cela ne peut venir que de ce qu'il y a de meilleur au monde, la philosophie. Un rapport prochain ou éloigné est bientôt trouvé avec un des principes philosophiques; et de cette manière, notre écrivain revendique tout pour l'objet de son culte.

Dans tous les temps la philosophie a eu des écoles; elle a inspiré des établissements; elle a dirigé des rois, des héros, donné à ses disciples des mœurs qui les distinguoient : voilà sa doctrine, sa propagation, son culte, *ses Docteurs et ses Pères*.

Elle a souvent attiré des persécutions sur des hommes immortels suscités pour la faire connoître et la répandre; ce sont ses *Confesseurs* et ses *Martyrs*.

Elle envoyoit, *dans les anciens jours*, ses disciples recueillir les premiers germes des sciences, des arts et de la morale, chez des nations déjà vieillies dans la civilisation, pour les rapporter à des peuples encore barbares. Dans nos derniers temps, toutes les nations civilisées ont envoyé des savants dans de nouveaux mondes explorer les choses inconnues et y montrer nos sciences, nos arts, nos mœurs; et voilà les *Missionnaires* de la philosophie.

Vient une époque où les religions ingrates s'arment contre la philosophie de ses propres bienfaits, où elles osent exister et prévaloir par les altérations et les corruptions qu'elles ont portées dans les principes philosophiques.

Dès lors notre écrivain se met en guerre avec toutes les religions; et c'est sous un nouvel aspect qu'il descend dans les âges et parcourt le monde.

Partout où il voit le mal, ce sont les religions qui prédominent; où il reconnoît un peu de bien, c'est la philosophie qui a encore son invincible influence; elle agit encore secrètement dans toute la société; on lui doit tout, depuis l'agriculture jusqu'à la danse.

« Où est l'ordre civil ? partout où les religions ont été forcées de céder l'empire aux bannières de la philosophie.

Où est le beau des mœurs, des caractères, des passions ? dans les œuvres avouées de la philosophie.

Où les sciences arrivent-elles à toute leur gloire ? dans les temps et par les hommes qui triomphent des religions.

Où sont les grands historiens, les véritables orateurs, les premiers artistes ? parmi les philosophes seuls.

Où la poésie, surtout, puise-t-elle ses plus hautes conceptions, toutes ses richesses, toutes ses grâces, tous ses dons, tous ses secrets, tout son mystérieux empire ? dans les profondeurs et dans les abîmes de la philosophie ; car la pensée dominante de notre écrivain est que la philosophie absorbe toute la poésie, et se transforme elle-même en poésie.

Je vous le demande, Messieurs, que penseriez-vous d'un ouvrage ainsi conçu, ainsi exécuté ? il me semble assister à votre délibération portée sur un objet où vos pensées, ainsi que les miennes, seroient plus libres et plus franches ; il me semble n'avoir plus à émettre mon opinion, mais à recueillir le résultat de vos impressions débattues et motivées.

Que signifie, diriez-vous, ce système absolu et exclusif, qui ne s'assujétit jamais aux choses qu'il examine, qui les soumet toujours à une seule vue, à une seule affection, conçues avant l'examen même qui eût pu les enfanter ? Où va cet enthousiasme qui, ramenant tout sous un seul aspect, y dénature tout, ne laisse plus à rien ses principes, ses caractères, ses couleurs, brouille tout, et dans l'objet préféré, et dans les objets sacrifiés? Où sera le triomphe de la cause, si partout le livre se jette hors des voies de la raison? Où le moyen réel, même d'une illusion passagère, s'il faut s'en imposer encore plus que l'écrivain, pour se plier à cette manière d'envisager son sujet?

Nous professons respect, dévouement et amour pour la philosophie; nous croyons qu'elle a aujourd'hui, pour ceux qui se sont appliqués à la saisir, un corps de vérités infiniment précieuses et fécondes; mais si quelques erreurs y restoient encore à côté des vérités, nous nous réservons le droit de les attaquer, de les repousser, d'en purger la philosophie même, car rien ne peut lui faire plus de mal que ses propres erreurs.

Son histoire révèle partout des écarts, des dissensions, des troubles; tout ce que les hommes portent toujours, même dans les institutions destinées à les retenir dans le vrai, à les diriger au bien; et on ne veut rien avouer, rien apercevoir dans des choses si sensibles et si déplorables!

Le monde roule à travers les siècles, sous une foule de mobiles qui, tantôt se réunissent, tantôt se séparent; ici des révolutions physiques, là des révolutions politiques; ici des passions travaillent les peuples, là des événements qui ne paroissent sortir que du cours des choses, les entraînent par une sorte de fatalité; ici la multitude bouillonne comme une mer tempétueuse ; là, quelques hommes forts, ou de leur génie ou de leur fortune, asservissent tout ; ici l'ignorance enveloppe tout de ses ténèbres ; là les sciences éclairent quelque coin de l'horizon, et projettent seulement quelques rayons sur les parties obscures : la philosophie avance ou recule, subit elle-même ses propres révolutions au sein de ce vaste ensemble de causes, souvent plus puissantes qu'elle : mais parce qu'elle est là, elle opère tout : ou plutôt tout le bien lui appartient; et jamais le mal ne peut tenir même aux abus qu'on peut en faire !

Elle coexiste, par une destinée inévitable et une loi salutaire, avec les religions ; mais elle ne voudra rien de bon et d'utile hors de son sein ! Les religions n'auront en propre que des crimes et des malheurs ! Si elle est conséquente elle devra soulever les peuples ou les puissances contre les cultes ; elle devra s'user et se déshonorer dans la vaine entreprise d'anéantir cette auguste communication de la terre avec le ciel; éternel penchant du cœur humain ; besoin universel des sociétés ; heureux supplément des lois par de nouvelles affections portées dans les devoirs, par de plus hautes récompenses pour tout ce qui est bien, par une réfrénation intérieure de tout ce qui est mal ; aimable et touchant cortége de la vie et de la mort ; source sacrée des pieux souvenirs, des belles espérances et des seules consolations égales aux douleurs ! La philosophie posera elle-même, comme une loi de la société, la persécution, en sa faveur si elle est forte, contre elle si elle est foible! car la persécution, une fois admise en droit, appartient à qui peut s'en saisir; et tout est là action et réaction.

Quelle idée encore de faire découler la poésie de la philosophie! Elles peuvent tout s'emprunter, mais en restant toujours à leur propre destination. Que les poètes s'emparent de la philosophie, leurs fictions viendront chasser les vérités de leur sanctuaire, et les charmes du prestige dégraderont l'importance des plus graves objets! Que les poètes ne relèvent plus que de la philosophie; ils ne seront plus à l'inspiration de la nature, mais dans les liens d'une doctrine. Les philosophes et les poètes n'auront rien de bon à produire que par une continuelle rébellion à cette funeste servitude.

Nous réprouvons, au nom de la philosophie, ce panégyrique, qui la compromettroit elle-même; tout ce qu'on fait pour elle doit tenir de sa simple dignité, de cette vérité modeste, objet de ses soins et de ses études.

Pénétré de l'évidence de cette censure, j'ai osé, Messieurs, paroître la recevoir de vous-mêmes, pour vous l'exposer avec plus de confiance. Je n'ai rien dit sur l'ouvrage que j'ai feint qui ne s'applique à celui que nous avons à juger.

Vous concevez les autres défauts qui ont dû naître de ce vice radical.

Comment bien raisonner, lorsque le principe de la discussion est toujours erroné? ou plutôt lorsqu'une affirmation continuelle d'une seule idée est toute la discussion?

Aussi jamais ouvrage peut-être n'a offert des preuves si peu dignes des objets, si foibles, et, il faut bien le dire, si souvent dérisoires.

Comment bien composer un grand ouvrage, lorsque, tant les parties qui appartiennent au sujet, que celles qui lui sont étrangères, n'y viennent que pour être comparées à une vue systématique qui se répète sans cesse et ne s'établit jamais? Toujours et uniquement une adoration sans mesure de tout ce qui tient à la religion ou de ce qu'on lui rattache sans son aveu. Voilà tout ce qui lie ensemble les objets, ce qui les subordonne; ce qui les fait, non pas s'entraîner, mais se succéder.

Le cadre est immense, l'ouvrage est court, vu tout ce qu'il embrasse. Des études fortes et sérieuses s'y font reconnoître. L'auteur s'y montre tour à tour théologien et poète, physicien et moraliste, érudit et philosophe; orateur, historien, littérateur. Quoiqu'il n'affecte pas la manière de l'*Esprit des Lois*, on voit qu'il aspire à montrer une vaste science, un esprit qui domine toutes les matières, un talent qui emporte tout un sujet dans un court chapitre. Mais on n'y trouve pas, comme dans l'*Esprit des Lois*, de ces idées fondamentales, créées ou fixées, d'où tout part, où tout revient, et qui répandent sur toutes les parties une lumière commune, un heureux enchaînement, un intérêt progressif. On n'y trouve pas, comme dans l'*Esprit des Lois*, qui du reste ne me paroît pas toujours au-dessus de la critique dans son ensemble, la précision dans l'étendue, l'unité dans la diversité, la richesse dans les sacrifices; ce qui est l'art ou plutôt le génie dans un beau traité.

On peut avoir bien fait encore, en étant resté bien loin d'une des plus fortes et des plus hautes conceptions de l'esprit humain. Je voudrois pouvoir arriver à un éloge restreint en faveur du *Génie du Christianisme*; mais je n'accuserois pas mon opinion si j'exprimois sur le système, le plan et la marche, le moindre éloge.

Ce sera une distinction particulière à ce livre d'être absolument vicieux et même stérile par le fonds; et néanmoins de rester digne de sa célébrité par un grand nombre de beaux détails de tout genre, et même quelquefois d'un ordre supérieur. Mais je dois commencer par rendre compte de la disposition d'esprit où j'ai été obligé de me placer pour les bien saisir et les goûter.

J'ai conçu qu'avec un esprit sévèrement religieux, il y auroit souvent lieu de se choquer de cette continuelle envie de doter la religion d'attributs profanes dont son indulgence peut admettre l'emploi, mais dont sa grave pureté ne pourroit se prévaloir. J'ai éprouvé aussi qu'on ne pouvoit le lire, avec sa raison, sans être repoussé par cette absence continuelle de la logique la plus ordinaire. Telle avoit été mon impression, à une première lecture. J'ai senti qu'il ne falloit plus garder en moi que cette facilité de l'imagination à se laisser frapper et éblouir, comme dans ces lectures où le bon sens n'a pas à se prendre; alors j'ai reçu par mon plaisir tout le prix de ce sacrifice nécessaire.

Il m'a fallu encore me bien démêler à moi-même les deux éléments qui entrent dans le style de l'auteur. Nous connoissons, parmi les anciens, comme parmi les modernes, des écrivains qui ont un défaut né, pour ainsi dire, de leur talent; de même qu'en morale, certaines vertus touchent presque inévitablement à certains vices; alors il faut passer les défauts pour avoir les beautés.

Dans M. de Chateaubriand, ce n'est pas cela; son talent est vrai, il tient au goût; il s'appuie sur l'étude et le sentiment des meilleurs modèles. Mais il semble s'être pourvu, comme à dessein, d'un autre style, destiné sans doute aux lecteurs qui voudront bien prendre pour un coloris original une affectation bien caractérisée. Celle de M. de Chateaubriand tient, ce me semble, de cette teinte mystique qui a du charme dans les livres de dévotion, quand elle ne domine pas trop; de cette fausse métaphysique des mots vagues et mystérieux portée dans les impressions poétiques, et des illusions poétiques substituées à l'expression naturelle des pensées et à la réalité des objets. Souvent il plaît à l'auteur de ne puiser que dans son talent; et voilà une belle pensée, un sentiment heureux, une image noble et simple, une expression juste et éclatante, une belle page, même un beau chapitre; cela va à son adresse. Mais d'autres fois il lui plaît de ne puiser, tantôt avec profusion, tantôt avec réserve, que dans cette affectation étudiée dont il s'est fait un langage subsidiaire; et cela va à son adresse aussi.

En me prêtant, dans une seconde lecture, et au

système du livre, et au double style de l'auteur, me contentant de ce qui est bien en soi, sans plus m'enquérir ni des principes, ni des conséquences, ni du système, ni de la marche, il m'a semblé que le livre n'offroit jamais de ces grandes vues sur le sujet ou les accessoires qui sont les richesses propres d'un beau traité; non que je croie l'auteur inhabile à ce genre de mérite; j'ai déjà indiqué quelle cause le lui avoit interdit;

Qu'il manquoit aussi de ces grands morceaux où une belle et haute idée est développée d'une manière large et pleine, avec une énergie et une chaleur soutenues; et cela encore parce que son plan s'y refusoit;

Qu'il n'avoit pu même que rarement jeter de ces pages de verve et d'inspiration qui, dans un ouvrage de ce genre, ne naissent que de la lutte d'un sentiment fort avec un beau dessein à accomplir; et certes la sorte de superstition générale qui conduit l'auteur lui rendoit trop faciles toutes ses idées.

Mais il abonde en beaux morceaux de littérature dans la partie qu'il appelle *Poétique du Christianisme;* en morceaux pleins du charme religieux dans ses hymnes ou ses bucoliques sur les institutions bienfaisantes et les touchantes cérémonies du christianisme. Ici son talent est libre et abandonné; il parle avec les philosophes et pour les philosophes eux-mêmes, qui se complaisent autant que lui dans ces objets.

Nul ouvrage ne montre davantage l'ambition de

rivaliser, au moins par des chapitres, avec les plus grands écrivains; et celui-ci justifie souvent cette audace par le succès. — Buffon a un morceau sublime qu'il appelle *Vue sur la nature*, où le philosophe contemple en poëte l'ensemble des êtres. M. de Chateaubriand trace un *aspect de la nature*, pris d'un vaisseau, au milieu de l'Océan, entre un beau soir et une belle nuit; le morceau se termine avec autant de goût que d'intérêt, à la prière du soir sur le vaisseau; c'est un des plus beaux endroits de l'ouvrage. Plein du poëte dont la muse a créé les premières scènes du monde, il a tracé celle du déluge universel; et il approche des pinceaux fiers et terribles du peintre du chaos et des enfers.

Il ose quelquefois penser à grands traits avec Montesquieu; et parmi quelques chapitres qui aspirent à ce genre de style, celui intitulé: *Beau côté de l'histoire moderne*, ne seroit pas indigne d'entrer dans l'*Esprit des lois*. Il a voulu narrer, après Voltaire, l'histoire du phénomène politique que les Jésuites avoient réalisé au Paraguay; là, le morceau est pur et bon, mais au-dessous du modèle, ce qui prouveroit que le talent peut davantage s'approcher de l'éloquence originale, qu'emprunter une élégance exquise. Il a saisi de beaux traits dramatiques dans le tableau de la *Mort de la femme athée* (qu'il auroit appelée plus justement *la femme sans pudeur, sans honneur et sans conscience*), comme pour l'opposer à l'admirable tableau de la *Mort du pécheur* dans Massillon. Plusieurs écrivains du dernier siècle ont élevé la critique littéraire à la hauteur des beaux ouvrages; c'est là particulièrement où un rang distingué appartiendroit à M. de Chateaubriand, si la partialité de son système n'avoit sans cesse comprimé la force de son jugement et la délicatesse de son goût. On juge bien que les deux grands hommes avec lesquels il cherche le plus de rapprochement, ce sont Fénelon et Bossuet. — Il a souvent quelque chose des heureux mouvements de style de l'auteur de l'*Existence de Dieu*, dans ses peintures des rites religieux; et il participe des élans prophétiques et de ce langage à part du premier des orateurs, lorsqu'il veut le peindre lui-même.

Pour qu'on ne se méprenne pas à cet éloge, je dois répéter ici que M. de Chateaubriand lutte avec ces écrivains, mais sans les imiter; il ne se montre jamais plus lui-même que dans ces morceaux qui provoquent des comparaisons si redoutables. Je pourrois ajouter que ses deux romans sont des contre-épreuves de deux romans célèbres, *le jeune Werther* et *Paul et Virginie;* mais ces deux épisodes de son ouvrage mériteroient d'être appréciés séparément.

OPINION
DE M. MORELLET.

ESSIEURS,

Vous avez demandé de vos commissaires qui seront chargés de l'examen du *Génie du Christianisme* un résumé de leur opinion sur cet ouvrage, et des motifs de cette opinion. Je remets sur le bureau le petit travail que j'ai fait pour remplir cette tâche.

J'ai suivi la marche indiquée par le décret qui énonce les qualités exigées dans l'ouvrage de littérature auquel est décerné le onzième grand prix, en supposant que l'ouvrage de M. de Chateaubriand peut être regardé comme appartenant à ce genre.

Le décret déclare que le prix sera décerné *à l'auteur du meilleur ouvrage de littérature qui réunira au plus haut degré la nouveauté des idées, le talent de la composition et l'élégance du style.*

Par *les idées* dans lesquelles le décret exige la nouveauté, nous entendons le fond de la doctrine que l'auteur établit, le but principal auquel tend son ouvrage; et, comme la nouveauté ne peut être un mérite que lorsqu'elle est jointe à la justesse et à la vérité, nous supposons que le décret demande que ces idées neuves soient en même temps vraies et justes.

En second lieu, *par la composition*, où le décret veut que brille le talent, nous entendons le plan, la disposition des parties et l'ensemble de l'exécution.

Enfin *par l'élégance du style,* nous n'entendons pas seulement les agréments, les ornements un peu recherchés que ce mot d'élégance réveille, et nous supposons que le décret demande de l'écrivain non-seulement l'élégance, mais la force, la justesse, la clarté, etc.

DU BUT DE L'AUTEUR, ET DE LA DOCTRINE QUI FAIT LE FOND DE SON OUVRAGE.

Pour nous faire, sur ce point, une idée juste du *Génie du Christianisme*, nous ne pouvons mieux faire que de puiser dans l'ouvrage même. Voici comment l'auteur s'en explique :

« Que la religion chrétienne est la plus poétique,
« la plus humaine, la plus favorable à la liberté,
« aux arts et aux lettres de toutes les religions qui
« ont jamais existé ; qu'elle favorise le génie ; qu'elle
« donne de la vigueur à la pensée ; que le monde
« moderne lui doit tout, depuis l'agriculture jus-
« qu'aux sciences abstraites ; que rien n'est plus di-
« vin que sa morale, rien de plus aimable que ses
« dogmes, sa doctrine et son culte. Voilà tout
« notre ouvrage. »

Après cet exposé, l'auteur distingue lui-même dans son ouvrage deux parties : l'une renfermée tout entière dans le deuxième et le troisième volume, et dans laquelle il s'efforce de prouver que la religion chrétienne est très-poétique, et la plus poétique de toutes; l'autre, qui forme le premier et le quatrième volume, où il traite de ce qu'il appelle *les dogmes et le culte chrétien*.

De ces deux parties, il est aisé de voir que la première seule peut être regardée comme littéraire, tandis que la seconde est vraiment théologique; et comme celle-ci ne paroît pas être de la compétence de l'Académie, et ne pourroit guère devenir l'objet de son travail sans quelques inconvénients bien connus, nous avons cru devoir nous borner à l'examen de cette question : *La religion chrétienne est-elle, comme le prétend l'auteur du* Génie du Christianisme, *non-seulement très-poétique, mais la plus poétique de toutes celles qui ont jamais existé ?*

Pour nous mettre en état de juger cette question en connoissance de cause, nous avons lu avec attention le deuxième et le troisième volume, où l'auteur l'a traitée, et nous avons discuté tous les arguments déduits dans les douze livres qui les composent, de sorte que notre opinion s'est formée, non pas seulement d'après une vue générale de la question et des principes que peut fournir quelque connoissance en littérature, mais encore sur la conviction acquise de la foiblesse des preuves dont M. de Chateaubriand a cru pouvoir appuyer son paradoxe.

Mais comme, pour le résumé qu'on nous demande, une discussion qui embrasseroit tous ces détails seroit inutile et incontestable, nous nous bornerons ici à exposer les raisons générales qui nous ont conduit à regarder comme fausse cette théorie qui est le but et qui fait le fond de la partie du *Génie du Christianisme* que nous nous bornerons à examiner.

Si M. de Chateaubriand s'étoit contenté de dire qu'on peut faire de belle poésie sur des sujets chrétiens, en y employant quelques parties de la théologie chrétienne, cette idée, qui n'est pas neuve, ne lui seroit pas contestée. En blâmant l'emploi fait, par quelques auteurs dans l'épopée, des êtres spirituels que reconnoît le christianisme, personne n'a nié que la religion chrétienne ne pût fournir à la poésie de grandes beautés, ce qui demeure d'ailleurs prouvé par les poëmes de Milton et du Tasse, et par *Polyeucte*, et par le poëme de *la Religion*; ce qu'aucun incrédule n'a nié; mais l'auteur ne s'en tient pas là, et il avance que la théologie chrétienne fournit aux poëtes plus de moyens et une source de beautés plus abondante que celle où ont puisé Homère et Virgile. Nous avouerons que cette idée est vraiment neuve; mais nous sommes convenus qu'à la nouveauté devoient être jointes la justesse et la vérité, et ces qualités nous paroissent absolument manquer ici.

1°. A cette doctrine, nous commencerons par opposer l'autorité de nos maîtres. Celle de Boileau en ces matières est si bien établie, ses décisions si connues, ses vers si bien gravés dans notre mémoire dès nos plus jeunes ans, qu'en les rapportant de nouveau on auroit l'air d'insulter à ses lecteurs.

Nous nous contenterons de les rappeler à leur souvenir, comme une réfutation complète de l'hérésie avancée par M. de Chateaubriand, et d'observer qu'il est difficile d'expliquer comment un homme d'autant d'esprit qu'en montre l'auteur du *Génie du Christianisme*, formé d'ailleurs à l'étude des bons modèles, plein de respect pour nos maîtres en l'art de penser et d'écrire, a osé combattre et violer de si sages préceptes; comment il a pu dédaigner ainsi une grande autorité.

2°. Un grand vice de cette doctrine de M. de Chateaubriand est son entière inutilité; en quoi, demanderai-je, peut-elle servir la littérature ou la religion? fera-t-elle faire un beau poëme? convertira-t-elle un incrédule?

Quant à la littérature, pour croire qu'elle en peut tirer parti, il faut supposer que la mythologie (je prends ce mot dans son acception la plus étendue) est une source abondante de beautés poétiques, et lui attribuer une part du mérite des poëmes beaucoup plus grande que celle qui lui appartient en effet; mais cette supposition est tout-à-fait fausse.

Une belle mythologie, des fictions agréables, d'ingénieuses allégories, peuvent amener quelques beautés poétiques; mais la plus abondante, la plus riche source à laquelle ont dû puiser les poëtes païens et chrétiens, est la nature. La peinture des passions, le développement des caractères, la vérité des descriptions, la chaleur du style, un bon plan, voilà les beautés véritables que la mythologie d'aucune religion ne peut fournir.

Ce qui nous charme dans Didon, ce n'est pas la fiction de l'Amour caché sous les traits du jeune Ascagne, et embrasant la reine de Carthage de ses feux; c'est la peinture si vraie et si énergique d'un amour si tendre et si malheureux.

Dans l'épisode d'Olinde et de Sophronie, le Tasse a pu emprunter quelques beautés de la circonstance que l'image de la Mère de Dieu a été enlevée de la mosquée par une main invisible et miraculeuse; mais ce qu'il y a de beau, c'est le dévouement généreux de Sophronie pour sauver ses concitoyens; c'est l'amour d'Olinde pour Sophronie si timide, si réservé, si pur; c'est la peinture des deux amants attachés au même pieu, et allant périr dans le même bûcher; c'est l'humanité de Clorinde; et ce n'est point la religion chrétienne qui fournit au Tasse toutes ces beautés.

3°. Un grand fait combat l'opinion de M. de Chateaubriand : c'est que depuis l'ère chrétienne jusqu'au Dante, pendant près de quinze siècles, la religion chrétienne n'a pas fait faire un bon poëme, ni peut-être dix bons vers; car certes les Hymnes de Prudence et le *Te Deum* de saint Ambroise, et le *Pange lingua* de saint Thomas d'Aquin ne peuvent être cités comme tels; et si la religion chrétienne est si éminemment poétique, pourquoi, durant ce long période pendant lequel elle a conservé plus de vigueur et de pureté que dans notre *lie des siècles*, pourquoi, dis-je, n'a-t-elle rien produit qui approche de *Carmen sæculare?*

Quant au service que cette doctrine peut rendre au christianisme, une religion qui prêche le renoncement à soi-même, la pauvreté, le célibat, le monachisme, les mortifications corporelles, etc., qui arrache l'homme à ses plus chères affections, aux plaisirs pour lesquels ses sens semblent faits, qui l'effraie de la crainte de supplices éternels, etc., une religion semblable ne peut que dédaigner et repousser loin d'elle les idées profanes, les fictions agréables, les illusions douces, les jeux de l'imagination, toutes choses dont la poésie vit.

C'est ce qu'ont pensé sans doute plusieurs personnes pieuses, qui, se rappelant cette maxime,

Le mensonge et les vers de tout temps sont amis,

ont trouvé mauvais qu'on se donnât tant de peine pour prouver que la religion chrétienne est très-poétique, et plus poétique que celles qui ont fourni à Homère, à Virgile, à Ovide, et aux conteurs arabes et persans, leurs agréables fictions.

4°. Un obstacle puissant traverse les tentatives de M. de Chateaubriand pour nous faire rejeter la mythologie païenne et adopter celle du christianisme, obstacle qui me semble n'avoir pas été assez remarqué, et qui ne tient pas à la nature de l'une et de l'autre, mais à une circonstance extérieure, et pour ainsi dire étrangère à toutes deux.

Cette circonstance est que la mythologie païenne, consacrée par de beaux ouvrages, objets et instruments des études de notre jeunesse, source où nous avons puisé nos premières idées et l'expression de nos premiers sentiments, est, depuis une longue suite de siècles, en possession de la place que le christianisme de M. de Chateaubriand vient lui disputer aujourd'hui.

Nous avons une Vénus, des Amours et des Grâces, et l'on veut nous donner à leur place un Démon de la volupté, de petits Diables, et des Saintes vêtues de bure.

J'ai un Neptune soulevant et calmant les flots, et vous me proposez d'y substituer un Ange des mers, avec des ailes et une écharpe bleues; un Pluton régnant aux enfers, et vous me demandez de donner son trône à Satan; un Jupiter olympien ébranlant l'univers d'un mouvement de son sourcil, et vous voulez que je mette à sa place un Père éternel!

Vous ignorez donc la force de l'habitude et les droits du premier occupant? Nous avons été bercés des agréables fictions d'Homère, de Virgile et d'Ovide; nous avons vécu au milieu de ces divinités qui peuplent les cieux, la terre, les mers et les enfers mêmes, et l'on nous propose de les chasser pour mettre à leur place des Anges et des Démons, des Apôtres et des Martyrs, des Ermites et des Vierges. C'est à quoi nous ne pouvons nous résoudre.

Mais, nous dira M. de Chateaubriand, c'est la

vérité que je vous propose de substituer à des fables.

On peut lui répondre que ce n'est point une recommandation pour elle d'être ou de se dire la vérité, si nous en croyons un grand moraliste qui nous dit :

> L'homme est de glace aux vérités,
> Il est de feu pour le mensonge.

Renoncez donc au projet de nous faire recevoir des vérités que vous convenez être sévères, si même elles ne sont pas tristes, et n'espérez pas que nous rejetions les agréables mensonges qui nous ont donné de si grands plaisirs.

Ceci suffit pour défendre le dix-huitième siècle de l'imputation virulente que lui intente M. de Chateaubriand, qui prétend que c'est la haine contre l'Évangile qui a reporté le dix-huitième siècle vers la mythologie de Rome et de la Grèce, et « qu'on n'a pas été honteux de regretter ce culte « infâme qui ne faisoit du genre humain qu'un « troupeau d'insensés, d'impudiques ou de bêtes « féroces. »

Combien cette déclamation est déraisonnable ! Il est trop clair que ceux qui défendent aujourd'hui la cause de la mythologie païenne, et qui ne font en cela que suivre les préceptes de Boileau et les exemples de Racine et de Fénelon, ne regrettent pas le culte infâme de ces divinités auxquelles ils ne croient point, et que les qualifications injurieuses sont tout-à-fait hors de propos appliquées à une opinion littéraire adoptée par des hommes qui ne veulent point faire du genre humain un troupeau d'insensés ou de bêtes féroces, et qui ne font que se laisser aller à la douce habitude de parler cet agréable langage.

5°. Au livre cinquième de sa deuxième partie, M. de Chateaubriand donne une extension nouvelle à sa théorie, en avançant que « c'est à la « religion chrétienne que nous devons la poésie « descriptive; que les anciens ne l'ont pas connue; « qu'on l'a vue naître en même temps que les « Apôtres ont commencé à prêcher l'Évangile au « monde; que les anachorètes écrivirent de la dou- « ceur du rocher et des délices de la contempla- « tion, et que voilà les premiers pas de la poésie « descriptive. »

Dans toute cette partie de son travail, l'auteur confond la *poésie descriptive* avec le *poëme descriptif* : il n'y a point de poésie sans description; mais un poëme descriptif est celui dans lequel la description des objets que fournissent la nature ou l'art est le but du poète. Le poëme descriptif est en même temps didactique, parce qu'il enseigne en décrivant. L'ouvrage de Lucrèce et les *Géorgiques* de Virgile sont des poëmes didactico-descriptifs, quoique M. de Chateaubriand n'en convienne pas; et pour achever de déterminer le sens de ce mot, il ne faut que citer les exemples des *Saisons* de Saint-Lambert, de l'*Homme des Champs* et des *Trois Règnes de la Nature*, de M. Delille.

Cette distinction faite, on peut entendre M. de

Chateaubriand avançant que, jusqu'à nos derniers temps, les anciens n'ont pas connu le poëme descriptif (si lui-même refuse ce nom au poëme de Lucrèce et aux *Géorgiques*); mais, lorsqu'il veut nous persuader qu'avant les Apôtres il n'y a point eu de poésie descriptive, on ne l'entend plus.

Et comment croire que la poésie descriptive, au second de ces sens, a été ignorée des anciens, lorsque nous avons sous les yeux la grotte du Cyclope dans Homère et Théocrite, les jardins d'Alcinoüs, l'île de Calypso et les traits sans nombre de Virgile, d'Horace, de Tibulle, de Properce, d'Ovide, de Lucain !

Si les anciens ne nous avoient point laissé de poëme descriptif, ou s'ils ont moins cultivé ce genre que les autres, on pourroit en donner des raisons tout-à-fait étrangères à la religion chrétienne; ils pourroient avoir pensé, comme beaucoup de littérateurs de notre temps, que le genre du poëme purement descriptif n'étoit pas bon; qu'il étoit trop difficile de lui donner un plan, de l'ensemble, un progrès et de l'unité. Peut-être aussi l'idée de faire des poëmes descriptifs ne se seroit-elle présentée aux hommes que lorsque les autres genres auroient été déjà employés, et pour ainsi dire épuisés; ou lorsqu'une connoissance plus étendue des objets de la nature, des phénomènes qu'offre le monde physique mieux connu, leur auroit donné plus de moyens de les décrire. On n'a pu faire un poëme des *Amours des plantes* qu'après avoir reconnu qu'elles ont les deux sexes. Il a fallu reconnoître et rassembler les végétaux des deux mondes avant qu'on pût faire un poëme des *Jardins*.

Quant au mérite qu'ou fait aux Apôtres et à l'Évangile d'avoir créé la poésie descriptive, c'est une idée vraiment bizarre. On peut dire qu'on ne s'attend guère à voir les Apôtres en cette affaire, non plus que les anachorètes de la Thébaïde écrivant *de la douceur du rocher*, sujet bien sec, et des *délices de la contemplation*, l'ennemi irréconciliable de toute observation de la nature, sans laquelle il ne peut y avoir de poésie descriptive.

Il n'y a pas, dans toute l'antiquité chrétienne, une phrase de poésie descriptive qu'on puisse attribuer à un Apôtre. Il n'y a pas un mot de poésie descriptive, ni dans les conférences de Cassien, ni dans les vies des pères du désert de Théodoret et de Palladius, ni dans celles qu'a laissées saint Jérôme des Solitaires les plus illustres de la Thébaïde, saint Antoine, saint Paul ermite, saint Hilarion, saint Siméon-Stylite; il nous a peint la vie dénaturée que menoient ces pauvres gens, leurs jeûnes excessifs, leurs tentations, les illusions dont l'esprit malin les tourmentoit; c'est chez lui qu'on trouve le conte du corbeau qui, depuis quarante ans, apportoit la moitié d'un pain à l'ermite Paul, et qui lui en apporte un entier le jour où Antoine est venu le visiter; et celui des deux lions qui creusent la fosse dans laquelle Antoine doit le placer. J'avoue que je ne vois point de poésie descriptive dans tout son récit.

Ces contes d'enfant en étoient cependant susceptibles, et M. de Chateaubriand l'a bien senti; car il en a tiré parti au livre XI de ses Martyrs; mais il en a sagement retiré un des deux lions, un seul lui ayant paru suffisant, et la difficulté de l'apprivoiser et de le nourrir moins grande; mais ni saint Jérôme, ni aucun des historiens des Pères du désert n'a laissé de poésie descriptive. Et quelle description pouvoient en effet fournir ces horribles lieux, régions de sables brûlés du soleil; où la nature morte n'offre à l'homme que des tombeaux?

6° Pour nous prouver que les anciens n'ont pas eu de poésie descriptive, M. de Chateaubriand croit pouvoir s'appuyer de l'explication suivante :

« La mythologie païenne, dit-il, peuplant l'uni-
« vers d'élégants fantômes, ôtoit à la création sa
« gravité, sa grandeur, sa solitude, sa mélancolie;
« aux grottes leur silence, et aux bois leur rêverie;
« aux déserts un caractère plus triste, plus va-
« gue, plus sublime, qu'ils ont repris sous notre
« culte, etc. »

Dans cette manière d'argumenter, l'auteur nous paroît mettre une grande confiance à la puissance des mots auxquels on n'attache pas un sens bien précis.

Nous demandons qu'on nous explique ce que c'est que le vague du désert, et comment la religion chrétienne met du vague dans le désert, et comment elle y apporte la mélancolie et la tristesse, et en quoi elle peut servir par-là la poésie descriptive?

L'auteur croira avoir répondu à ces questions en disant que les dieux de la fable peuplant l'univers, l'*Aurore aux doigts de rose* ouvrant les portes du jour, *les Heures* attelant et dételant *les chevaux du Soleil*, empêchoient d'admirer chaque *merveille de la création, et le rayon du soleil prêt à s'éteindre, formant une tangente d'or sur l'arc roulant des mers, et ne laissant voir partout aux anciens qu'une machine d'opéra.*

Si la fiction poétique du char et des chevaux du Soleil n'eût laissé voir aux anciens qu'une machine d'opéra, ils n'auroient eu ni physiciens ni astronomes. Cependant, tout en lisant Homère, Thalès, Anaximandre, Anaxagore, Pythagore, Démocrite, etc., ils étudioient la nature et recherchoient les causes de ses grands phénomènes.

Quant aux poëtes, l'intervention des dieux de la fable ne pouvoit pas les empêcher de faire des descriptions et des poëmes descriptifs s'ils en eussent eu la fantaisie, puisqu'il leur étoit bien possible de faire abstraction, comme ils l'ont fait en une infinité d'endroits, de ces fables auxquelles ils ne croyoient point, et qui n'étoient pour eux-mêmes que des allégories ingénieuses.

7°. M. de Chateaubriand nous fournit même ici un argument pour le combattre; car il nous dit que c'est un avantage du poëte chrétien; que si sa religion lui donne une nature solitaire, il peut avoir à volonté une nature habitée, et qu'après avoir placé des anges à la garde des forêts et aux cataractes de l'abyme, etc., il peut les faire disparoître à son gré.

Or, il est évident que rien n'empêchoit les anciens d'en faire autant, et qu'ils l'ont fait; c'est ainsi que Lucrèce et Virgile, décrivant la peste et une épizootie, n'ont point mis en scène, comme Homère, Apollon lançant ses traits mortels sur les hommes et les animaux; et que Lucain, décrivant la forêt sacrée que les soldats de César vont violer, en bannit d'abord Pan, les Nymphes et les Sylvains.

Je terminerai ici l'examen de ce que j'ai appelé la doctrine principale et le but de l'auteur, et qui fait le fond de son ouvrage; et je conclus cette partie de mon résumé en disant que cette doctrine restreinte à dire que la religion chrétienne peut fournir des beautés à la poésie, ne peut servir ni la littérature ni la religion, et qu'exagérée comme elle l'est dans le *Génie du Christianisme*, jusqu'à prétendre que la religion chrétienne est la plus poétique de toutes celles qui ont jamais existé, elle est évidemment fausse et vicie l'ouvrage où l'on a eu pour objet de l'établir; et enfin que le *Génie du Christianisme* est bien éloigné d'atteindre *au plus haut degré de la nouveauté des idées* réunie à la justesse et à la vérité.

DU PLAN ET DE LA COMPOSITION.

Nous dirons maintenant notre opinion sur ce que le décret appelle la composition de l'ouvrage, dans laquelle il faut aussi que le talent se montre.

Nous avons vu l'auteur distribuer son ouvrage

en deux parties : l'une formée du premier et du quatrième volume, dans laquelle il traite du dogme et du culte; l'autre, contenue au deuxième et au troisième volume, comprenant ce qu'il appelle la poétique du christianisme.

Cette distribution bizarre, la séparation du même sujet en des volumes qui ne suivent pas, est un vice dans le plan. Ces deux parties sont aussi disparates et de genres trop différents pour entrer dans le même ouvrage. Prouver que la religion chrétienne peut fournir à la poésie des moyens et des ressources de plus d'un genre, ce peut être le sujet d'une discussion littéraire assez peu intéressante, et, à mon sens fort bornée, si l'on ne veut toucher que ce qui appartient au sujet bien conçu et sagement circonscrit; mais entreprendre de prouver que rien n'est si divin que la morale du christianisme, rien de si aimable que ses dogmes et son culte, c'est un ouvrage à part et qui n'a aucune liaison, aucun rapport avec le premier.

Un autre exposé du plan de l'auteur, tracé par lui-même, en rendra le vice sensible.

Selon M. de Chateaubriand, « la religion chré-
« tienne n'ayant été attaquée dans ces derniers temps
« que par des sophismes et des épigrammes, on ne
« doit pas répondre sérieusement aux sophistes,
« qu'il est impossible de convaincre, parce qu'ils
« ont toujours tort, qu'ils ne cherchent jamais la
« vérité; il faut seulement défendre le christia-
« nisme des reproches de grossièreté, de petitesse,
« de niaiserie; prouver qu'il n'est point barbare

« et ridicule dans ses cérémonies, ennemi des arts,
« des lettres et de la beauté. »

On voit par-là que M. de Chateaubriand, entreprenant de prouver que la religion chrétienne est très-poétique et la plus poétique, suppose que par cela seul, s'il réussit dans son projet, il aura défendu la religion. Cependant on ne la défend pas en prouvant que la procession des Rogations, dans un gros village peuplé de cultivateurs aisés, est une fête religieuse fort agréable; qu'une antique abbaye, et ses cloîtres obscurs, et ses vitraux, et ses tours, embellissent beaucoup un paysage; que les ruines des monuments gothiques et chrétiens *sont d'un effet aussi pittoresque que les débris de l'architecture grecque*, et que la communion *s'embellit de mille charmes, lorsque de jeunes filles, vêtues de lin, et de jeunes garçons, parés de feuillages, voient le Christ descendre sur l'autel pour leurs âmes délicates.* A Dieu ne plaise que je trouve ces objets désagréables et ces pratiques ridicules : mais qu'est-ce que cela prouve? et comment au sujet de sa description de la première communion M. de Chateaubriand conclut-il par ces paroles?
« Nous ne savons pas ce qu'on peut objecter
« contre un sacrement qui commence avec des
« fleurs, de jeunes années et des grâces, et qui
« finit par faire descendre Dieu sur la terre pour
« le donner en pâture spirituelle à l'homme; »
car que font à la vérité, dont il s'agit toujours et en toutes choses, *les fleurs, les grâces* et *les jeunes années?*

M. de Chateaubriand se trompe en avançant que, dans ces derniers temps et dans le dix-huitième siècle, on n'a attaqué la religion chrétienne que par des plaisanteries ; car c'est dans un grand nombre d'ouvrages sérieux qu'on a combattu ses dogmes, ses mystères, et surtout les pratiques et l'autorité de la religion romaine. A des discussions de ce genre, on ne répond pas en prouvant que la religion chrétienne est très-poétique, et même la plus poétique de toutes. Le plan de l'auteur se trouve par-là absolument vicieux.

Les ennemis de la religion, que l'auteur appelle sophistes, l'ont attaquée dans des écrits sérieux, et les raisons que donne l'auteur pour ne point leur répondre ne sont pas recevables, puisqu'elles supposent toutes ce qui est en question, ce qui est le plus grossier des sophismes ; il faut répondre aux sophistes en leur faisant voir, si l'on peut, que leurs raisonnements sont mauvais, ce qui n'est jamais impossible, ni même difficile à celui qui défend la cause de la raison et de la vérité.

Quant aux ouvrages où, comme dans ceux de M. de Voltaire, on a employé la plaisanterie, il faut considérer que la plaisanterie elle-même est toujours fondée sur un raisonnement bon ou mauvais. Lorsqu'elle ne montre en ridicule que ce qui mérite d'être appelé ainsi, cette manière de combattre est aussi bonne et aussi légitime que toute autre. Les Jésuites, attaqués ainsi par Pascal, disoient aussi qu'on ne les combattoit que par des plaisanteries ; et personne n'a trouvé leur défense bonne. Si, au contraire, la plaisanterie n'est pas appuyée par la raison, on y répond en montrant qu'elle manque de cet appui, et dans ce genre de défense on ne peut tirer encore aucun parti pour la religion de la théorie poétique de M. de Chateaubriand.

Je dirai encore un autre vice du plan : l'auteur, en composant son ouvrage de deux parties, l'une littéraire, et l'autre théologique, s'est donné à combattre diverses sortes d'ennemis.

Dans ce qu'il dit de la poétique du christianisme, il n'a pour adversaires que Boileau et les hommes de lettres qui respectent son autorité, et qui croient que le goût et la raison consacrent les principes de ce maître de l'art. Ce n'est là qu'une question de littérature ; et ceux qui la jugent contre l'opinion de M. de Chateaubriand ne sont en cela ni ennemis de la religion chrétienne, catholique ou réformée, ni sociniens, ni athées. Il en est autrement de la partie théologique de son ouvrage, dans laquelle il a d'autres ennemis à combattre, dont on peut faire deux classes : la première, de ceux qui n'attaquent que les doctrines qu'ils croient contraires à la raison, et qui reconnoissent un Être suprême qui a produit et ordonné le monde et la distinction du bien et du mal moral; et la seconde, de ceux qui, franchissant encore cette barrière, méconnoissent la divinité, soit en admettant une distinction du juste et de l'injuste, fondée sur la nature de l'homme et ses rapports avec ses semblables ; soit, s'il y en a de tels, en n'admettant aucune sorte de moralité.

Il paroît juste et nécessaire de distinguer ces diverses sortes d'incrédules qui peuvent être jugés avec différents degrés de sévérité, et combattus avec des armes différentes.

Il nous semble que celui qui refuse de croire au péché originel, à la Trinité, à la présence réelle, en même temps qu'il professe le théisme, ne doit pas être traité avec la même dureté que celui qui s'est affranchi de toute croyance religieuse; et, à plus forte raison, que celui qui est assez malheureux pour méconnoître toute espèce de moralité.

Cependant M. de Chateaubriand dans son livre les attaque tous avec la même véhémence. Les protestants, qu'a combattus Bossuet, les théistes, tous les philosophes du dix-huitième siècle, les encyclopédistes, dont il ne fait qu'une masse de réprouvés, et qu'il suppose tous avoir été dans les mêmes opinions, tous ces gens sont confondus avec les athées et traités par M. de Chateaubriand comme tels.

De cette confusion de différentes classes d'ennemis de la religion, il arrive que l'auteur perd le plus souvent son temps, et manque son objet, puisqu'en une grande partie de son ouvrage il combat des ennemis de la religion qui admettent les doctrines mêmes qu'il entreprend de leur prouver, et qu'il ne leur prouve point celles sur lesquelles ils sont d'opinion opposée à la sienne.

Lorsque M. de Chateaubriand a prouvé l'existence de Dieu par les merveilles de la nature, comme l'ont fait des milliers d'écrivains avant lui, que peut-on en conclure pour justifier le vol des Égyptiens et les cruautés du peuple de Dieu envers les habitants du pays de Chanaan, et celle des prêtres coupant le roi Agag en morceaux par l'ordre de Samuel, et pour faire croire au rebroussement des eaux du Jourdain, laissant passer les Israélites, et engloutissant l'armée de Pharaon, et au soleil arrêté dans sa course, etc.?

Et par la même raison, après avoir établi la mission de Moïse, l'origine divine de la religion juive et de tout l'ancien Testament, on n'a pas pour cela répondu aux objections sans nombre qu'élèvent les incrédules contre la religion chrétienne, ses mystères, ses dogmes qu'on attaque comme contraires à la raison, plusieurs de ses pratiques qu'on regarde comme funestes à la société et ennemies de la nature, et contre la corruption de ses ministres; et je finis par dire que c'est là un défaut dans le plan et la composition.

C'est encore un vice notable dans le plan et dans la composition de l'ouvrage que M. de Chateaubriand y soit constamment occupé de faire prendre pour guide l'imagination au lieu de la raison; projet funeste qui, grâce à l'imprimerie et aux lumières acquises, ne peut plus s'exécuter complétement, mais dont on peut craindre, et dont il ne tient pas à M. de Chateaubriand que quelque partie ne s'exécute dans l'esprit de ses lecteurs. Ce projet d'écarter la raison se montre partout : *le cœur, l'âme, le sentiment,* voilà, dit-il, les oracles que nous devons consulter.

Qui ne voit qu'un faquir mahométan, un disciple de Brama, un Talapoin, un Chinois dévot à Foé, un Japonois de la religion des Sintoos, enfin, un illuminé de ceux qu'on trouve dans toutes les religions, peuvent dire aussi à leurs catéchumènes : *Le cœur, l'âme, le sentiment, voilà les oracles que vous devez consulter.*

En racontant les causes de sa conversion : *J'ai pleuré,* dit-il, *et j'ai cru;* comme si c'étoit là une raison de croire. *Si l'on arrive,* dit-il, *dans les royaumes de la solitude en ne croyant rien, on en sort en croyant à tout.*

Et comment la solitude peut-elle conduire à la croyance qu'on suppose être une croyance raisonnable? C'est bien plutôt à l'erreur, à la superstition, à l'imbécillité :

La raison d'ordinaire
N'habite pas long-temps chez les gens séquestrés.

L'auteur, rappelant au chapitre IV de son livre Ier, tome Ier, et peignant les égarements monstrueux des révolutionnaires déchaînés contre le christianisme, observe que ces mêmes temples, élevés au Dieu qui est connu de l'univers, et à ces images de Vierges qui consoloient tant d'infortunés, étoient dédiés à *la Vérité que personne ne connoît,* et *à la Raison qui n'a jamais séché une larme.*

C'est fort bien fait de venger Dieu et les Vierges;

mais il ne faut pas que ce soit en insultant à la vérité et à la raison. Si personne ne connoît la vérité, que prétend donc nous enseigner M. de Chateaubriand, qui, sans doute, ne s'exceptera pas seul de cette sentence? Et si l'on a pu élever au Temps une statue avec cette inscription : *A celui qui console,* n'est-ce pas la raison qui, à l'aide du temps, adoucit et amortit les plus cruelles douleurs, puisque le temps n'est plus qu'un personnage allégorique qui n'a point d'action.

« Pour réconcilier le monde à la religion, il
« faut, dit-il encore, chercher à prouver qu'elle
« est la plus poétique de toutes; il faut appeler tous
« les enchantements de l'imagination et tous les
« intérêts du cœur à son secours. » N'est-ce pas là la maxime du P. Canaye : *Point de raison, Monseigneur ?* Et comment se retrouve-t-elle en principe dans les écrits d'un homme qui en a ri comme nous, en la trouvant dans la conversation du jésuite avec le maréchal d'Hocquincourt? Et n'est-ce pas un grand vice dans la composition que le soin que l'auteur a pris d'en écarter la raison?

DU STYLE.

Il nous reste à parler du style dans lequel l'ouvrage est écrit; et, sur ce point, nous n'hésitons point à reconnoître qu'en beaucoup de parties l'auteur est inspiré par une brillante imagination; qu'il peint, qu'il colore, qu'il anime tout; qu'il a le sentiment du pouvoir du mot mis à sa place, de l'harmonie de la phrase et du balancement de ses parties; que ses petits romans de *René* et d'*Atala*, quoique gâtés çà et là par quelques taches, ont mérité leur succès; que son chapitre des *Missions*, au tome IV, peut être proposé pour modèle aux jeunes écrivains, et à l'auteur lui-même, pour le retenir dans cette manière simple et vraie où se montre le talent d'écrire porté à un très haut degré; qu'on peut dire la même chose de tout le livre VI et du quatrième tome, où l'auteur fait l'énumération des services rendus à la société par le christianisme, et d'une infinité de morceaux dont on feroit des volumes en les recueillant. Voilà le bien que nous proclamons avec satisfaction; mais nous ne pouvons dissimuler les défauts que le succès même de l'ouvrage et la réputation de l'auteur peuvent rendre contagieux.

Comment, en effet, n'être pas alarmé pour les intérêts du goût, de voir sept éditions d'un ouvrage où l'on trouve souvent des expressions exagérées, des acceptions forcées données aux mots, des figures outrées, des métaphores incohérentes, des phrases obscures, et surtout une recherche qui exclut le naturel et la simplicité, une emphase qui dénature les objets pour les agrandir; enfin, comme l'a dit un de nos confrères de l'Institut, M. Ginguené, dans une critique judicieuse et spirituelle de l'ouvrage que nous examinons, « un style trop « souvent défiguré par de fréquentes exagérations, « des bizarreries, des expressions de mauvais goût, « et même des fautes de langue? »

Je me dispense de citer des exemples de ces fautes; M. Sicard, notre confrère, ayant rempli cette tâche en même temps qu'il a rendu justice au talent de l'auteur dans les parties où ce talent se montre le mieux.

Je dirai seulement qu'à raison de ces défauts qu'on ne peut s'empêcher de reconnoître dans le *Génie du Christianisme*, la classe ne peut y voir la troisième des qualités que le décret exige, l'élégance du style au plus haut degré, à moins qu'on n'entende celle qui se trouve dans plusieurs endroits de l'ouvrage seulement.

Je finis par dire que l'examen dont je viens de mettre le résultat sous vos yeux m'a conduit aux mêmes conclusions que celles que vous avez prises dans votre dernière séance [1].

---

[1] *Voyez*, pour la réfutation de quelques jugemens portés par M. Morellet, la *Défense* de l'Auteur, les *Extraits* de M. de Fontanes, et les deux *Articles* de M. Charles Nodier, à la fin de ce volume.

OPINION

DE

M. LE COMTE REGNAULT DE SAINT-JEAN-D'ANGELY.

Il me semble que l'un des motifs qui a déterminé à demander l'avis de la classe sur le *Génie du Christianisme* étant, comme le porte la lettre du ministre de l'intérieur, *le succès remarquable* qu'a obtenu M. de Chateaubriand, il ne seroit pas hors de propos de rechercher s'il faut l'attribuer entièrement au mérite littéraire de l'ouvrage.

En examinant cette question, on ne peut s'empêcher de reconnoître que l'esprit de parti a beaucoup contribué à ce succès.

Quand je parle de l'esprit de parti, je n'entends pas seulement celui qui s'est armé en faveur de M. de Chateaubriand, mais encore celui qui s'est mis en opposition et a contesté le mérite de l'ouvrage, parce qu'il contestoit le mérite des opinions.

C'est, je n'en doute pas, à cette lutte entre les hommes de sentiments si divers, qu'est due une grande partie de la célébrité du *Génie du Christianisme*.

Ses nombreuses éditions, ses traductions en plusieurs langues, si elles attestent le talent de l'auteur, si elles sont un hommage au mérite d'une imagination féconde et brillante, malgré ses écarts, d'un style souvent pur et élevé, malgré ses disparates et ses dangereuses nouveautés, n'attestent pas moins que l'auteur a parlé, tant en France que chez l'étranger, à des passions encore animées ou mal éteintes, à des hommes qui ont cru trouver dans son livre l'aliment de leurs ressentiments ou le gage de leurs espérances.

Et qu'on ne croie pas, quand je m'exprime ainsi, que je veuille, comme on me l'a reproché injustement à la dernière séance, accuser M. de Chateaubriand ni de ses écrits, ni de l'effet qu'ils ont produit.

J'ai toujours professé une haute estime pour son talent; j'ai toujours conçu de grandes espérances sur l'usage qu'il en pouvoit faire pour la gloire des lettres françoises. Les fautes même que j'ai reprochées à l'ouvrage, je les ai aussitôt excusées que senties.

Quand l'auteur écrivoit le *Génie du Christianisme* sur une terre lointaine, tous les regrets l'avoient poursuivi, toutes les douleurs l'avoient déchiré. Aux bords de ce fleuve sauvage dont il fait une peinture si vraie, si animée, il étoit, comme les Hébreux aux rives de l'Euphrate, livré aux plus tristes souvenirs; et quel est l'homme assez dépourvu de sensibilité ou d'indulgence pour lui faire un crime de n'avoir pas toujours assez

soigneusement éloigné de sa plume ce qui pouvoit réveiller les ressentiments et rappeler des malheurs que la France entière s'occupoit à réparer........
....

Mais si je ne veux pas accuser l'auteur, je puis juger son livre, et examiner, comme je l'ai dit en commençant, s'il n'a pas réussi autant et plus comme ouvrage de parti que comme ouvrage de littérature.

M. de Chateaubriand a pu ne pas apercevoir lui-même la vérité que j'exprime ici. Il a déclaré qu'*il n'étoit pas question de la révolution dans le Génie du Christianisme*[1]. Sans doute son intention a été de se tenir parole à lui-même; mais n'a-t-il pas plus d'une fois perdu de vue cet engagement? c'est ce que j'ai examiné en parcourant de nouveau son livre, et je vais, Messieurs, mettre sous vos yeux le résultat de cet examen, que sa rapidité a nécessairement dû rendre imparfait, mais qui sera du moins d'une fidélité scrupuleuse dans ce que je vous rapporterai.

Je passerai sur la partie de l'ouvrage où l'auteur accuse à la fois M. de Voltaire et ses amis d'avoir formé une ligue contre la religion, où il appelle l'Encyclopédie *Babel des sciences et de la raison*. Il n'entre pas dans le plan du court travail que je veux vous présenter de relever le peu d'équité que M. de Chateaubriand a mis dans son jugement sur le dix-huitième siècle, et sur les auteurs dont le

[1] *Voyez* les Préfaces.

génie ou le talent ont le plus honoré cette époque, qui est trop souvent jugée avec ignorance, avec légèreté, avec mauvaise foi, avec injustice, avec ingratitude.

Mais il n'est pas hors de mon sujet de faire remarquer que cette tendance habituelle de l'auteur, cette direction de pensée qu'on retrouve sans cesse dans ses écrits, a été aussi un moyen de compter parmi les défenseurs du *Génie du Christianisme*, les membres de cette secte plus ardente aujourd'hui à décrier Voltaire, qu'on ne le fut jamais à louer les incontestables services qu'il a rendus aux lettres et à son pays.

Plus loin l'auteur, parlant du divorce permis par nos lois, dit : *Qu'il porte le désordre au sein des familles.... en corrompant le cœur, en faisant du mariage une prostitution civile.*

J'omets de nombreux passages des trois premiers volumes, parce que le temps me manque pour les recueillir et les citer, et je viens au quatrième volume, qui en renferme davantage.

Je trouve que l'auteur, qui, selon sa préface, ne doit pas parler de la révolution, dit : *Cette journée de la bénédiction de la terre....* (le dimanche) *choqua cette Convention qui avoit fait alliance avec la mort, parce qu'elle étoit digne d'une telle société.... Elle voulut séparer le peuple françois des autres peuples, et en faire, comme des Juifs, une caste ennemie du genre humain.*

Le chapitre des *Tombeaux* est consacré à censurer la loi rendue en 1777, et renouvelée de nos jours pour éloigner les lieux où reposent les morts des enceintes qu'habitent les vivants; je ne le transcrirai pas, j'y renvoie seulement, ainsi qu'à la note qui commence par ces mots : *Nous passons sous silence les horreurs commises pendant les jours révolutionnaires; il n'y a point d'animal domestique qui ne fût inhumé avec plus de décence que le corps d'un citoyen françois*, etc.

Un autre chapitre est consacré à parler de l'ancienne sépulture des rois de France. Je n'en rapporterai, je n'en blâmerai ici aucune expression; mais je ferai remarquer la note placée à la fin du volume; elle contient une espèce de procès-verbal de l'exhumation de Saint-Denis. Je n'ai pu m'empêcher de me demander quel rapport ce procès-verbal peut avoir avec l'ouvrage, quelle explication il en a donnée, ce qu'il y a ajouté; ce qu'il a de littéraire, de poétique, de religieux; enfin, pourquoi, même dans les dernières éditions, même dans ces notes si nombreuses, si étendues, l'auteur ne dit pas un mot des monuments ordonnés, élevés, en expiation de ces événements déplorables.

Je laisse à vous-mêmes, Messieurs, le soin de répondre à ces questions.

Plus loin, l'auteur, parlant des Missions, après avoir fait un juste éloge du zèle des hommes pieux qui s'y sont consacrés, étend cet éloge jusqu'à ces établissements des Jésuites dans le Paraguay, monument de l'ambition plus que de la piété de ce corps célèbre.

Puis, passant aux missions de la Guyane, il

rentré encore dans les événements de la révolution, et nous peint *Billaud-Varennes et Pichegru dans la même case à Synamary*, etc.

Les hôpitaux rétablis de nos jours avec une bienfaisance si généreuse, j'ai presque dit si prodigue, et les femmes si dignes de respect qui se consacrent à servir la pauvreté et la douleur dans les asiles qui leur sont ouverts, étoient un sujet digne de la plume de M. de Chateaubriand, et j'ai regretté de trouver, au lieu de la peinture touchante qu'il étoit capable d'en faire, le tableau de quelques jours de misère et de crimes dont il n'a pas été témoin, et qu'il suppose avoir vus pour s'excuser d'en parler.

Hé bien, dit-il, *nous avons vu les malades, les mourants près de passer, se soulever sur leurs couches, et, faisant un dernier effort, accabler d'injures les femmes angéliques qui les servoient... D'autres femmes semblables à celles-ci..... ont été publiquement fouettées.*

Je m'arrête à ce dernier mot, le seul peut-être de tout l'ouvrage qui contraste avec l'élévation continuelle du style; et je demande encore, en vous laissant encore à répondre, qui a pu, dans cette page, faire supporter à un auteur, si délicat dans toutes les autres, une disparate aussi étrange?

Un peu plus loin, injuste envers son pays, injuste envers les Médicis, envers François I*er*, envers Louis XIV, l'auteur attribue au Saint-Siége la civilisation de l'Europe.

« C'est une chose assez généralement reconnue,

« que l'Europe doit au Saint-Siége sa civilisation,
« une partie de ses meilleures lois, et presque
« toutes ses sciences et ses arts. Les souverains pon-
« tifes vont maintenant chercher d'autres moyens
« d'être utiles aux hommes; une nouvelle carrière
« les attend, et nous avons des présages qu'ils la
« rempliront avec gloire. Rome est remontée à
« cette pauvreté évangélique qui faisoit tout son
« trésor dans les anciens jours. Par une confor-
« mité remarquable, il y a des Gentils à convertir,
« des peuples à rappeler à l'unité, des haines à
« éteindre, des larmes à essuyer, des plaies à fer-
« mer, et qui demandent tous les baumes de la
« religion. Si Rome comprend bien sa position,
« jamais elle n'a eu devant elle de plus grandes
« espérances et de plus brillantes destinées. Nous
« disons les espérances; car nous comptons les tri-
« bulations au nombre des désirs de l'Église de
« Jésus-Christ. Le monde dégénéré appelle une
« seconde prédication de l'Évangile. Le christia-
« nisme se renouvelle et sort victorieux du plus
« terrible des assauts que l'enfer lui ait encore
« livrés. Qui sait si ce que nous avons pris pour la
« chute de l'Église n'est pas sa réédification! Elle
« périssoit dans la richesse et le repos; elle ne se
« souvenoit plus de la croix : la croix a reparu,
« elle sera sauvée. »

On trouve ensuite l'apologie de la conduite des papes envers les souverains, en ces termes :

« Lorsque les papes mettoient les royaumes en
« interdit, lorsqu'ils forçoient les empereurs à

« venir rendre compte de leur conduite au Saint-
« Siége, ils s'arrogeoient, sans doute, un pouvoir
« qu'ils n'avoient pas; mais en blessant la majesté
« du trône, ils faisoient peut-être du bien à l'hu-
« manité. Les rois devenoient plus circonspects;
« ils sentoient qu'ils avoient un frein, et le peuple
« une égide. Les rescrits des pontifes ne man-
« quoient jamais de mêler la voix des nations et
« l'intérêt général des hommes aux plaintes parti-
« culières.

« *Il nous est venu des rapports que Philippe,*
« *Ferdinand, Henri, opprimoit son peuple,* etc.
« Tel étoit, à peu près, le début de tous ces arrêts
« de la cour de Rome.

« S'il existoit au milieu de l'Europe un tribunal
« qui jugeât, au nom de Dieu, les nations et les
« monarques, et qui prévînt les guerres et les ré-
« volutions, ce tribunal seroit le chef-d'œuvre de
« la politique et le dernier degré de la perfection
« sociale. Les papes, par l'influence qu'ils exer-
« çoient sur le monde chrétien, ont été au moment
« de réaliser ce beau songe. »

Je n'ai pas rapporté ce que contiennent les chapitres sur les congrégations religieuses, milices
papales, objet des regrets et des éloges de l'auteur.

Une partie de ces opinions peut être défendue
par un homme juste, par un bon esprit, surtout
par un cœur sensible et une imagination exaltée.

Les bonnes œuvres, les grands travaux des cénobites anciens, sont incontestables; mais le temps,
qui a dénaturé ces institutions, en a amené la fin.

Ceux qui voudroient encore les relever malgré nos lois et en dépit de nos mœurs, ont eu un défenseur éloquent, et la voix de leur reconnoissance a dû se mêler aussi à ces voix nombreuses qui redisoient les passages que j'ai cités.

J'ai eu occasion de faire remarquer que les notes à la fin de chaque volume étoient le plus souvent dans le même esprit que les morceaux rapportés.

C'est ainsi qu'on retrouve dans le cinquième volume, consacré à une collection d'extraits critiques ou apologétiques, la même direction que dans les autres parties de l'ouvrage, et sans doute contre la primitive intention de l'auteur; car il annonce *avoir fait disparoître toutes les allusions* dans les nouvelles éditions, et *il assure que ceux-là se trompent qui le croient animé de l'esprit de parti.*

Et cependant, malgré cette intention, malgré cette résolution, auxquelles son esprit s'étoit arrêté, un entraînement involontaire, une puissance presque irrésistible de sentiment et de situation portoit l'écrivain vers la direction dont il croyoit, sinon s'éloigner, au moins se tenir à juste distance.

C'est ainsi que l'auteur plaçoit au premier rang (*Voyez* les préfaces) *les marques de bienveillance du successeur de Léon X et de Pie VI,* tandis qu'il n'a encore parlé nulle part, que je sache, de la bienveillance et de la bonté du monarque qui lui a rendu sa patrie, lui a permis la célébrité, en attendant qu'il obtînt la gloire.

C'est ainsi qu'au cinquième volume, page 87, on trouve, à propos de Corneille, ces paroles, qui, retranchées des nouvelles éditions, sont pourtant ainsi reproduites dans les notes; ces paroles qu'on a besoin de copier pour s'assurer qu'elles ont été écrites : « *Le spectateur demeure presque « froid aujourd'hui aux scènes sublimes des Ho- « races et de Cinna; derrière tous ces mots admi- « rables* : Quoi ! vous me pleureriez mourant pour « mon pays, etc., *on ne voit plus que du sang, « des crimes, et le langage de la tribune de la « Convention.* »

C'est ainsi que dans une autre note on insère un fragment de M. de Chateaubriand, où, à propos d'une procession à Lyon, il s'exprime ainsi :

« Quelle est cette puissance extraordinaire qui
« promène ces cent mille chrétiens sur ces ruines;
« par quel prodige la croix reparoît-elle en triom-
« phe dans cette même cité où naguère une déri-
« sion horrible la traînoit dans la fange ou le sang?
« D'où renaît cette solennité proscrite? quel chant
« de miséricorde a remplacé si soudainement le
« bruit du canon et les cris des chrétiens foudroyés?
« Ce sont les pères, les mères, les frères, les sœurs,
« les enfants de ces victimes qui prient pour les
« ennemis de la foi, et que vous voyez à genoux
« de toutes parts aux fenêtres de ces maisons déla-
« brées, et sur les monceaux de pierres où le sang
« des martyrs fume encore. Ces collines chargées
« de monastères non moins religieux, parce qu'ils
« sont déserts; ces deux fleuves, où la cendre des

« confesseurs de Jésus-Christ a si souvent été jetée;
« tous ces lieux consacrés par les premiers pas du
« christianisme dans les Gaules; cette grotte de
« saint Pothin, ces catacombes d'Irénée, n'ont
« point vu de plus grands miracles que celui qui
« s'opère aujourd'hui. Si, en 1793, au moment
« des mitraillades de Lyon, lorsqu'on démolissoit
« les temples et que l'on massacroit les prêtres;
« lorsqu'on promenoit dans les rues un âne chargé
« des ornements sacrés, et que le bourreau, armé
« de sa hache, accompagnoit cette digne pompe de
« la raison, si un homme eût dit alors : Avant que
« dix ans se soient écoulés, un archevêque de Lyon
« portera publiquement le saint Sacrement dans
« ces mêmes lieux; il sera accompagné d'un nom-
« breux clergé, des hommes de tout âge et de
« toutes professions suivront et précéderont la
« pompe avec des fleurs et des flambeaux; ces sol-
« dats trompés, que l'on a armés contre la reli-
« gion, paroîtront dans cette fête pour la proté-
« ger; si un homme, disons-nous, eût tenu un pa-
« reil langage, il eût passé pour un visionnaire[1]. »

Morceau d'éloquence d'autant plus remarquable, que l'amertume des plus cruels souvenirs n'est adoucie par aucun retour reconnoissant vers le pouvoir régénérateur qui, dès-lors, avoit relevé les autels et permis à l'étendard sacré de la religion de marcher entouré d'hommages et de respects au milieu de légions françoises triomphantes, faisant hommage de la victoire au Dieu des armées.

[1] Ce morceau se trouve dans les *Mélanges littéraires*, tome VIIIe de la présente édition.

Je m'arrête, Messieurs, moins étonné des erreurs que je viens de relever, dont je connois tant d'exemples avec moins d'excuses, que de tant de talent dans un genre qui n'a point de modèles; qui aura, j'espère, peu d'imitateurs, et que peut-être abandonnera désormais celui-là même qui l'a créé.

Il doit aimer son pays, celui qui, dans les déserts de l'Amérique septentrionale, a parlé de la patrie, de son attrait, de son empire, de son amour, comme l'auteur du *Génie du Christianisme*.

Depuis que cette patrie lui a été rendue, que de grands et de nobles sujets ont été créés pour une imagination féconde, un esprit élevé, un cœur ardent, une âme françoise !

Sans doute nous verrons M. de Chateaubriand, avec la conscience de son talent que tout le monde avoue, et revenant à une impartiale justice que tout le monde a jusqu'ici au moins le prétexte de contester, réparer des erreurs dont alors on ne parlera plus, et se montrer digne des lettres françoises, qu'il peut honorer, des événements contemporains, qu'il peut célébrer.

Je conclus, comme je l'ai dit en commençant, qu'après avoir examiné le *Génie du Christianisme* sous les rapports de sa composition, de son plan, de son style, de son objet, la classe a droit d'examiner si l'esprit de parti n'a pas eu une part considérable à son succès, et c'est un devoir pour elle de le déclarer, si elle le reconnoît.

FIN DES REMARQUES CRITIQUES.

TABLE.

GÉNIE DU CHRISTIANISME.

LIVRE SIXIÈME.

SERVICES RENDUS A LA SOCIÉTÉ PAR LE CLERGÉ ET LA RELIGION CHRÉTIENNE EN GÉNÉRAL.

CHAPITRE PREMIER. Immensité des bienfaits du Christianisme.................................... Page 1
CHAP. II. Hôpitaux........................... 3
CHAP. III. Hôtel-Dieu, Sœurs grises............. 11
CHAP. IV. Enfants trouvés, Dames de la Charité, Traits de bienfaisance................................ 17
CHAP. V. Éducation. — Écoles, Colléges, Universités; Bénédictins et Jésuites........................ 21
CHAP. VI. Papes et Cour de Rome, Découvertes modernes, etc.................................. 28
CHAP. VII. Agriculture........................ 36
CHAP. VIII. Villes et Villages, Ponts, grands Chemins, etc.................................... 40
CHAP. IX. Arts et Métiers, Commerce............ 45
CHAP. X. Des Lois civiles et criminelles.......... 49
CHAP. XI. Politique et Gouvernement............ 55
CHAP. XII. Récapitulation générale............. 64
CHAP. XIII. Quel seroit aujourd'hui l'état de la société si le Christianisme n'eût point paru sur la terre. — Conjectures. — Conclusion..................... 70
Notes et éclaircissements....................... 97

DÉFENSE DU GÉNIE DU CHRISTIANISME.. Page 149
   Sujet de l'ouvrage.................................... 151
   Plan de l'ouvrage.................................... 173
   Détails de l'ouvrage................................. 178

LETTRE A M. DE FONTANES sur la 2ᵉ édition de l'ouvrage de madame de Staël........................ 185

REMARQUES CRITIQUES. — Extraits critiques du Génie du Christianisme, par M. de Fontanes. —
   Premier extrait....................................... 215
   Second extrait.. 227

RAPPORT sur le Génie du Christianisme fait par ordre de la classe de la langue et de la Littérature françoises, par M. le comte Daru............................ 251

OPINION de M. P.-L. Lacretelle........................ 308

OPINION de M. Morellet.............................. 324

OPINION de M. le comte Regnault de Saint-Jean-d'Angely.. 349

FIN DE LA TABLE.

www.ingramcontent.com/pod-product-compliance
Lightning Source LLC
Chambersburg PA
CBHW070854170426
43202CB00012B/2061